ELWYN HARTLEY EDWARDS

PFERDE
RASSEN

ELWYN HARTLEY EDWARDS

PFERDE RASSEN

Über 100 Pferde- und Ponyrassen weltweit

Abstammung · Merkmale · Zucht

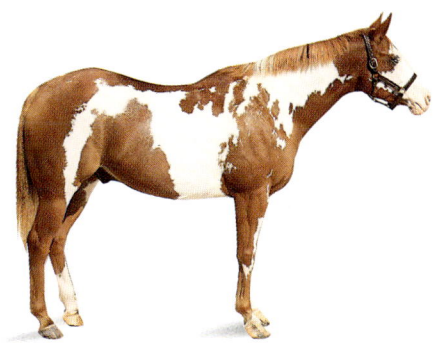

Die Deutsche Bibliothek – CIP-Einheitsaufnahme

Pferde-Rassen
über 100 Pferde- und Ponyrassen weltweit;
Abstammung, Merkmale, Zucht / Elwyn Hartley Edwards.
[Übers.: Jürgen Kemmler]. – München ; Wien ; Zürich :
BLV, 1995
Einheitssacht.: Eyewitness handbook horses <dt.>
ISBN 3-405-14741-7
NE: Edwards, Elwyn Hartley; Kemmler, Jürgen [Übers.]; EST

Umschlaggestaltung: Network, München

Übersetzung: Jürgen Kemmler

BLV Verlagsgesellschaft mbH
München · Wien · Zürich
80797 München

Titel der englischen Originalausgabe:
Eyewitness Handbook Horses
© Dorling Kindersley Limited, London 1993
Textcopyright Elwyn Hartley Edwards 1993

© der deutschsprachigen Ausgabe:
BLV Verlagsgesellschaft mbH, München 1995

Satz: Typodata GmbH, München
Druck und Bindung: Kyodo Printing Co., Singapur

Gedruckt auf chlorfrei gebleichtem Papier

Printed in Singapur · ISBN 3-405-14741-7

INHALT

Einführung 6
Wie man dieses Buch benutzen sollte 9
Die Pferdefamilie 10
Urwildpferde 12
Verbreitete Typen von Pferden 14
Einfluß des Arabers, Berbers und des
Spanischen Pferdes 16
Körperbau des Pferdes 18
Lebenszyklus des Pferdes 20
Farben des Pferdes 22
Abzeichen des Pferdes 24
Gangarten 26
Das Pferd in Sport und Freizeit 28
Arbeitspferde 30
Sättel 32
Zäumung und Gebisse 34
Kutschen 36
Bestimmungsschlüssel 40

PFERDETYPEN 238

Verzeichnis der Pferdebesitzer 246
Wichtige Brandzeichen 248
Stichwortverzeichnis 252
Danksagung und Bildnachweis 255

PONYRASSEN 48

PFERDERASSEN 104

KALTBLUTRASSEN 214

EINFÜHRUNG

Es ist nicht einfach, die Pferde- und Ponyrassen mit der gleichen Exaktheit und der Systematik wie bei Katzen- und Hunderassen zu klassifizieren. Pferde unterlagen zu keiner Zeit einer ähnlich intensiv betriebenen, selektiven Reinzucht, dazu kommt, daß die Periode der Trächtigkeit viel länger dauert als bei Katzen und Hunden, so daß es wesentlich länger dauert, klar unterscheidbare und leicht wiedererkennbare Rassen zu entwickeln. Trotz allem ist es dennoch möglich, aus dem Puzzle der Evolution des Pferdes ein Grundkonzept zu entwickeln.

Eine eindeutige Unterscheidung ist zwischen den schweren, »kaltblütigen« Pferden zu machen, die in Nordeuropa ihren Ursprung haben, und den schnellen, leichteren Wüstenpferden, die man »heißblütig« bezeichnet hat. Ebenso gibt es Unterschiede, was die Größe betrifft, wofür nicht der verschiedenartige Ursprung, sondern der Einfluß des Lebensraumes verantwortlich ist. Als bestes Beispiel für die Größenunterschiede können vielleicht die Ponys dienen, deren natürlicher Lebensraum die unwirtlichen Berge und Moore Europas waren. Der Mangel an unterstützender Nahrung, zusammen mit dem rauhen Klima, bestimmte ihre Größe, und die verschiedenen Anforderungen des unebenen, ständig wechselnden Geländes führten zu einer besonders ausgeprägten Trittsicherheit. Unter Bezugnahme

MUSTANGS IN DER WÜSTE VON NEVADA
Diese wildlebenden Mustangs sind Nachfahren des Spanischen Pferdes, das sehr stark von dem »warmblütigen« Berber aus Nordafrika beeinflußt wurde.

auf diese Tatsachen – Kaltblut und Warmblut sowie Größe – wurden in diesem Buch die Unterscheidungsmerkmale erarbeitet. Deshalb werden Ponys, »leichte Pferde« (für Reiten und Fahren) und Kaltblutpferde in verschiedenen Kapiteln vorgestellt und je nach geographischem Ursprung weiter unterteilt. In einem abschließenden Kapitel werden Pferde vorgestellt, die unter die Kategorie »Pferdetypen«, nicht anerkannte Rassen, fallen.

ERKLÄRUNGEN

Um dieses Buch richtig benutzen zu können, sind einige grundlegende Erklärungen erforderlich. Zum Beispiel: Was versteht man unter »Warmblut« (bzw. Vollblut) und »Kaltblut« (siehe Kasten)? Wie wird eine »Rasse« definiert und wie unterscheiden sich Rassen von »Typen«?

CONNEMARA-PONY
Das trittsichere, unglaublich zähe Connemara-Pony verdankt seine besonderen Qualitäten den unwirtlichen Bedingungen seines natürlichen Lebensraumes.

VOLLBLUT, WARMBLUT UND KALTBLUT

Der Araber (und, in geringerem Umfang, der Berber) verkörpert die Urquelle der leichten Pferderassen, dessen Einfluß sogar bis auf die Kaltblutrassen reicht. Man bezeichnet ihn als »Vollblüter« (zur Kennzeichnung seiner einzigartigen Reinzucht) – ein Begriff, der auch seinem direkten Abkömmling, dem Englischen Vollblut, übertragen wurde. Der dritte Partner (nach dem Araber und Berber), der zur Entwicklung vieler Rassen in Europa und Amerika wesentlich beigetragen hat, war das Spanische Pferd. Obwohl es im eigentlichen Sinne kein Vollblut ist, wäre diese Bezeichnung angemessener als bei jedem anderen Pferd. Am anderen Ende der Skala stehen die »Kaltblüter«, die schweren Pferde Europas. Dazwischen liegen alle jene Pferderassen, die eine Kombination von Vollblut und Kaltblut in verschiedenen Prozentsätzen darstellen, die »Warmblüter«.

ARABER

BERBER

SPANISCHES PFERD

ENGLISCHES VOLLBLUT

WAS IST EINE RASSE?

Bevor der Mensch züchterischen Einfluß nahm, war eine Rasse nichts anderes als eine Tiergruppe oder Population von Pferden, die in einer speziellen Gegend heimisch waren. Durch den Einfluß der Umwelt und die Verwandtschaft innerhalb der Gruppen entwickelten sich ähnliche Körpermerkmale wie Fellfarbe, Größe, Fortbewegungseigenschaften und Interieurmerkmale. Alle diese Rassen sowie Araber und Berber, zu einem geringeren Grade auch die frühen Ponyrassen, kann man als »natürliche« Rassen bezeichnen. Nach heutiger Ansicht wird die Rassenbezeichnung nach dem Vorhandensein eines Stutbuches definiert. Alle Pferde, die darin erfaßt sind, wurden über einen ausreichenden Zeitraum durch Selektion gezüchtet, um sicher zu gehen, daß das Zuchtmaterial hinsichtlich Größe, Exterieur, Bewegungsablauf und vielleicht auch Farbe klar definierten Merkmalen entspricht. Alle Rassen, die diesen Anforderungen entsprechen, sind durch künstliche Zuchtwahl entstanden, wobei nur wenige Stutbücher mehr als 100 Jahre alt sind.

WAS IST EIN TYP?

Pferdetypen wie der Cob, Hunter, Hack und das Polo-Pony werden deshalb nicht als eigene Rasse bezeichnet, weil sie keine fixierten Zuchtziele aufweisen können. So kann z. B. jedes Pferd als Hunter bezeichnet werden, das zum Jagdreiten verwendet wird. Diese Definition legt keinen Wert auf Exterieur, Charakter, Größe oder Farbe.

COB UND SCHAU-PONY
*Der schwere Körperbau des
Cob zeigt seine Kraft und
Stärke; das Schau-Pony
ist dagegen elegant.*

STUTBÜCHER

Es gibt zwei Arten von Stutbüchern – ein »geschlossenes« und ein »geöffnetes« Stutbuch. In ersterem können nur Pferde registriert werden, deren beide Elternteile in diesem Stutbuch registriert waren. Im Gegensatz dazu, können im offenen Stutbuch alle Pferde verschiedener Rassen, die von registrierten Elternteilen abstammen, zugelassen werden. Viele Warmblut-Zuchtverbände führen offene Stutbücher. Auf diese Weise können die Züchter ihre Pferde leichter nach den Markterfordernissen ausrichten, der Nachteil ist aber, daß ein fest fixiertes Zuchtziel nicht vorhanden ist, was durch ein geschlossenes Stutbuch abgesichert wird. Ein gutes Beispiel dafür ist das Modell der Reinzucht des Arabers. Hinsichtlich Gestalt und Eigenschaften gibt er alle seine Merkmale in einer Art und Weise weiter, wie es bei gemischten Rassen nicht möglich wäre.

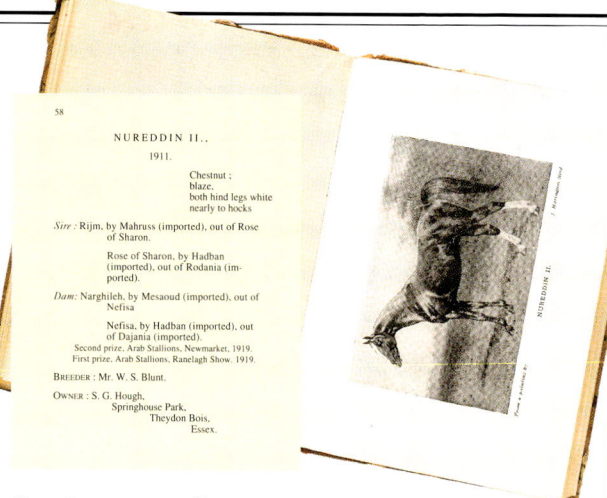

STUTBUCH

Eine Seite aus dem Stutbuch der British Arab Horse Society. Wilfrid Scawen Blunt, Züchter von Nureddin, war der erste Präsident der AHS.

EVOLUTION

Dieses Buch stellt die wichtigsten Pferderassen vor. Außerdem beschreibt es die Entwicklung des Pferdes vom *Eohippus,* Vorläufer des Pferdes in der Eozän-Epoche, bis zu den »primitiven« Urformen – dem Przewalski-Pferd (auch Asiatisches Wildpferd), dem Tarpan und dem schweren Waldpferd oder Eiszeitwildpferd. Diese Urwildpferde stellen die Stammformen aller Pferderassen und Pferdetypen dar.

ZIEL DES BUCHES

Es ist absolut unmöglich, alle Vorfahren der zahlreichen, gekreuzten Mischlinge der Pferdewelt exakt zu identifizieren. Deshalb kann auch mit Hilfe dieses Buches nicht die sofortige Bestimmung jeder Pferderasse garantiert werden.

PRZEWALSKI-PFERD (ASIATISCHES WILDPFERD)

Trotzdem verschafft es einen umfassenden Überblick über die bemerkenswerte Vielfalt aller wichtigen Pony- und Pferderassen, versucht deren Entwicklungsgeschichte zu beschreiben und ihre wichtigsten Merkmale. In der Tat, ein aufklärendes Gesamtbild der faszinierenden Welt der Pferde.

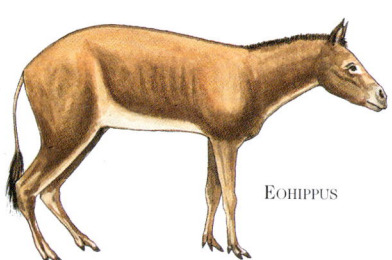

EOHIPPUS

Wie man dieses Buch benutzen sollte

Dieses Buch ist in vier Hauptkapitel ein-
geteilt: Ponys, Pferde, Kaltblutpferde und
Pferdetypen. Innerhalb dieser vier Kapitel
sind die einzelnen Rassen nach dem
Ursprungsland geordnet, beginnend mit
Skandinavien, nördliches und südliches
Europa, nördliches Eurasien, Australasien,
Indien und schließlich Amerika. Jede Rasse
wird genau beschrieben, in Wort und Bild,
jeweils seine Abstammung, Zuchtgeschichte
und die besonderen Merkmale. Das unten-
stehende Beispiel zeigt den typischen
Seitenaufbau.

Lebensraum, der den
größten Einfluß auf
die Rasse gehabt hat •

Ungefährer Zeit-
raum des Ursprungs
der Rasse •

Vollblut, Warmblut oder
Kaltblut, jeweils abgeleitet
• aus der Zuchtgeschichte

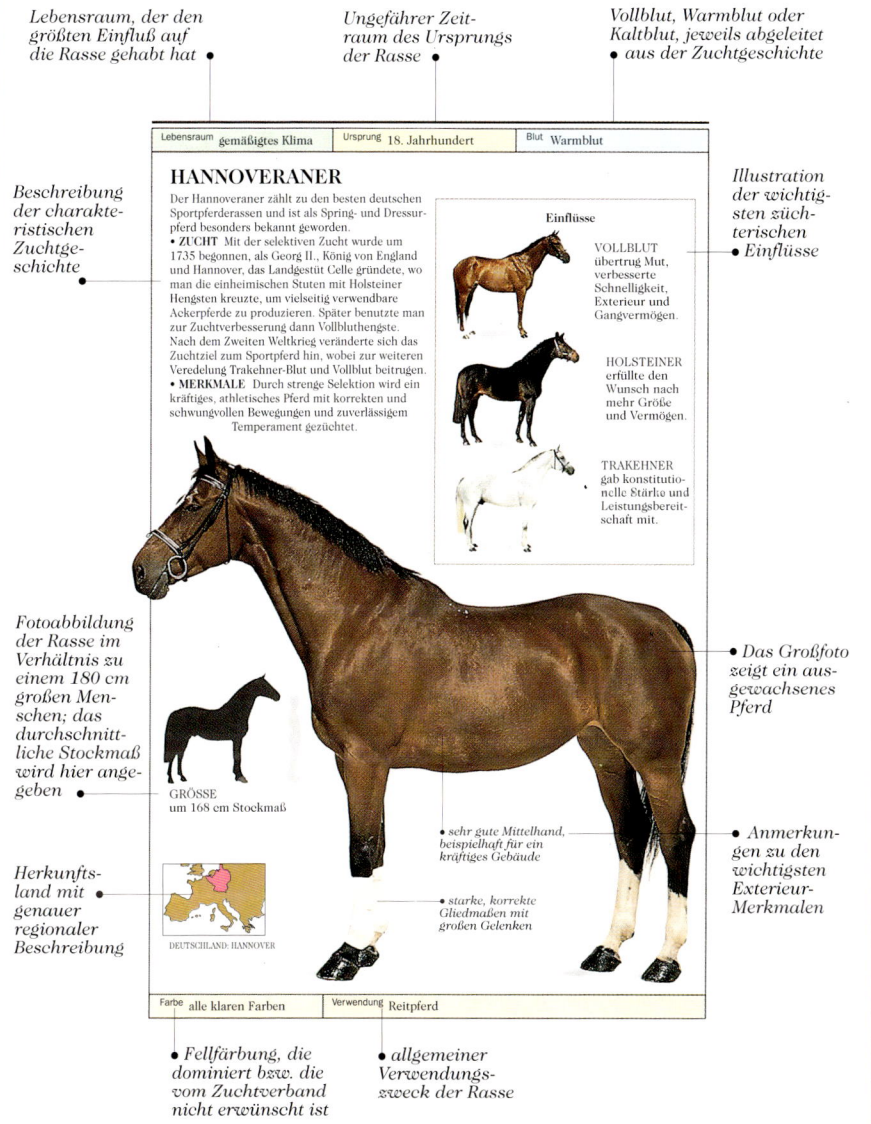

Lebensraum gemäßigtes Klima   Ursprung 18. Jahrhundert   Blut Warmblut

HANNOVERANER

Der Hannoveraner zählt zu den besten deutschen
Sportpferderassen und ist als Spring- und Dressur-
pferd besonders bekannt geworden.
• **ZUCHT** Mit der selektiven Zucht wurde um
1735 begonnen, als Georg II., König von England
und Hannover, das Landgestüt Celle gründete, wo
man die einheimischen Stuten mit Holsteiner
Hengsten kreuzte, um vielseitig verwendbare
Ackerpferde zu produzieren. Später benutzte man
zur Zuchtverbesserung dann Vollbluthengste.
Nach dem Zweiten Weltkrieg veränderte sich das
Zuchtziel zum Sportpferd hin, wobei zur weiteren
Veredelung Trakehner-Blut und Vollblut beitrugen.
• **MERKMALE** Durch strenge Selektion wird ein
kräftiges, athletisches Pferd mit korrekten und
schwungvollen Bewegungen und zuverlässigem
Temperament gezüchtet.

Einflüsse

VOLLBLUT
übertrug Mut,
verbesserte
Schnelligkeit,
Exterieur und
Gangvermögen.

HOLSTEINER
erfüllte den
Wunsch nach
mehr Größe
und Vermögen.

TRAKEHNER
gab konstitutio-
nelle Stärke und
Leistungsbereit-
schaft mit.

GRÖSSE
um 168 cm Stockmaß

DEUTSCHLAND: HANNOVER

Farbe alle klaren Farben   Verwendung Reitpferd

Beschreibung
der charakte-
ristischen
Zuchtge-
schichte
•

Illustration
der wichtig-
sten züch-
terischen
• Einflüsse

Fotoabbildung
der Rasse im
Verhältnis zu
einem 180 cm
großen Men-
schen; das
durchschnitt-
liche Stockmaß
wird hier ange-
geben •

• Das Großfoto
zeigt ein aus-
gewachsenes
Pferd

Herkunfts-
land mit
genauer
regionaler
Beschreibung

• sehr gute Mittelhand,
beispielhaft für ein
kräftiges Gebäude

• starke, korrekte
Gliedmaßen mit
großen Gelenken

• Anmerkun-
gen zu den
wichtigsten
Exterieur-
Merkmalen

• Fellfärbung, die
dominiert bzw. die
vom Zuchtverband
nicht erwünscht ist

• allgemeiner
Verwendungs-
zweck der Rasse

DIE PFERDEFAMILIE

Im Jahre 1867 wurde in Eocene rock im südlichen Teil der USA ein Skelett gefunden, das die Amerikaner *Eohippus* nannten. Von *Eohippus* ausgehend, läßt sich die Herkunft des Pferdes über einen Zeitraum von 60 Millionen von Jahren verfolgen bis zum Auftreten des *Equus caballus,* einem Vorfahren des Pferdes vor ungefähr einer Million Jahren. *Eohippus* hatte etwa die Größe eines Fuchses mit vier Zehen an den Vorderbeinen und drei Zehen an den Hinter-beinen. Sein Fell war bräunlich oder gestreift und an seine Umwelt angepaßt, und die Nachfahren von ihm paßten sich ihrem Lebensraum an. Von Amerika ausgehend, verbreitete es sich über die ganze Welt, vor allem über die Landbrücken, die vor der Eiszeit existierten. Dann, vor 8000–10000 Jahren, starb die Urform des Pferdes in Amerika aus, und wurde erst wieder mit den spanischen Eroberern im 16. Jahrhundert eingeführt.

ENTWICKLUNG DES HUFS

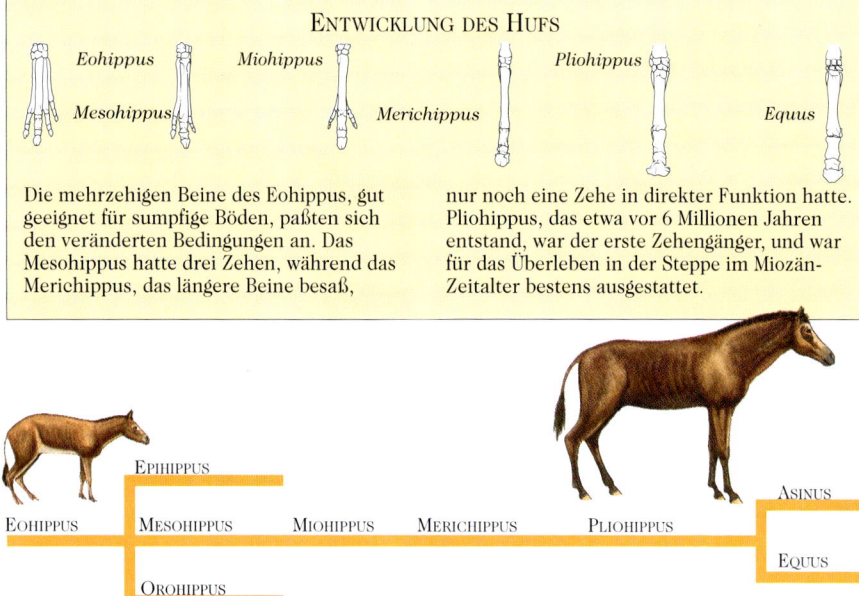

Eohippus   *Miohippus*   *Pliohippus*

Mesohippus   *Merichippus*   *Equus*

Die mehrzehigen Beine des Eohippus, gut geeignet für sumpfige Böden, paßten sich den veränderten Bedingungen an. Das Mesohippus hatte drei Zehen, während das Merichippus, das längere Beine besaß, nur noch eine Zehe in direkter Funktion hatte. Pliohippus, das etwa vor 6 Millionen Jahren entstand, war der erste Zehengänger, und war für das Überleben in der Steppe im Miozän-Zeitalter bestens ausgestattet.

EPIHIPPUS

ASINUS

EOHIPPUS   MESOHIPPUS   MIOHIPPUS   MERICHIPPUS   PLIOHIPPUS

EQUUS

OROHIPPUS

PFERDESCHÄDEL

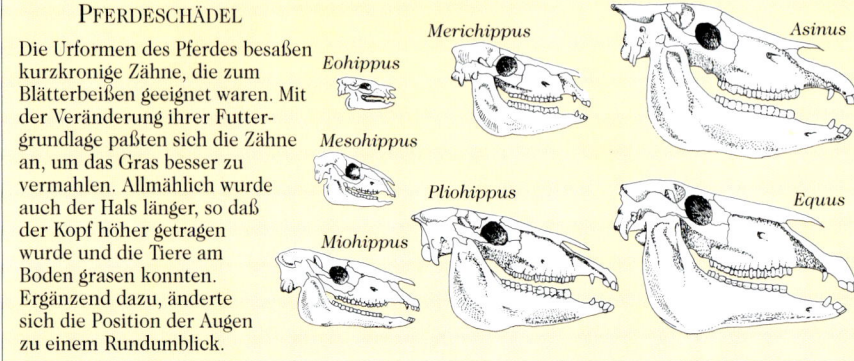

Die Urformen des Pferdes besaßen kurzkronige Zähne, die zum Blätterbeißen geeignet waren. Mit der Veränderung ihrer Futter-grundlage paßten sich die Zähne an, um das Gras besser zu vermahlen. Allmählich wurde auch der Hals länger, so daß der Kopf höher getragen wurde und die Tiere am Boden grasen konnten. Ergänzend dazu, änderte sich die Position der Augen zu einem Rundumblick.

Eohippus

Mesohippus

Miohippus

Merichippus

Pliohippus

Asinus

Equus

ZEBRA

Nachdem die Landbrücken verschwunden waren, breitete sich die gestreifte Spezies *Equus (Equus Zebra)* über ganz Südafrika aus. Drei Unterarten haben überlebt: das Grevy-Zebra, das Berg-Zebra und das Steppen-Zebra.

ZEBRA

ESEL

Der Wildesel *(Equus hemionus hemionus)* und seine verwandten Unterarten leben im westlichen Asien und im Mittelosten, der schnelle Onager kommt teilweise im Iran vor.

ESEL

HAUSESEL

Der domestizierte Esel *(Equus asinus)* lebte ursprünglich in Nordafrika, von wo aus er sich in vielen Ländern verbreitete und auch in Europa heimisch ist.

HAUSESEL

MAULTIER

Das Maultier ist ein Bastard, eine Kreuzung aus Eselhengst und Pferdestute oder Pferdehengst und Eselstute, deren Nachkommen entsprechend Maultier oder Maulesel genannt werden. Ein Maultier ist etwas kleiner und pferdeähnlicher als der Maulesel.

MAULTIER

PRZEWALSKI-PFERD

TARPAN

TUNDRENPFERD

WALDPFERD

PONYTYP 1
PONYTYP 2
PFERDETYP 3
PFERDETYP 4
(siehe S. 14)

HAUSPFERDE

MODERNE PFERDERASSEN

Durch selektive Zucht hat der Mensch das heutige Pferde geschaffen, das für die unterschiedlichen Nutzungsformen körperlich bestens gerüstet ist.

URWILDPFERDE

Fast während der ganzen Eiszeit wanderte *Equus* von Amerika aus nach Europa und Asien. Vor etwa 10 000 Jahren, als das Pferd in Amerika ausstarb, wurde die Verbreitung unterbrochen. In Europa und Asien entwickelten sich vier wilde Stammarten entsprechend ihres Lebensraumes. Das war in Asien das Steppenpferd, *Equus przewalskii przewalskii poliakov,* heute als Asiatisches Wildpferd oder Przewalski-Pferd bekannt. Weiter westlich entwickelte sich das etwas leichter gebaute Plateaupferd, *Equus prewalskii gmelini*

antonius genannt, der Tarpan. In Nordeuropa entstand das kalibrige Waldpferd, *Equus przewalskii silvaticus.* In Nordostsibirien schließlich lebte das Tundrenpferd.

PRZEWALSKI-PFERD

Das Asiatische Wildpferd wird heute im Zoo gehalten, doch man versucht auch, es wieder auszuwildern. Sein schwerer Kopf mit dem konvexen Profil und die Stehmähne sind seine Erkennungszeichen. Es unterscheidet sich von den Hauspferden durch seine Chromosomenanzahl – 66 statt 64.

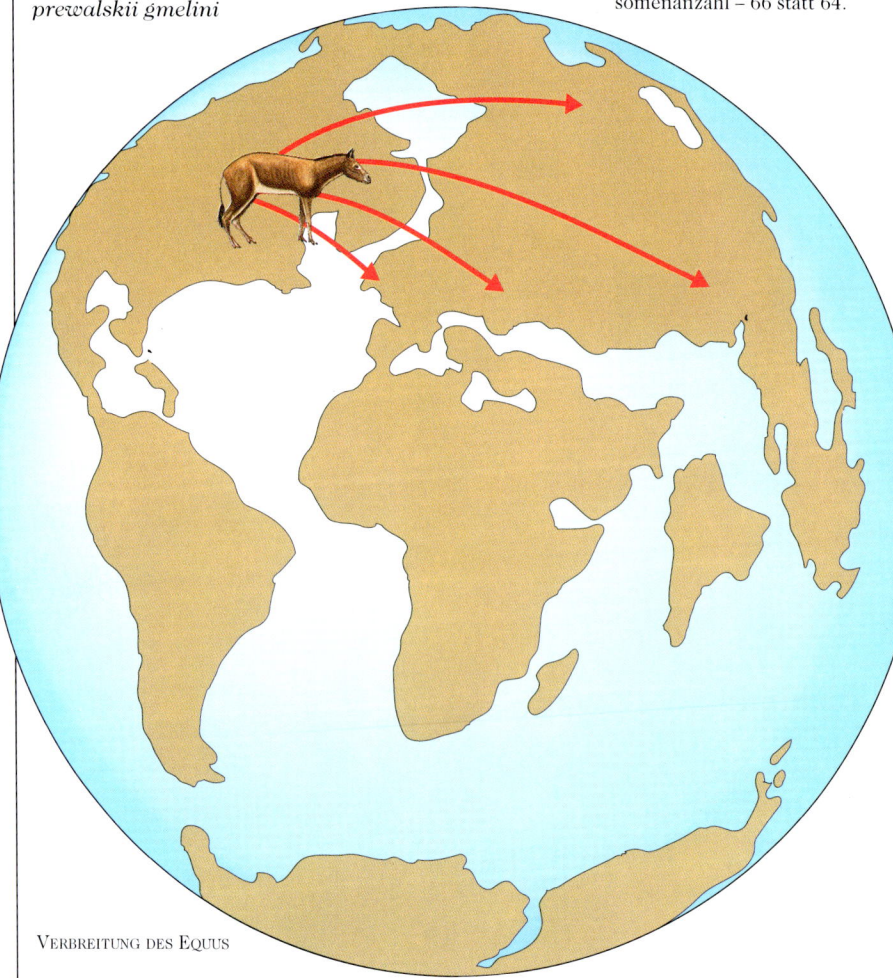

VERBREITUNG DES EQUUS

TARPAN
Der schnellfüßige Tarpan war schlank und von
leichtem Körperbau. Sein falbenfarbiges Fell,
das dem Wild ähnelte, wurde im Winter weiß.
Möglicherweise ist zwischen dem Tarpan und
dem Ahnen des Arabers eine Beziehung herzustellen. So gut wie ausgestorben, hat der
Tarpan nur noch in einer kleinen Herde in
Polen überlebt.

WALDPFERD
Das schon lange ausgestorbene Waldpferd
scheint ein kalibriges, stämmiges, vor allem
blätterfressendes Tier gewesen zu sein. Es
besaß große Hufe, um auf moorigem Boden
leben zu können, und hatte ein
dichtes, dickes Fell, das
wahrscheinlich
gefleckt war, um
sich besser zu
tarnen.

Man geht davon aus, daß es der
Vorfahre der schweren europäischen Kaltblutrassen ist.

TUNDRENPFERD
In Nordostsibirien fand man
Überreste vom Tundrenpferd,
zusammen mit Mammutfun-
den. Die einheimischen Yakut-
Ponys mit ihrem dicken, weißen Fell sollen ihre Nachfahren
sein. Darüber hinaus scheint
dieses vierte Urwildpferd keinerlei Einfluß auf die Entwicklung des Pferdes zu haben.

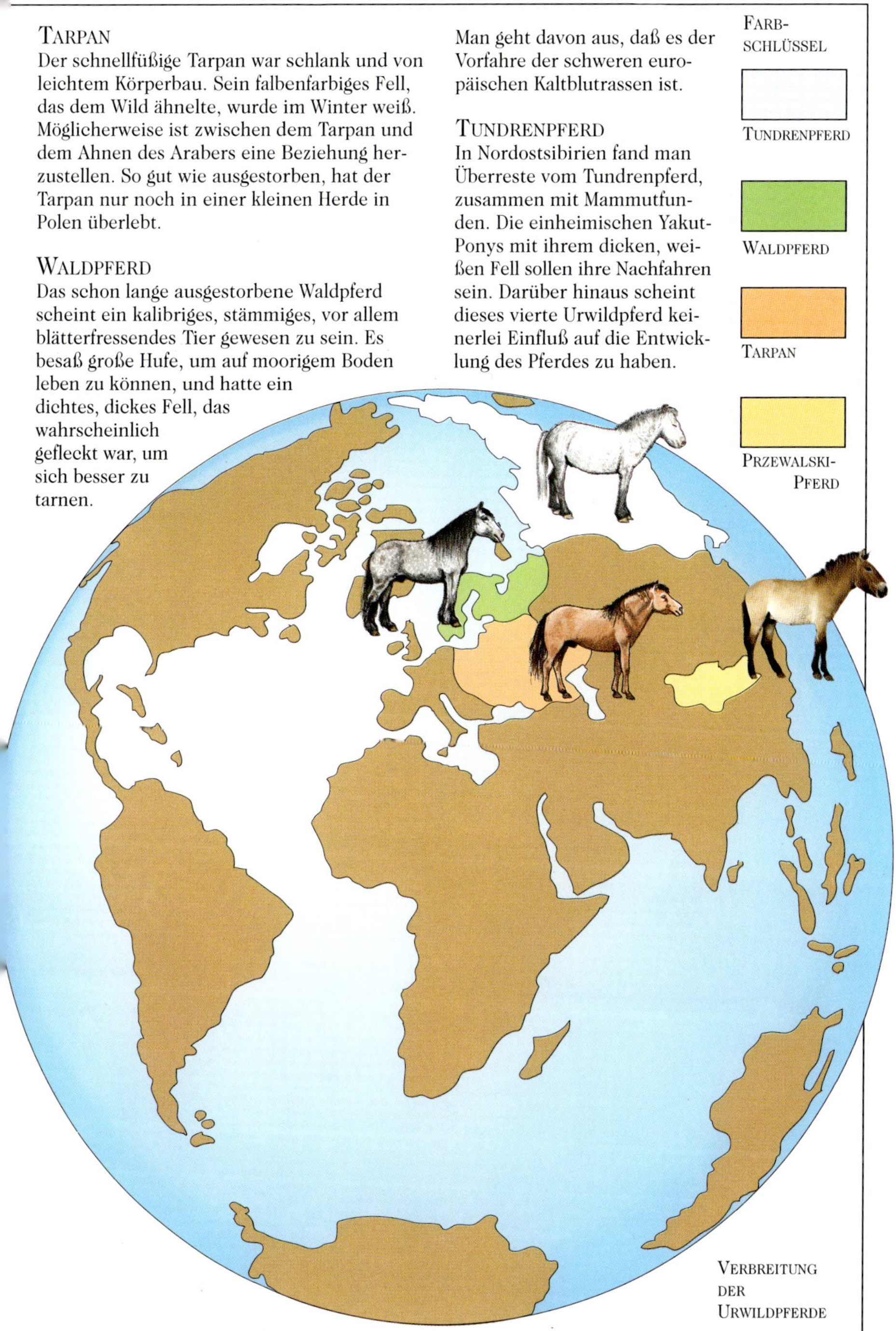

FARB-
SCHLÜSSEL

TUNDRENPFERD

WALDPFERD

TARPAN

PRZEWALSKI-
PFERD

VERBREITUNG
DER
URWILDPFERDE

VERBREITETE TYPEN VON PFERDEN

Im Laufe dieses Jahrhunderts haben die Forscher Professor J. G. Speed (Edinburgh), Professor Edward Skorkowski (Krakau) und Professor Hermann Ebhardt (Stuttgart) wissenschaftliche Analysen von alten Knochenfunden, von Zähnen und anderen Überresten vorgenommen. Daraus leiteten sie die Theorie ab, daß vor der Domestifikation des Pferdes in Eurasien vor etwa 5000 bis 6000 Jahren weitere vier Unterarten des *Equus* existiert haben. Sie wurden wie folgt bezeichnet: Ponytyp 1, Ponytyp 2, Pferdetyp 3 und Pferdetyp 4. Die ihnen am ähnlichsten erscheinenden, heutigen Vertreter dieser Typen sind: Ponytyp 1 – Exmoor-Pony; Ponytyp 2 – Highland-Pony; Pferdetyp 3 – Achal-Tekkiner und Pferdetyp 4 – Caspian-Pony.

PONYTYP 1

Sein Lebensraum war Nordwesteuropa, das Stockmaß 120 bis 125 cm; das Kopfprofil war gerade, mit breiter Stirn und kleinen Ohren. Es war sehr widerstandsfähig gegen Regenwetter und in der Lage, unter widrigen Umweltbedingungen zu überleben.

PONYTYP 2

Sein Lebensraum war das nördliche Eurasien; das Stockmaß 140 bis 143 cm, dieser Typ hatte einen schweren, derben Körperbau und einen großen Kopf mit konvexem Profil, seine Ähnlichkeit mit dem Przewalski-Pferd war sehr groß. Es war sehr robust gegen Kälte und vererbte sich durchschlagend.

PFERDETYP 3

Sein Lebensraum war Zentralasien, das Stockmaß um 145 cm; dieser Typ war hager und dünnhäutig, hatte einen langen, schmalen Körper mit überbauter, kräftiger Hinterhand. Er war sehr hitzeverträglich und fähig, unter Wüstenbedingungen zu überleben.

PFERDETYP 4

Sein Lebensraum war das westliche Asien, das Stockmaß zwischen 100 bis 110 cm, der Prototyp eines Arabers. Ein schlankwüchsiger, edler Körperbau mit hoch angesetztem Schweif und mit einem kleinen Kopf und konkavem Profil. Ein Wüsten- oder Steppenpferd.

MODERNE GEGENSTÜCKE

Diese vier Typen scheinen die Abkömmlinge der frühen Urwildpferde (siehe S. 12–13) zu sein und bringen uns den heutigen Rassen einen Schritt näher. Der Ponytyp 1 zum Beispiel hat im Exmoor-Pony (S. 72) ein heutiges Gegenstück, das aber seine besondere Kieferform erhalten hat. Das Highland-Pony (S. 66, 67) hat eine gewisse Ähnlichkeit mit dem Ponytyp 2, obgleich das Asiatische Wildpferd ihm am ähnlichsten ist. Der Achal-Tekkiner (S. 176, 177) zeigt alle Merkmale des Pferdetyps 3, während das Caspian-Pony (S. 88, 89) dem Pferdetyp 4 sehr nahe kommt.

FARBSCHLÜSSEL FÜR DIE KARTE

In den farblich gekennzeichneten Regionen sind die vier Pferde- und Ponytypen hauptsächlich vorgekommen (siehe Karte). In diesen Ländern fand die Evolution des Pferdes statt, insbesondere im Mittleren Osten und Asien, von wo aus sie sich in diesen Regionen ausgebreitet haben.

PONYTYP 1

PONYTYP 2

PONYTYP 2 UND PFERDETYP 4

PFERDE-TYP 4

PFERDE-TYP 3

PONYTYP 2 UND PFERDETYP 3

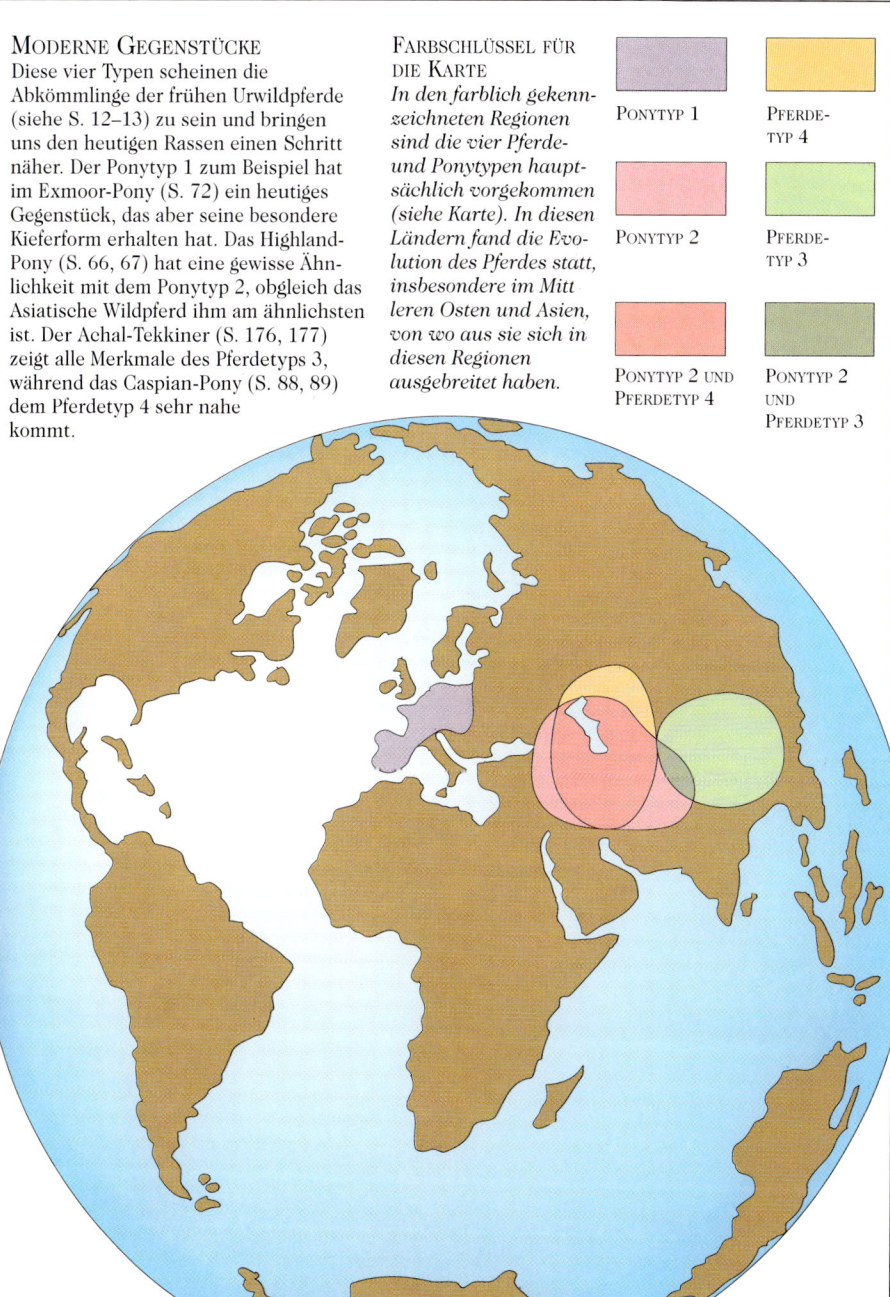

VERBREITUNG DER PFERDETYPEN

EINFLUSS DES ARABERS, BERBERS UND DES SPANISCHEN PFERDES

Den allergrößten Einfluß auf die Entwicklung der Pferderassen auf der ganzen Welt verursachte das Arabische Pferd, das sich dominant vererbte. Dabei wurde es von dem genetisch potenten Berber aus Nordafrika unterstützt, der andererseits für die Entwicklung des dritten Partners, des Spanischen Pferdes, entscheidend war. Das Spanische Pferd dominierte vom 16. bis zum 18. Jahrhundert in ganz Europa, und legte auch den Grundstein für die amerikanischen Rassen. Die Entwicklung des Vollblutes in England im 17. und 18. Jahrhundert ist auf den Import von orientalischen Hengsten zurückzuführen. Man darf jedoch nicht vergessen, daß es vor allem die

Berber, das Spanische Pferd und die leichtfüßigen heimischen Pferderassen waren, welche die Basis für die englischen »Rennpferde« bildeten, und die die Entstehung des Vollblüters erst möglich machten.

ARABER
Der Einfluß des Islams im 7. Jahrhundert war gleichermaßen ein Wendepunkt in der Geschichte des Menschen wie des Pferdes, denn damals breitete sich das Arabische Pferd über die Spanische Halbinsel und wahrscheinlich über Europa aus. Als der Prophet Mohammed im Jahre 632 AD starb, erstreckte sich dessen Reich von China bis nach Europa. Die Steppenpferde, die in Kleinasien heimisch waren, führ-

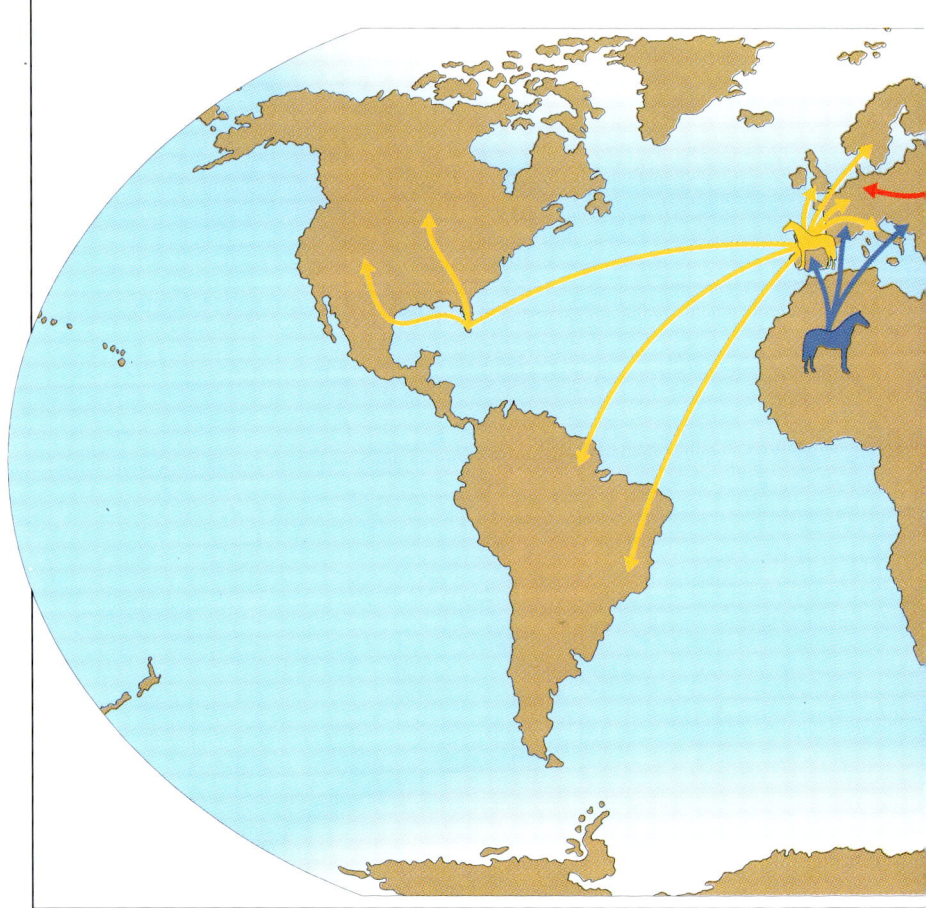

ten alle arabisches Blut oder Blut von anderen orientalisch geprägten Vollblütern, wie der jahrhundertealte Achal-Tekkiner und Turkmene. Alle diese Pferde sind genetisch eng verwandt mit den Pferden der Arabischen Halbinsel.

BERBER

Im 7. Jahrhundert drangen die kriegerischen Berber mit ihren Pferden von Nordafrika nach Spanien hinein, danach bedrohten sie auch noch die Gallier. Die Araberinvasion nach Europa wurde von Karl Martell und seinen fränkischen Vasallen bei Poitiers im Jahre 732 AD gestoppt. Seit damals ist der orientalische Blut-Einfluß in Europa vorhanden und hat für die Gründung mancher modernen Pferderassen in Europa einen nachhaltigen Einfluß genommen.

DAS SPANISCHE PFERD

Das Spanische Pferd war über zwei Jahrhunderte lang die bedeutendste Pferderasse in Europa, und wurde von Königen und Kommandanten gleichermaßen geschätzt. Sein Einfluß ist durchschlagend und nicht wegzudenken. Im frühen 16. Jahrhundert wurden Spanische Pferde durch die Konquistadoren nach Amerika gebracht, und sie wurden auf diese Weise die Gründer von Rassen, die auch heute noch existieren und deren spanischer Blut-Einfluß unauslöschlich ist. Es gibt nur wenige europäische Rassen ohne Einfluß des Spanischen Pferdes, dessen züchterische Spuren von den Lipizzanern der Spanischen Hofreitschule bis zu solchen Rassen wie den Friesen und den Welsh Cobs reichen. Obwohl das Spanische Pferd nicht als besonders schnell bekannt ist, überragte es durch seine große Kraft in Verbindung mit außergewöhnlichem Mut und Feurigkeit.

FARBSCHLÜSSEL FÜR DIE KARTE

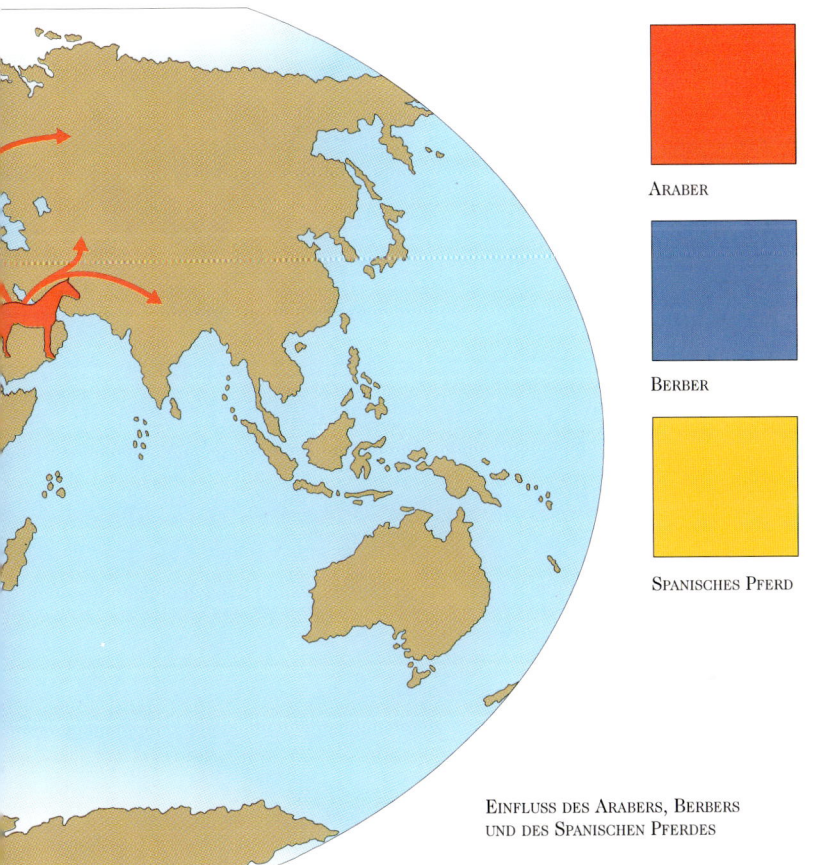

ARABER

BERBER

SPANISCHES PFERD

EINFLUSS DES ARABERS, BERBERS
UND DES SPANISCHEN PFERDES

KÖRPERBAU DES PFERDES

Der Begriff »Körperbau« (Exterieur) wird verwendet, um die Gestalt der äußeren Erscheinung oder das Gebäude eines Pferdes zu beschreiben. Für die Beurteilung des Körperbaus ist die Kenntnis des Skelettaufbaus unerläßlich. Der Gesamtkörperbau wird von den einzelnen Körperpartien, deren Verhältnis und Proportionen geprägt. Bei gut gebauten Pferden ist kein Merkmal übertrieben oder so mangelhaft ausgebildet, daß die allgemeine Symmetrie gestört ist. Was man unter korrektem Gebäude zu verstehen hat, wird durch individuelles Zucht-ziel der Rasse bestimmt. Gut konstruierte und proportionierte Pferde, egal welchen Typs, sind in der Lage, mehr Leistung zu bringen, auch über einen längeren Zeitraum hinweg. Das Verletzungsrisiko ist geringer, weil kein Teil des Gesamtkörperbaus wegen mangelhaften Körperproportionen einseitig belastet werden kann. Ebenso sind die athletischen Qualitäten und das körperliche Gleichgewicht besser und das Leistungspotential höher, weil die Gliedmaßen die volle Leistungsfähigkeit bringen können.

SKELETT DES PFERDES

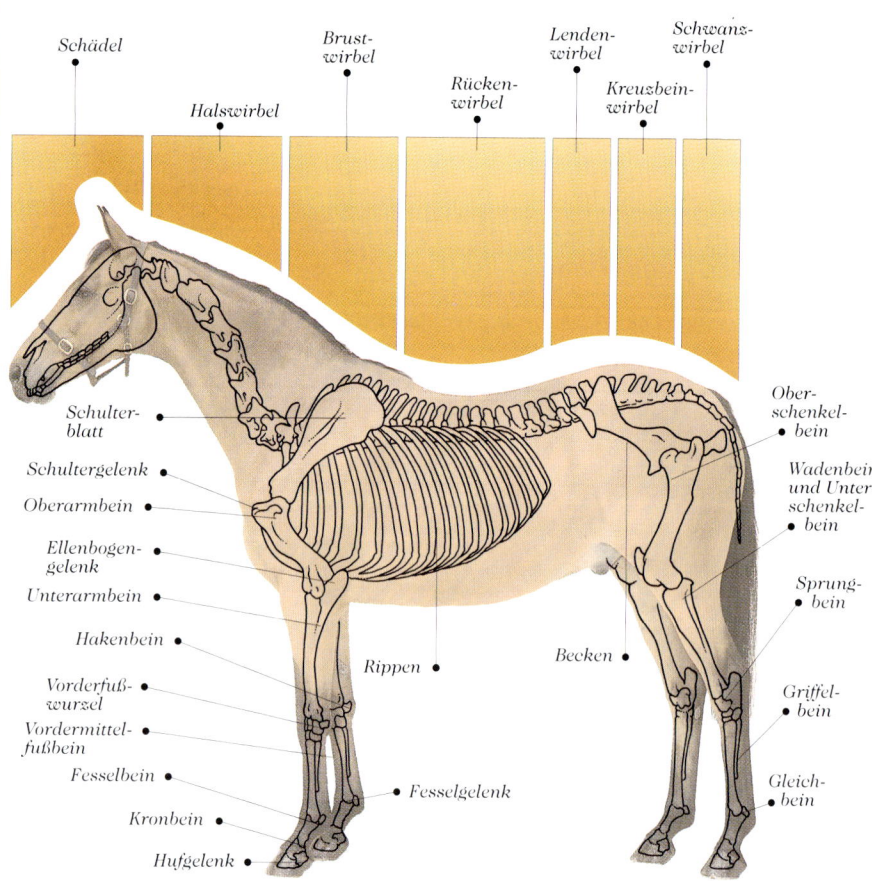

Schädel

Halswirbel

Brust-wirbel

Rücken-wirbel

Lenden-wirbel

Kreuzbein-wirbel

Schwanz-wirbel

Schulter-blatt

Schultergelenk

Oberarmbein

Ellenbogen-gelenk

Unterarmbein

Hakenbein

Vorderfuß-wurzel

Vordermittel-fußbein

Fesselbein

Kronbein

Hufgelenk

Fesselgelenk

Rippen

Becken

Ober-schenkel-bein

Wadenbein und Unter-schenkel-bein

Sprung-bein

Griffel-bein

Gleich-bein

Exterieurmängel

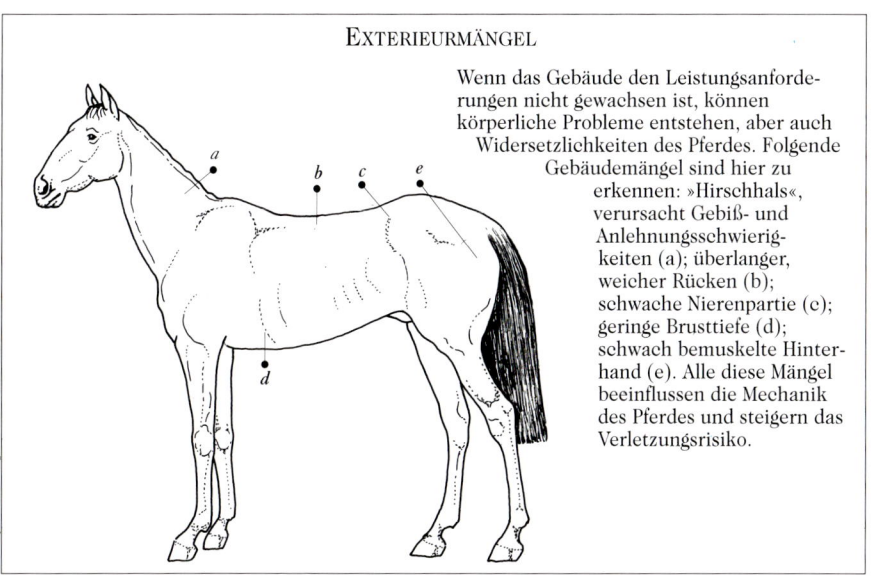

Wenn das Gebäude den Leistungsanforderungen nicht gewachsen ist, können körperliche Probleme entstehen, aber auch Widersetzlichkeiten des Pferdes. Folgende Gebäudemängel sind hier zu erkennen: »Hirschhals«, verursacht Gebiß- und Anlehnungsschwierigkeiten (a); überlanger, weicher Rücken (b); schwache Nierenpartie (c); geringe Brusttiefe (d); schwach bemuskelte Hinterhand (e). Alle diese Mängel beeinflussen die Mechanik des Pferdes und steigern das Verletzungsrisiko.

Die wichtigsten Körperteile

Kopf

Mähnenkamm

Widerrist

Lende (Niere)

Rücken

Kruppe

Hinterhand

Schweif

Maul

Buggelenk

Vorderbrust

Ellbogenhöcker

Unterarm

Knie

Sprunggelenk

Gurtlage

Bauch

Vorderfußwurzel

Kastanie

Hinterröhre

Fesselgelenk

Vorderröhre

Krone

Huf

LEBENSZYKLUS DES PFERDES

Die durchschnittliche Trächtigkeit des Pferdes ist 11 Monate und ein paar Tage. Bei einem normalen Geburtsvorgang erhebt sich das Fohlen, um das Euter der Mutter aufzusuchen und die erste Milch aufzunehmen. Ist es einmal auf den Beinen, ist es in der Lage, seiner Mutter zu folgen. Stuten erreichen im Alter von 15 und 24 Monaten die Geschlechtsreife und

DIE ERSTEN 12 MONATE
Das junge Fohlen hat im Vergleich zum Rumpf lange Beine, als natürlichen Schutz gegen Feinde in der Wildnis. Wenn sie sechs Wochen alt sind, können sie sich selbständig ernähren. Mit zwei Monaten verlieren die Fohlen ihr Fohlenfell und werden im Alter zwischen viereinhalb und sechs Monaten von ihrer Mutter abgesetzt.

können im Alter von zwei bis drei Jahren züchterisch eingesetzt werden, obwohl vierjährig besser wäre. Hengste besitzen häufig schon die Geschlechtsreife im Jährlingsalter, werden aber in der Regel erst mit drei Jahren in der Zucht verwendet. Mit fünf bis sechs Jahren sind Pferde ausgereift und können 20 bis 30 Jahre oder noch älter werden.

JÄHRLING

FOHLEN

DIE SPÄTEN LEBENSJAHRE
Bei älteren Pferden können die Gelenke anschwellen als Folge der schlechteren Durchblutung und den Nachwirkungen des Verschleißes durch Arbeit. Alte Pferde haben manchmal eine vorbiegige Stellung. Außerdem bilden sich manchmal ausgeprägte Augenhöhlen und der Rücken biegt sich mehr als normal durch. Die Zähne werden immer schlechter und das Kauen fällt immer schwerer. Auch der Verdauungsprozeß läßt nach und es wird zunehmend schwierig, das Pferd in einem guten Gesundheitszustand zu halten.

ALTERSBESTIMMUNG NACH DEN ZÄHNEN

Bei der Geburt hat das Fohlen keine Zähne; im Alter von 10 Tagen erfolgt der Durchbruch der Milchzangen. Im Alter von sechs bis neun Monaten hat das Fohlen bereits alle Milchzähne. Mit fünf bis sechs Jahren sind alle Zähne, Schneidezähne und Backenzähne, voll ausgebildet. Bis zum Alter von 10 Jahren kann anhand der Zähne eine genaue Altersbestimmung vorgenommen werden.

AUSGEWACHSENES GEBISS
Das Pferd hat in jedem Kiefer 12 Backenzähne und 6 Schneidezähne. Das männliche Pferd hat in der Regel 40, die Stute 36 Zähne.

ÜBER 20 JAHRE ALT

JÄHRLING

Ein Vollblutpferd, eine frühreife Rasse, wird am 1. Januar nach seiner Geburt als Jährling bezeichnet. Bei allen anderen Rassen geht man in der Regel vom 1. Mai aus. Mit 12 Monaten ist das junge Pferd immer noch langbeinig und etwas unkoordiniert in seinen Bewegungen, aber es wächst allmählich in seinen Rahmen hinein. Dieser Wachstumsprozeß dauert bis zur Reife, wenn der höchste Punkt der Kruppe in einer Linie mit der Höhe des Widerrists ist. Bis dahin ist die Kruppe stets höher, das Pferd wächst, wenn es älter wird, allmählich mit der Vorhand in die Höhe. Die letzten Wachstumsschritte erfolgen in den Epiphysen, den Wachstumsfugen der langen Knochen der Beine. Solange diese nicht geschlossen sind, sind die Gliedmaßen nicht fähig, die körperliche Beanspruchung, insbesondere unter dem Reitergewicht, zu ertragen, ohne das Risiko eines Beinschadens. Die Wachstumsfuge am Ende der Vorderröhre, oberhalb des Fesselgelenks, ist gewöhnlich im Alter zwischen 9 und 12 Monaten geschlossen, die Wachstumsfuge am Unterarm, direkt oberhalb des Karpalgelenkes schließt sich nicht, bis das Pferd zwei bis zweieinhalb Jahre alt ist.

2 JAHRE ALT

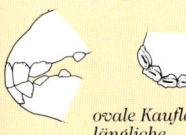

ovale Kaufläche, längliche Kunden

GEBISS MIT 5 JAHREN
Zangen, Mittel- und Eckzähne ausgebildet, Auftreten von »Kunden«.

runde Kaufläche, ovale Kunden

GEBISS MIT 12 JAHREN
Die Kauflächen aller Schneidezähne haben eine rundliche Form angenommen.

dreieckige Kaufläche, runde Kunden

GEBISS IM ALTER
Die Kauflächen der Schneidezähne sind längsoval.

3 JAHRE ALT

DIE MITTLEREN LEBENSJAHRE

In dem Alter von fünf bis zehn Jahren wird die körperliche Entwicklung des Pferdes abgeschlossen, wobei der Abstand zwischen Widerrist und Ellbogen etwa gleich groß wie der vom Ellbogen zum Boden sein soll. Auch die inneren Organe haben sich voll entwickelt und alle Körperproportionen sind fest. In einem gut gebauten Pferd soll die Halslänge etwa eineinhalbmal so groß sein wie das Maß der Kopflänge, an der Vorderseite gemessen. In diesem Entwicklungsstadium sollte das Pferd im Vollbesitz seiner Kräfte sein, immer vorausgesetzt, das frühe Training hat dazu geführt, daß die richtige Muskulatur entwickelt wurde.

10 JAHRE ALT

FARBEN DES PFERDES

Verantwortlich für die vielfältige Fellfärbung des Pferdes sind die individuellen Erbfaktoren, von denen es 39 gibt, d. h., es kann Tausende von möglichen Farbkombinationen geben. Einige Rassen beschränken sich bei ihrem Zuchtziel auf eine bestimmte Farbe, die meisten Zuchtverbände aber legen vor allem Wert auf ein korrektes Exterieur und gute Bewegungen in den Grundgangarten. Palominos, Appaloosas und andere gefleckte Rassen wie der Knabstrupper oder die Amerikanischen Pintos, Paints und Albinos werden häufig als »Farbzuchten« beschrieben, trotzdem diese Pferde vor allem sehr nützliche und praktische Arbeitspferde sind. Dabei ist es interessant zu wissen, daß alle diese auffallenden Fellfarben letztlich von den verschiedenen Linien des Spanischen Pferdes herkommen, bei dem heutigen Spanischen Pferd aber nicht mehr vorkommen. Bei Englischen Vollblütern, Arabern und Berbern kommen Schecken-, Fleckfärbung und Palominofarbe nicht vor.

SCHIMMEL
Dunkle Haut mit weißen und dunklen Haaren. Im Alter wird das Fell heller.

FLIEGENSCHIMMEL
Grundfarbe weiß mit kleinen dunklen Flecken.

PALOMINO
Goldfarbenes Deckhaar, die Farbe frischgeprägter Goldmünzen, Mähne und Schweif sind weiß.

FUCHS
Grundfarbe rotbraun bis gelbbraun. Der Goldfuchs hat eine hellere oder dunklere Mähne und Schweif.

ROTFUCHS
Das Fell ist rotbraun, manchmal mit dunklen Haaren.

DUNKELFUCHS
Das Fell ist sehr dunkel braunrot gefärbt.

BLAUSCHIMMEL
Grundfarbe schwarz oder schwarzbraun mit weißen Stichelhaaren.

ROTSCHIMMEL
Grundfarbe braun oder rotbraun mit weißen Stichelhaaren.

RAPPE
Haut, Mähne, Schweif und Körperhaar sind schwarz.

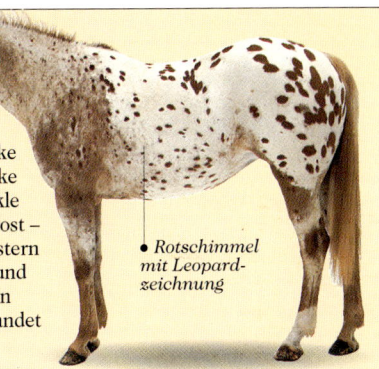

APPALOOSA

Beim Appaloosa gibt es viele Spielarten. Die fünf hauptsächlichen Fellzeichnungen sind: Blanket – weiße Decke über Rücken und Hüften ohne dunkle Flecken; Rot- oder Blauschimmel – schwarzgetigerte weiße Decke über Rücken und Hüften mit farbigem Fell; Tigerschecke – Schimmel mit dunklen Flecken; Schneeflocke – dunkle Grundfarbe mit kleinen weißen Flecken am Körper; Frost – dunkle Grundfarbe mit weißen, verschwommenen Mustern und weißen Tupfen auf der Kruppe. Die Haut an Nase und Geschlechtsteilen ist mit schwarzen und weißen Tupfen gesprenkelt. Iris, Hornhaut und Pupille sind weiß umrandet und die Hufe sind häufig längsgestreift.

● *Rotschimmel mit Leopardzeichnung*

BRAUNER
Rotbraunes bis goldbraunes Deckhaar mit schwarzer Mähne und Schweif sowie Beinhaar.

HELLBRAUNER
Gelbbraunes bis fuchsfarbenes Deckhaar.

ROTBRAUNER
Rötlichbraune Färbung des Deckhaares.

GELBFALB
Gelbgraue Grundfarbe im Deckhaar, dunkle Haut. Der Mausfalb hat mausgraues Deckhaar.

DUNKELBRAUNER
Deckhaar dunkelbraun mit schwarzem Maul, Gliedmaßen und Langhaar.

SCHWARZBRAUNER
Mischung aus braunen und schwarzen Deckhaaren mit schwarzen Langhaaren und Beinhaaren.

GEFLECKTE PFERDE
Bei Schecken setzt sich das Pferd aus unregelmäßigen, weißen bzw. braunen Flecken zusammen (siehe links). Eine schwarz-weiße Färbung nennt man »Piebald«. Die Fleckfärbung des Amerikanischen Pinto bezeichnet man als Tobiano- oder Overo-Zeichnung.

APFELSCHIMMEL
Dunkle Apfelung auf Schimmelfell, die im Alter verschwindet.

SCHECKE
Große, unregelmäßige, weiße Flecken aus jeder Grundfarbe, außer Schwarz.

ABZEICHEN DES PFERDES

Unter Abzeichen versteht man die weißen Haarstellen an Kopf, Körper, Maul und Beinen des Pferdes, ein einwandfreies Hilfsmittel der Identifizierung von Pferden durch die Zuchtverbände. Ergänzend zu den üblichen Abzeichen kommen weiße Flecken am Unterbauch und an den Flanken vor.

KENNZEICHEN ZUR IDENTIFIZIERUNG

Durch Sattel- oder Gurtdruck verursachte weiße Stellen nennt man »erworbene Abzeichen«. Dazu zählen auch Brandzeichen mit Brenneisen und Kaltbrand, die beide als Schutzmaßnahme gegen Diebstahl zur Identifikation verwendet werden. Der Kaltbrand zeigt ein Muster von Buchstaben und Figuren aus weißem Haar (oder bei Schimmeln aus schwarzem Haar). Weitere Kennzeichnungsmarken können am Huf durch ein heißes Eisen vorgenommen werden. Auch Haarwirbel an Kopf und Körper werden zur Identifikation verwendet. Kastanien, die hornigen Stellen an den Innenseiten der vier Beine, sind wie ein Fingerabdruck des Pferdes, die sehr individuell geprägt sind und niemals verschwinden.

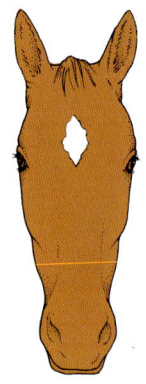

STERN SCHNURBLESSE SCHNIPPE

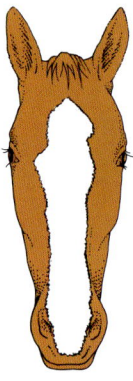
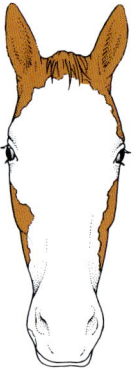
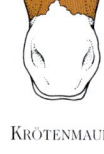

KRÖTENMAUL

BLESSE LATERNE LIPPEN-ABZEICHEN

BRANDZEICHEN

Bei Pferden werden Brandzeichen zur Kennzeichnung des Besitzers oder einer besonderen Rasse verwendet. Der Brand erfolgt mittels eines heißen Eisens auf dem Fell und bleibt für immer. Brandzeichen werden auf dem Oberschenkel oder an Schulter bzw. Hals vorgenommen. Normalerweise gibt es ein Brandzeichen, gelegentlich werden aber auch mehrere Brände gemacht, jeder hat seine eigene Bedeutung. Lipizzaner besitzen z.B. vier Brandzeichen: den Gestütsbrand, den Abstammungsbrand, den Fohlenbrand und den traditionellen Brand, ein einfaches L.

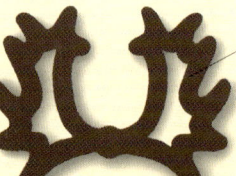

• Die Elchschaufel, das alte Trakehner-Brandzeichen

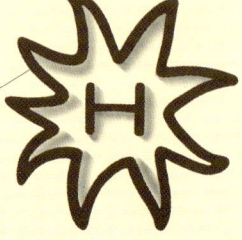

Das Edelweiß • mit dem Buchstaben H in der Mitte stellt das Haflinger-Brandzeichen dar

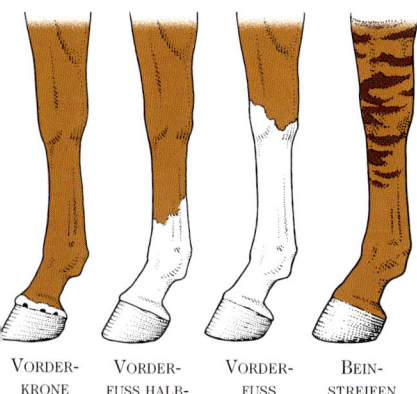

VORDER-
KRONE
WEISS

VORDER-
FUSS HALB-
WEISS

VORDER-
FUSS
HOCHWEISS

BEIN-
STREIFEN

AALSTRICH

Der Aalstrich, der meistens bei Falben, aber auch bei Braunen und Füchsen vorkommt, ist ein dunkler Streifen vom Schweifansatz bis zum Mähnenkamm, manchmal zeigen sich gleichzeitig zebraartige Streifen an den Beinen.
Aalstrich und Falbfärbung sind allgemein verbreitet bei einigen primitiven Pferderassen, die vor und nach der Eiszeit entstanden sind. Dazu zählen der Tarpan und das Przewalski-Pferd und mit ihnen verwandte Rassen wie z.B. Fjordpferde. Auch beim Spanischen Pferd kam die auffallende Falbfärbung (Isabellfalb) mit dunkler Mähne und Aalstrich vor.

BEINABZEICHEN

Beinabzeichen sind in der Regel weiß und werden nach Lage, Größe und Farbe sowie nach ihrer Form bezeichnet. Zebraartige, dunkle Beinstreifen an den unteren Gliedmaßen stammen von Primitivrassen und dienten der Tarnung. Man findet sie noch bei einigen Rassen mit primitivem Ursprung wie z.B. beim Highland-Pony und Fjordpferd. Auch die Pferde auf den Höhlenmalereien bei Lascaux, Frankreich haben diese Beinstreifen und haben eine große Ähnlichkeit mit dem Highland-Pony.

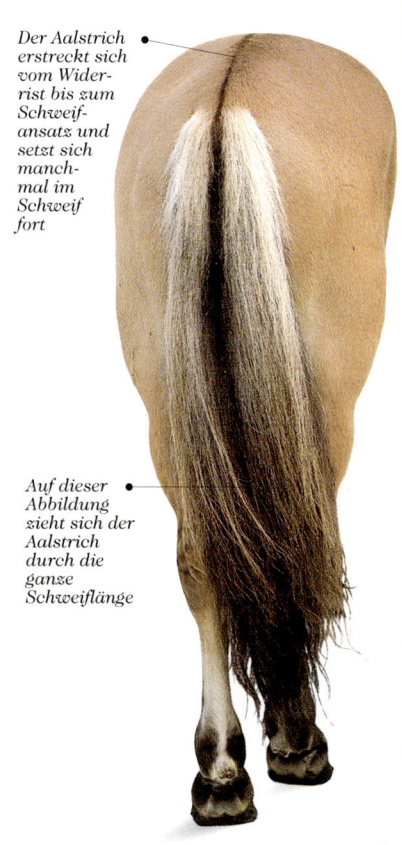

Der Aalstrich erstreckt sich vom Widerrist bis zum Schweifansatz und setzt sich manchmal im Schweif fort

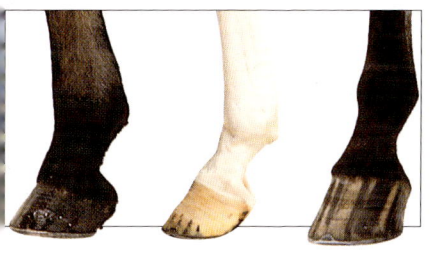

DUNKLER HUF

HELLER HUF

GESTREIFTER HUF

Auf dieser Abbildung zieht sich der Aalstrich durch die ganze Schweiflänge

HUFABZEICHEN

In der Regel wünscht man sich dunkle Hufe, denn dunkles Hufhorn wird bezüglich seiner Textur als dichter und nur schwer abnützbar betrachtet. Im Gegensatz dazu wird helles Hufhorn als weich angesehen, es gibt für diese Meinung jedoch keine Bestätigung. Helle Hufe sind begleitet von weißen Beinabzeichen. Der Appaloosa und andere gefleckte Pferderassen besitzen Hufe mit dunklen und hellen vertikalen Streifen.

GANGARTEN

Die vier natürlichen Bewegungsarten sind Schritt, Trab, Kanter (kurzer Galopp) und Renngalopp. Gangartenunterschiede werden in der Dressur verlangt. Im Schritt unterscheidet man Mittelschritt, versammelten Schritt, starken Schritt und Schritt am langen Zügel. Im Trab und Galopp sind es Arbeitstrab, Mitteltrab, starker Trab und versammelter Trab bzw. Arbeitsgalopp, Mittelgalopp, starker Galopp und versammelter Galopp. Aus diesen natürlichen Bewegungsarten gibt es spezielle Gangarten, die sich zum Paßgang ableiten lassen oder paßartigen Schrittfolgen.

SCHRITT
Beim Schritt sind vier Hufschläge zu hören, wobei die Gliedmaßen in diagonaler Reihenfolge fußen. Die Fußfolge ist z. B. linkes Hinterbein, linkes Vorderbein; rechtes Hinterbein, rechtes Vorderbein. Beim Mittelschritt greifen die Hinterbeine über die Abdrücke der Vorderbeine hinaus. Im versammelten Schritt sind die Schritte kürzer und erhabener, wobei die Hinterbeine den Boden hinter dem Hufabdruck der Vorderbeine berühren. Im starken Schritt sollen die Hinterbeine weit über die Vorderbeine vortreten, im Schritt am langen Zügel sieht man eine deutliche Rahmenerweiterung.

TRAB
Der Trab ist eine Gangart im Zweitakt, wobei die diagonalen Beinpaare gleichzeitig nach vorne geführt werden, und zwischen dem Wechsel der diagonalen Beinpaare eine Schwebephase folgt. Zum Beispiel: Stützphase vorne links und hinten links. In der Schwebephase erreicht das schwingende Beinpaar den Boden etwas später, als ihn das stützende Beinpaar verläßt. Piaffe und Passage sind Gangarten im Trab in höchster Versammlung.

KANTER (KURZER GALOPP)

Beim Kanter hört man drei Hufschläge, von denen der zweite ein Doppelgalopp diagonaler Hufe ist. Im Rechtsgalopp schwingt das rechte Vorderbein voraus, im Linksgalopp das linke. Galoppiert das Pferd z. B. auf dem Zirkel links mit dem rechten Vorderbein, sagt man, es galoppiert auf der falschen Hand. Die Sprungfolge im Rechtsgalopp ist: linkes Hinterbein, dann gleichzeitig rechtes Hinterbein und linkes Vorderbein, rechtes Vorderbein.

RENNGALOPP

Im Renngalopp erreicht das Pferd seine Höchstgeschwindigkeit. Diese Gangart ist in der Regel ein Viertakt, aber es gibt je nach Geschwindigkeit Variationen. Im Rechtsgalopp ist die Sprungfolge: hinten links, hinten rechts, vorne links, vorne rechts, dann deutliche Schwebephase, bei der alle vier Beine in der Luft sind. Ein Vollblutpferd kann eine Geschwindigkeit von etwa 48 km/h oder mehr erreichen.

SPEZIELLE GANGARTEN

Der Paßgang ist ein Zweitakt in lateraler Fußfolge, also im Wechsel von vorne links und hinten links sowie vorne rechts und hinten rechts. Die schnellsten Paßgänger sind die in Paßrennen laufenden Pferde der Rasse American Saddlebred. Mit Ausnahme des Islandpferdes, das die Gangart Tölt beherrscht, ein schneller gelaufener Schritt im Viertakt, sind sogenannte alternative (»künstliche«) Gangarten nur bei amerikanischen Pferderassen zu finden, obwohl es auch bei einigen asiatischen Rassen natürlich veranlagte Paßgänger gibt.

EINE UNGEWÖHNLICHE GANGART
Über 400 Jahre alt ist der Peruanische Paso.

DAS PFERD IN SPORT UND FREIZEIT

Schon in der Frühgeschichte der Domesti-
kation des Pferdes gab es die ersten Wettrennen mit Pferden. Die ersten überliefer-
ten Wettkämpfe waren Streitwagenrennen.
Nach den Wagenrennen folgte das Wett-
reiten, das schon bei den Olympischen
Spielen der Antike in Griechenland statt-
gefunden hatte.

FAHRSPORT

Wagenrennen waren im antiken Griechenland
sehr beliebt und auch im alten Rom. Heute ist
der Fahrsport mit eleganten Kutschen weit
verbreitet, im Freizeit- wie im Turniersport. Im
Turnierfahren ist neben der eleganten, stil-
vollen Anspannung und der Dressurprüfung, der
Marathon-Wettbewerb, eine Geländefahrt mit
verschiedenen Teilstrecken über 27 km, der
große Test.

GALOPPRENNEN

Der Rennsport, als »Sport der Könige« bezeichnet, bildet seit Jahrhunderten einen wichtigen
Teil der Sportszene und ist eng mit der Schöp-
fungsgeschichte des Englischen Vollblüters im

GALOPPRENNEN
*Beinahe in allen Ländern auf der Welt werden
Galopprennen abgehalten. Das Zentrum des
englischen Rennsports ist Newmarket. Das
Pferdeland schlechthin in Amerika ist Kentucky.*

17. und 18. Jahrhundert verbunden. Ganz viele
der berühmten englischen Rennbahnen entstanden im 18. Jahrhundert und das britische Vor-
bild der Klassischen Rennen, wie z.B. Derby
und Oaks, wird in den meisten Ländern nachge-
macht (z.B. das Kentucky Derby in den USA
und klassischen Rennen in Neuseeland). In
England und Irland werden auch im Winter

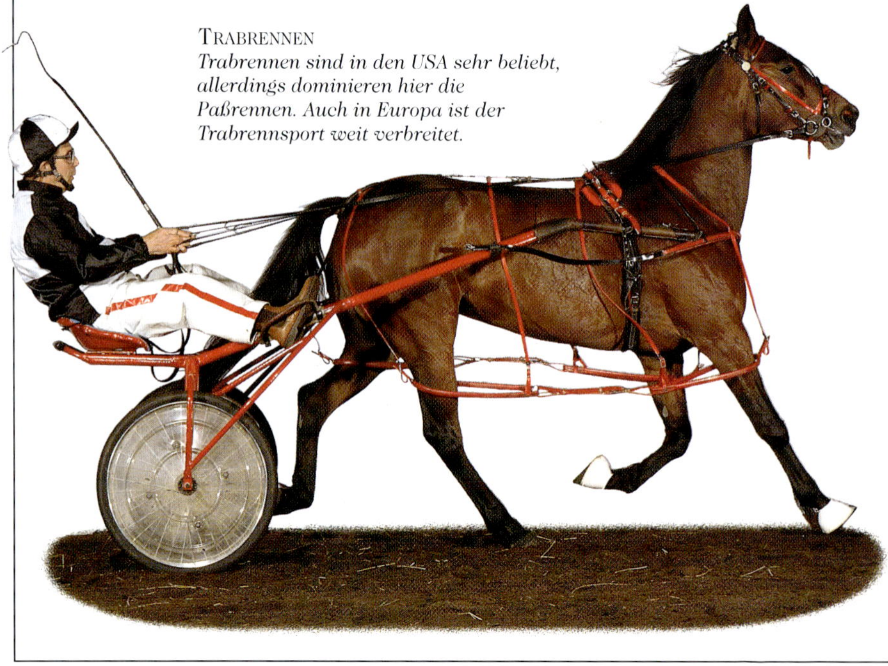

TRABRENNEN
*Trabrennen sind in den USA sehr beliebt,
allerdings dominieren hier die
Paßrennen. Auch in Europa ist der
Trabrennsport weit verbreitet.*

sogenannte Steeplechase-Rennen über
Hindernisse abgehalten. Zu den bekanntesten
englischen Hindernisrennen zählen das Grand
National in Aintree und der Cheltenham
Gold Cup.

DRESSURREITEN, SPRINGREITEN UND VIELSEITIGKEITSREITEN

Die meisten modernen Pferde-
sportarten haben ihren Ursprung
im Kriegswesen. Sogar das
Dressurreiten, die moderne
Version der klassischen Hohen
Schule der Renaissance, leitet sich
von Prüfungen für Kavalleriepferde
im 19. Jahrhundert ab. Die erste
Reitlehre stammt von dem Griechen
Xenophon (430–355 v. Chr.) mit
dem Titel »Gymnasium des
Pferdes«. Auch das Springreiten,
das bei uns sehr populär ist, hat
eine militärische Tradition. Der
»Vorwärtssitz« oder »Leichte Sitz« als Springsitz
wurde beim Training der Kavallerie von dem
italienischen Rittmeister Frederico Caprilli
(1868–1907) entwickelt.
Das Vielseitigkeitsreiten kommt von der
»Military«, ein vielseitiger Leistungstest für
Soldaten und ihre Pferde. Es besteht aus drei
Teilen: 1. Teil – Dressurreiten, 2. Teil –
Geländereiten mit Rennbahn und Querfeldein-
strecke, 3. Teil – Parcoursspringen.

DISTANZREITEN UND FREIZEITREITEN

Auch das Distanzreiten über lange Strecken hat
sich aus den Distanzritten der Kavallerie
entwickelt, und ist in seiner heutigen Form ein
hochentwickelter Leistungssport. Die besten
Distanzpferde sind in der Mehrzahl Araber oder

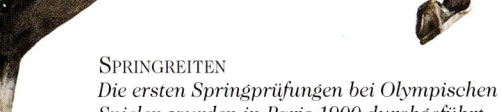

SPRINGREITEN
*Die ersten Springprüfungen bei Olympischen
Spielen wurden in Paris 1900 durchgeführt.*

Araberkreuzungen. Auf der anderen Seite wird
das Freizeitreiten, im Westernreiten oder im
Englischen Stil, immer beliebter. In England
und Irland ist das Jagdreiten im Winterhalb-
jahr sehr verbreitet, aber auch in Deutschland,
Frankreich und Nordamerika gibt es viele
Anhänger des Jagdreitens.

REITEN IM DAMENSITZ

Bis in die zwanziger Jahre dieses Jahrhunderts ritt die Mehrzahl der Damen im
Seitsattel. Heute ist diese elegante Art
des Reitens am Wiederaufleben, besonders in Großbritannien, wo es verschiedene Schauprüfungen für das Reiten
im Damensattel gibt.

DRESSURREITEN
*Dressurreiten ist
in Europa und
Amerika
sehr beliebt.*

ARBEITSPFERDE

Über 4000 Jahre lang standen die Pferde im Kriegsdienst des Menschen, sie wurden aber auch häufig für die friedliche Nutzung in der Wirtschaft verwendet. Pferde wurden früher vor allem als Zugtiere genutzt, um schwere Lasten und leichte Reisewagen und elegante Kutschwagen zu ziehen.

MÜHLENPFERD
Kornmühlen wurden bis zum Beginn des 20. Jahrhunderts noch mit Pferden angetrieben.

PFERDENUTZUNG IN DER WIRTSCHAFT

Die Erfindung der Dampfmaschine und der Eisenbahn in der ersten Hälfte dieses Jahrhunderts war der Todesstoß für die herrliche Zeit der Kutschen und Postkutschen. Die Technisierung konnte das Pferd in der Tat nicht verdrängen, sondern gab ihm neue Beschäftigungsmöglichkeiten. Tausende von Warmblutpferden leisteten weiterhin ihren Arbeitsdienst, zogen Omnibusse und Straßenbahnen in den übervölkerten Städten. Schwere Kaltblutpferde schleppten das Rohmaterial für den Eisenbahnbau, über ein Jahrhundert lang waren die Eisenbahngesellschaften die größten Arbeitgeber und Besitzer von Pferden. Das riesige englische Kanalsystem benötigte und benutzte Pferde zum Ziehen der Boote, mit Lasten bis zu 70 Tonnen. Eine große Anzahl von Ponys dienten unter Tage in den Kohlebergwerken, trieben die Kurbeln der Kranwinden an und zogen die Kohlewagen. (Die Stärke der Dampfmaschine, die James Watt 1769 erfand, wurde in Pferdestärken gemessen). Noch im 19. Jahrhundert wurden in England Dales- und Fell-Ponys sowie Cleveland Bays für die Lastzüge zum Transport des Bleis von den Bleiminen zu den Häfen eingesetzt. Über ganz Europa waren Pferde als Tragtiere im Dienst.

PFLÜGEN MIT PFERDEN
Bis zum 2. Weltkrieg spielten Pferde eine bedeutende Rolle in der Landwirtschaft.

LANDWIRTSCHAFT

Eine ganz bedeutende Rolle spielten Pferde in der Landwirtschaft während des 18. und 19. Jahrhunderts. Die gesamte Landwirtschaft, von der Vorbereitung des Bodens bis zum Säen und Kultivieren, von der Ernte bis zur Lieferung zum Verbraucher, war von den Pferdestärken abhängig. Die riesigen Mähdrescher in den USA wurden von bis zu 40 Pferden gezogen. Zwischen 1900 und 1910 gab es allein über 5000 Züchter des Percherons in den USA, mit über 31900 registrierten Pferden.

MILITÄR UND POLIZEI

Bis zum Ersten Weltkrieg taten Millionen von
Pferden ihren Dienst in den Armeen der ganzen
Welt, sogar im Zweiten Weltkrieg war das
üblich. Die deutsche Wehrmacht hatte
Zehntausende von Pferden an der Ostfront
im Einsatz, 1939 waren es bei den Polen
86000 Pferde und die schwindelerregende Zahl
von 1,2 Millionen bei den Russen. In der
heutigen Zeit beschäftigen noch einige Natio-
nen Pferde für zeremonielle Zwecke. Auch
Polizeikräfte schätzen die psychologische
Wirkung von Pferden und verwenden sie für

PAUKENPFERD
*Das Paukenpferd
der British
Household
Cavalry, Blues
and Royals.*

BERITTENE POLIZEI IN NEW YORK
*Die Stadt New York sowie andere amerika-
nische Städte beschäftigen berittene Polizisten
für regelmäßige Streifendienste.*

Streifendienste in den Städten, bei Menschen-
ansammlungen und in Parkanlagen.

URLAUB UND FREIZEIT
Es gibt eine weltweite Tourismusindustrie für
Urlaub mit dem Pferd. Reitschulen und Trek-
kingveranstalter bilden einen bedeutenden Teil
der Freizeitgestaltung mit Pferden, und so gibt
es eine ständige Nachfrage nach qualifizierten
Reitlehrern. So gesehen, hat das Pferd als
Arbeitspferd immer noch einen Platz in unserer
Gesellschaft.

PLANWAGEN
*Der Zigeunerwagen ist fast
so alt wie die Geschichte des
Wagens.*

SÄTTEL

Die Sarmaten, Nachfolger der Skythen, entwickelten um die Zeitwende die ersten Sättel, bestehend aus einer Art hölzernen Sattelbäumen. Bis heute ist diese Sattelkonstruktion die Grundlage für den Sattelbau geblieben. Auch heute werden noch hölzerne Sattelbäume verwendet, die allerdings aus laminierten Holzstreifen, die mit Leichtmetallplatten verstärkt sind, gefertigt werden. Die meisten Sattelbäume sind jedoch aus Plastikmaterial.

DER SATTEL DES KÖNIGS
Dieser Sattel des Königs Henry V. von England ähnelt dem Sattel der Sarmaten.

die Rückseite des • Sattels nennt man Hinterzwiesel und ist mit Leichtmetall verstärkt

die Steigbügelriemen sind aus Büffelleder gefertigt oder aus kräftigem Rindsleder und sind häufig durch Nylon verstärkt •

die Vorderseite des Sattels nennt man Vorderzwiesel und ist mit Leichtmetall • verstärkt

Satteldecken • aus Schaffell oder mit Stoff überzogenem Schaumstoff sind für den Pferderücken sehr angenehm

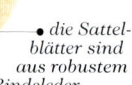

VIELSEITIGKEITSSATTEL

Der Sattel, der am häufigsten verwendet wird, ist der Vielseitigkeitssattel. Fast alle modernen Sättel haben einen Federbaum, der Federbaum hat schmalere Seitenteile und Leichtmetallstreifen. Wie der Name schon sagt, sind diese Sättel für das Springen, Geländereiten und für die tägliche Arbeit sehr gut geeignet.

• die Sattelblätter sind aus robustem Rindsleder

SPEZIALSÄTTEL

Es gibt verschiedene Satteltypen für verschiedene Disziplinen und besondere Zwecke. Dressursättel haben ein geraderes Sattelblatt, um dem längeren Steigbügel beim Dressursitz entgegenzukommen. Der Springsattel hat weiter nach vorne geschnittene Sattelblätter. Außerdem gibt es Sättel für Schauprüfungen, Distanzreiten sowie sehr leichte Rennsättel, die nur etwa 450 Gramm und weniger wiegen.

RENNSATTEL
Rennsättel wiegen etwa 220 Gramm.

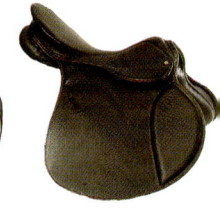

SPRINGSATTEL
Der Schnitt ermöglicht einen guten Vorwärtssitz.

WESTERNSATTEL

Der Westernsattel wurde von dem Gebrauchs-
sattel der spanischen Einwanderer nach
Amerika abgeleitet und den Anforderungen
des Cowboys angepaßt. Er ist sehr bequem
bei langen Ritten und paßt fast jedem Pferd.
Alles, was der Cowboy an Werkzeug braucht,
wird daran befestigt.

breite und
bequeme Sitz-
fläche für die
anstrengende
• Arbeit

die typische Sattelhorn-
kappe des Westernsattels
dient zur Befestigung
• des Lassos

zwei Satteltrachten •
bilden den Sattel-
baum, der auf einer
dicken Decke liegt

Schweißschutzschild •
und Bügelriemen, zum
Schutz vor Schweiß

• die schweren
Westernsteigbügel
sind oft aus Holz
gemacht und mit
Leder überzogen,
um die Füße gegen
Kälte zu schützen

DRESSURSATTEL
Ausgestattet mit
langen Gurt-
strippen.

LANE-FOX-SATTEL
Sehr beliebt bei ame-
rikanischen Gang-
pferde-Schauklassen.

POLOSATTEL
Mit einem be-
sonders starken
Sattelbaum.

DAMENSATTEL
Im 14. Jahrhun-
dert in Europa
entwickelt.

ZÄUMUNG UND GEBISSE

Die Züumung besteht aus einem Trensenzaum und Zügeln, die am Trensengebiß befestigt sind. Bei den Gebissen unterscheidet man fünf Kategorien: die Wassertrense, die einfachste Form; Kandaren-zaum, sehr ausgetüftelt; das Pelham, ein Kompromiß zwischen Wassertrense und Kandare; die Aufziehtrense, mit Zugwirkung nach oben; und die gebißlose Züumung, auch als Hackamore bekannt.

TRENSENZAUM

Der Zügeldruck wirkt auf die Maulspalte und auf den Kiefer, wenn der Kopf etwas vor der Senkrechten ist. Das Gebiß liegt auf dem Gaumen, zwischen den Backen- und Schneidezähnen. Je nach Verwendungszweck ist die Form des Mundstückes ganz verschieden.

KANDARENZAUM

Dieses Gebiß bewirkt eine fein abstimmbare Beizäumung, die bei einer anderen Art von Züumung nicht erreicht wird. Das Trensengebiß veranlaßt das Pferd, den Kopf höher zu tragen, das Kandarengebiß verursacht die Beizäumung, so daß die Nase sich senkt.

Genick-stück •

Stirnband •

Backen-stück •

Kehl-riemen •

Nasen-riemen •

Olivenkopf-trense •

Gurtzügel •

Genick-stück •

Stirnband •

Backen-stück •

Reithalfter •

Kehl-riemen •

Nasen-riemen •

Unterleg-trense •

Kanda-rengebiß •

Kinnkette •

Kandaren-zügel •

Trensen-zügel •

WESTERNZÄUMUNG

Diese Zäumung wirkt ausschließlich über das Stangengebiß. Unterschiedliche Ausführungen (z. B. die losen, geteilten Zügel) sind nur Variationen. Die Westernzäumung basiert auf dem Prinzip des systematischen Hinarbeitens auf die einhändige Zügelführung mit sorgfältig ausbalancierten Pferden ohne Anlehnung, am besten mit Bosal. Diese Reitweise stammt von der Iberischen Halbinsel und wurde mit den spanischen Eroberern nach Amerika gebracht. Trotzdem das Gebiß scharf ist, kann das geschulte Pferd durch minimale Zügelhilfen kontrolliert werden.

GEBISSARTEN

Die Mehrzahl der Gebisse sind aus Metall, bevorzugtes Material ist rostfreier Stahl. Andererseits werden Mundstücke auch aus Vulkanit, Nylon, beweglichem Plastikmaterial oder Gummi hergestellt, deren Wirkung weicher ist. Die weichste Wirkung hat eine Stange aus Gummi, die gebrochene Trense verursacht einen »Nußknackereffekt«, der schärfer wirkt.

Kopf-
stück

Stirn-
band

Backen-
stück

Kehl-
riemen

Kinn-
riemen

geteilte
Zügel

• Rollengebiß
verhindert das
Festbeißen

• Pelham-Gebiß
mit Stange aus
Vulkanit

• Rollengebiß (Typ
Magenis), die Rollen
sind innerhalb des
Mundstücks ange-
bracht und verhin-
dern das seitliche
Verschieben

• Knebeltrense mit
Spielschlössern
zum Anreiten des
Pferdes

• Kandare (Typ
Hunloke oder
Globe) wird mit
einfachem Zügel
verwendet

• Aufziehtrense, bei
Zügelanzug wird
das Gebiß im Maul
nach oben gezogen
und führt zu einer
höheren
Kopfhaltung

KUTSCHEN

Die ersten Wagen waren zweirädrige Streitwagen, die von einem Zweispänner oder Vierspänner gezogen wurden. Da die Pferde damals ziemlich klein waren, war das Reiten nicht so beliebt; um so mehr entwickelte sich von dieser Zeit an der mit Speichenrädern ausgestattete, in jedem Gelände schnelle Kriegswagen. Die hochentwickelten ägyptischen Streitwagen wurden um 1600 v. Chr. eingeführt, und die Chinesen entwickelten ein ähnliches Gefährt 300 Jahre später. Von den Chinesen stammen auch einige der wichtigsten Verbesserungen hinsichtlich der Anspannung, denn sie haben das Brustgeschirr und das Kumtgeschirr erfunden sowie das Hintergeschirr und die Gabeldeichsel für einspännige Wagen.

UNGARN

Im Mittelalter zeichneten sich vor allem die Wagenbauer aus Ungarn aus, deren Vorfahren mit Attila und seinen Kriegern nach Europa eindrangen, bestens ausgerüstet mit bereits gut entwickelten Wagen-

zügen. Ungarische Wagenbauer entwickelten im ausgehenden 15. Jahrhundert auch die ersten Kutschen. Da sich der Entstehungsort im westungarischen Ort Kocs im Komitat Komorn befand, wurden diese Art von Wagen Kutsche genannt. Das auffallendste Merkmal der ungarischen Kutschen war, daß zum ersten Mal in der Geschichte des Wagenbaus die Vorderräder kleiner als die Hinterräder

GOVERNESS CART
Ein leichter, einspanniger Kutschierwagen, der von hinten bestiegen wurde.

*der Langbaum, an dem die Stangenpferde
• angeschirrt werden*

Kumtanspannung •

die Stränge werden am Wagen befestigt •

waren, was einen sehr engen Wendekreis ermöglichte. Außerdem besaßen diese Wagentypen einen niedrigeren Schwerpunkt als bei ihren Vorgängern, so daß sie schneller gefahren werden konnten. Der leichte Wagenaufbau, ähnlich wie eine Hängematte aus Ledergurten konstruiert, bewirkte durch die Federung eine größere Bequemlichkeit für die Mitfahrer. Auch die von den Ungarn erfundene Elliptik-Feder machte die Erschütterungen des Wagens erträglicher und gab dem Wagen bei höherer Geschwindigkeit mehr Sicherheit.

DEMI MAIL PHAETON
*Das ist der wendigere
Typ des Phaetons,
ein Wagen zum
Spazierenfahren.*

WELLS FARGO & CO. OVERLAND STAGE

U.S. MAIL

WESTERN COACH
*Der große, runde Wagenkasten
wurde von Trägerbändern aus Leder
abgefedert.*

ENGLAND UND EUROPA

Die bedeutendsten Verbesserungen im Kutschenbau wurden in Großbritannien vollzogen, ausgelöst durch die harten Straßen, die im 19. Jahrhundert überall im Land gebaut wurden, und durch die Entwicklung des Vollblutpferdes mit der Veränderung der Pferdetypen. In der »Coaching-Ära«, die bis Mitte des 19. Jahrhunderts anhielt, erreichte die Post- und Personenbeförderung eine Fahrkultur, die hinsichtlich ihrer Perfektion seinesgleichen suchen konnte. In anderen Teilen Europas, wo der Straßenbau nicht so fortgeschritten war, entwickelte sich die Zucht von schweren Pferden im Karossiertyp, vor allem aus den Kaltblutrassen.

AMERIKA UND AUSTRALIEN

In Amerika wurde das Gegenstück der englischen Postkutsche im Jahre 1825 entwickelt. Die besten Modelle fabrizierte die Firma Abbot-Downing Co. in Concord, New Hampshire, die als »Concords« (Concord-Wagen) bekannt wurden. Im Jahre 1853 wurden sie auch in Australien eingeführt und den dortigen Gegebenheiten angepaßt.

IRISCHER JAUNTING CAR
Die Passagiere saßen seitlich mit dem Gesicht nach außen.

SPIDER PHAETON
Ein in Amerika entwickeltes Spazierfahrzeug für Zweispänner; eine beliebte, leichte Kutsche für Ausfahrten in die Stadt und in die Parks.

COCKING CART
Zweirädriger Gig, von zwei Pferden in Tandemanspannung gezogen, zum Transport von Kampfhähnen.

WAGENARTEN

Es gab vier Wagenarten und Kutschentypen: Phaetons, Gigs, Dog Carts und Breaks. Bei den Phaetons gab es viele verschiedene Modelle, von denen der »Spider« am

herausfallen. Die vierte Gruppe, die sogenannten Breaks, waren vierrädrige Fami-
lienkutschen für bis zu sechs Mitfahrern,
einschließlich Hunde. Zum Einfahren
junger Pferde wurde der Skeleton
Break verwendet, andere Typen wie
die Wagonette dienten dem Passa-
gier- und Gepäcktransport. Diese
konnten sowohl von einem Pferd,
einem Zweispänner in der sogenannten »Einhornanspannung« (ein Zweispänner hinter einem Führpferd) oder
von einem Vierspänner gezogen werden.
Schließlich gab es noch die Char-à-bancs
(Bankwagen) und Omnibusse.

**VIERRÄDRIGER
RALLI CAR**
*Eine Abart des Dog Cart, mit Platz für vier
Personen und Gepäck unter dem Sitz.*

elegantesten war. Gigs waren einspännige
Kutschen. Sie galten als Familien-
wagen und wurden von Ärzten und
Geschäftsleuten verwendet. Aus
den etwas sportlicheren Dog Carts
haben sich viele Spielarten entwickelt wie z.B. der traditionelle
Irische Jaunting Car oder der
Governess Cart und der Cocking
Cart. Der Governess Cart wurde
von rückwärts bestiegen und
ermöglichte es, bei Aus-
fahrten die Kinder
mitzunehmen, ohne
Angst haben zu
müssen, daß sie

ÜBERDACHTES GIG
*Ein sehr praktisches Fahrzeug
für Ärzte und Geschäftsleute, das
auch guten Wetterschutz bot.*

BAROUCHE
*Ein Luxusgefährt für
Spazierfahrten, das von
edlen Zweispännern
gezogen wurde.*

BESTIMMUNGSSCHLÜSSEL

Alle Rassen, die in diesem Buch vorgestellt werden, wurden in drei Kapitel aufgeteilt: Ponys, Pferde (Warmblutpferde) und Kaltblutpferde mit einem abschließenden Teil über Pferdetypen. Dieser Bestimmungsschlüssel entspricht dem gleichen Grundmuster. Die Hauptgruppen werden in Stufe 1 (unten) beschrieben, wobei die einzelnen Rassen in Stufe 2 geographisch geordnet sind (Seite 44–47).

STUFE 1

DIE DREI GRUPPEN

Die Hauptunterschiede zwischen Ponys, Pferden und Kaltblutpferden liegen im Körperbau (was unterschiedliche Proportionen mit sich bringt), Gewicht, Hautoberfläche, Bewegungsarten (als Ergebnis verschiedener Körperproportionen) und in geringerem Umfang bei der Größe.

Das Gewicht kann zwischen und innerhalb der Gruppen erheblich variieren: Ein Araber wiegt z.B. durchschnittlich 418 kg und ein Vollblüter 484 kg. Ein Reit- oder Fahrpferd kann die gleiche Größe wie ein Kaltblutpferd haben. Als Ponys bezeichnet man,

vielleicht etwas zu engstirnig, alle Rassen und Typen unter einem Stockmaß von 152 cm (in Deutschland unter 148 cm).

Der wahre Unterschied zwischen Pony und Pferd liegt in den Körperproportionen. Bei Vollblütern ist die Widerristhöhe größer als die Körperlänge, wobei die Beine länger als der Brustumfang sind. Beim Pony gilt das Gegenteil.

KALTBLUTPFERDE

PFERDE

PONYS

Alle Pferde und Ponys werden vom höchsten Punkt des Widerristes bis zum Boden gemessen. Das Messen nach Handmaß stammt aus dem Mittelalter, wobei eine Handbreite etwa 10 cm sind.

Das Handmaß ist vor allem in Großbritannien und Amerika eine traditionelle Meßart. In Europa und anderen Ländern jedoch wird das Stockmaß anerkanntermaßen in Zentimetern gemessen.

WAS IST EIN PONY?

Ponys unterscheiden sich von Pferden auf Grund von ihrem einzigartigen Charakter und ihrer Größe. Im Verhältnis zu ihrer Größe haben sie mehr Brustumfang, während die Kopflänge in der Regel der Länge Widerrist bis Schulteransatz entspricht und der Länge Widerrist bis Kruppe. Unterschiede gibt es auch in den Grundgangarten. Pferde sind selten so trittsicher und besitzen keinen so ausgeprägten Selbsterhaltungstrieb wie Ponys.

GRÖSSE
*zwischen
102 und 152 cm
Stockmaß*

*wenig markierter
• Widerrist*

*kurzer, starker •
Rücken*

*dicker Schweif
und Mähne
schützt gegen
Kälte
und Nässe •*

*• hübscher Kopf
mit breiter Stirn
und sich ver-
jüngendem Maul*

*typisch ist die •
Gurttiefe*

*kurze Vorderröhre
mit viel Knochen-
• substanz*

*kleine, harte
und häufig
dunkle Hufe •*

GANGART

Ponys zeigen eine auffallende Knie-aktion mit guter Bewegung aus der Hinterhand. Die Bewegung der Vorhand ist raumgreifend.

*kurzer Kopf mit •
sehr beweglichen und
auffallend kleinen,
spitzen Ohren*

WAS IST EIN PFERD?

Erwünscht ist das Erscheinungsbild eines harmonischen Reitpferdes. Die Rückenform soll eine gute Sattellage ermöglichen. Die »echten« Rippen (die ersten 8) sind flach gelagert, so daß der Sattel hinter dem Schultermuskel liegt. Die 10 »falschen« Rippen sind runder und gut ausgebildet. Der Widerrist ist gut markiert und die Schulter ausreichend schräg.

GRÖSSE
zwischen 152 und 172 cm Stockmaß

der Rücken ist nicht
allzu breit, mit gut
• markiertem Widerrist

die Proportionen der
Hinterhand sorgen
• für Schnelligkeit

große, korrekte
Sprunggelenke, mittel-
• lange Fesseln

gut geformte
und proportio-
nierte Hufe •

ARABER
Charakteristisch ist
ein konkaves Profil,
das sich zum Maul
verjüngt.

BERBER
Zeigt weniger Qualität
als der Araber, dicke
Backen.

GANGART
Lange, flache, raum-
greifende Bewegung
mit wenig Knie-
aktion. Der Schub
aus der Hinterhand
soll über den
schwingenden
Rücken auf die frei
aus der Schulter
vorgreifende Vor-
hand übertragen
werden.

VOLLBLÜTER
Langer, schlanker
Kopf mit geradem
Profil.

WAS IST EIN KALTBLUTPFERD?

Das Kaltblutpferd vermittelt den Eindruck von Kaliber und Stärke. Der Körper ist ausladend und der Rücken ist breit, häufig begleitet von schlecht markiertem Widerrist, der bei einigen Rassen, insbesondere den schweren Zugpferderassen, deutlich höher als die Kruppe ist. Der Körper ist stark bemuskelt, vor allem in der Lendenpartie und in der Hinterhand. Die Schultern sind steiler gelagert und die Gliedmaßen kurz und stämmig.

GRÖSSE
162 bis 182 cm Stockmaß

breiter, kurzer Rücken, schlecht markierter
• *Widerrist*

kurze, sehr breite Hinterhand, stark
• *bemuskelt*

• *breite Brust mit breiter Beinstellung*

KÖTENBEHANG
Ausgeprägter Kötenbehang kann bei feuchtem Boden Hautreizungen hervorrufen. Kaltblüter ohne Kötenbehang eignen sich besser für die Arbeit auf tiefem schwerem Boden.

GANGART
Kurze Aktion ergibt eine maximale Zugleistung. Die steile Schulter verursacht eine deutliche hohe Knieaktion.

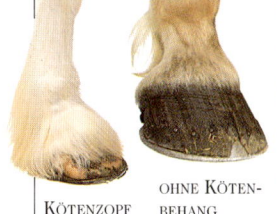

KÖTENZOPF

OHNE KÖTEN-
BEHANG

STUFE 2

Auf den folgenden Seiten werden alle in diesem Buch vorgestellten Rassen nach ihrem geographischen Ursprung gezeigt. Neben der Rassebezeichnung steht der Seitenhinweis. Die farbig unterlegten Flächen zeigen auf, zu welcher Gruppe (Ponys, Pferde, Kaltblutpferde) die einzelnen Rassen gehören. Einige der bekannten Rassen sind weltweit verbreitet und können deshalb nicht ausschließlich geographisch zugeordnet werden. Ein Pony in einem Trekkingzentrum in Island ist jedoch mit Sicherheit ein Islandpferd, und eine ähnliche Einrichtung in

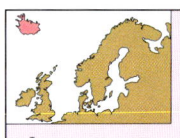

Islandpferd 48

ISLAND

Finnischer Klepper 106

FINNLAND

Dänisches Warmblutpferd 114
ANDERE
Frederiksborger 110,
Knabstrupper 112

Jütländer 216

DÄNEMARK

Belgisches Warmblutpferd 124

Brabanter 218

BELGIEN

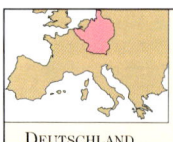

Oldenburger 134

Holsteiner 132

DEUTSCHLAND

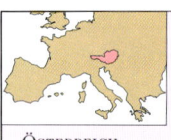

Haflinger 58

Noriker 220

ÖSTERREICH

Ariègeois 60
ANDERE
Landais-Pony 62,
Pottiock-Pony 63

Selle Français 146
ANDERE
Französischer Traber 147,
Camargue-Pferd 1
Anglo-Araber 150

FRANKREICH

Schottland besitzt wahrscheinlich Highland-Ponys. Ähnlich verhält es sich mit dem Kaltblutpferd in Italien, das eher ein Italienisches Kaltblutpferd ist als ein Clydesdale. Natürlich gibt es viele Rassenkreuzungen, aber in den westlichen Ländern ist die Selektionszucht mit geprüften und eingetragenen Hengsten die Regel. Das gilt auch für Araber, Vollblüter, Cleveland Bays und viele der heimischen Ponyrassen, die in geschlossenen Stutbüchern eingetragen sind.

RWEGEN

Fjordpferd 50

Døle-Pferde (Gudbrandsdaler) 104

HWEDEN

Schwedisches Warmblut 108
ANDERE
Gotland-Pony 52

Nordschwedisches Pferd 214

DERLANDE

ANDERE
Gelderländer 118,
Groninger 120,
Niederländisches Warmblut 122

Friese 116

LEN

Huzule 54

Konik 56

Wielkopolski-Pferd 128
ANDERE
Trakehner 126

Württemberger 136
ANDERE
Bayerisches Warmblutpferd 130,
Hannoveraner 131,
Rheinländer 138

GARN

Nonius 140

Furioso 141
ANDERE
Shagya-Araber 142,
Lippizaner 144

Boulonnais 223
ANDERE
Ardenner 222,
Bretone 224,
Percheron 226,
Normannischer Cob 228

UK & IRLAND

Shetland-Pony 64

ANDERE
Highland-Pony 66, Dales-Pony 68, Fell-Pony 69, Hackney-Pony 70

Connemara-Pony 76

ANDERE
Exmoor-Pony 72, Dartmoor-Pony 73, New Forest-Pony 74, Welsh Mountain Pony 78, Welsh Pony 79, Welsh Pony im Cob-Typ 80, Schau-Pony 241

ITALIEN

Maremmano 164

ANDERE
Bardigiano-Pony 82, Salerner 160, Sardisches Pferd 162, Murgese 165

Italienisches Kalt
236

PORTUGAL

Sorraia 84

Lusitano 168

ANDERE
Alter-Real 170

GRIECHENLAND

Skyros-Pony 86

Pindos-Pony 87

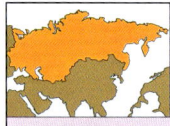

NÖRDL. EURASIEN

Baschkire 90

Achal-Tekkiner 17

ANDERE
Budjonny 178, Ka diner 180, Karaba 181, Orlow Trabe 182, Don-Pferd 18

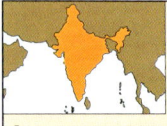

INDIEN

Indianbred 190

Kathiawari 188

NORDAMERIKA

Rocky Mountain-Pony 96

ANDERE
American Shetland-Pony 94, Chincoteague-/Assateague-Pony 98, Sable Island-Pony 99

Pinto 204

ANDERE
American Sadd bred 194, Misso Fox Trotter 198

MEXIKO

Galiceno-Pony 100

Englisches Vollblut 152

ANDERE
Hackney-Pferd 154, *Cleveland Bay* 156, *Irish Draught* 157, *Welsh Cob* 158, *Hunter* 238, *Hack* 240, *Cob* 242

Clydesdale 230

ANDERE
Suffolk Punch 232, *Shire* 234

SPANIEN

Andalusier 166

MAROKKO

Berber 172

MITTLERER OSTEN

Caspian-Pony 88

Araber 174

MONGOLEI

Przewalski-Pferd 186

AUSTRALIEN

Australisches Pony 92

Australian Stock Horse 192

Mustang 202

ANDERE
Morgan 200, *Standardbred* 209

Palomino 203

ANDERE
Quarter Horse 206, *Tennessee Walking Horse* 208

Appaloosa 196

ANDERE
Colorado Ranger 210

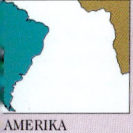

SÜDAMERIKA

Falabella-Pony 102

Criollo 212

ANDERE
Paso 213, *Polo-Pony* 244

PONYS

Lebensraum Tundra	Ursprung Voreiszeit	Blut Warmblut

ISLANDPFERD

Trotz seines kleinen Wuchses ist das Islandpferd eher einem Pferd
als einem Pony zuzuschreiben. Im Leben der Isländer beansprucht
es einen ganz besonderen Platz. Die Pferde kamen zwischen 860
und 935 A.D. mit den Wikingerbooten der Norweger nach Island.
• ZUCHT Es gibt nur wenige Zuchten, die, wie das Islandpferd,
sich ihrer Reinzucht rühmen können. Seit annähernd 1000 Jahren
gibt es keinerlei Fremdblutzufuhr. Schon ganz früh wurde Zuchtselektion betrieben, aber praktische Zuchtprogramme gibt es erst
seit der Stammzucht von Skagafjördur im Jahre 1879. Der Qualität
der fünf Gangarten, eine Besonderheit der Islandpferde, wird große
Bedeutung zugemessen; viele Gestüte widmen sich auch der Zucht
der insgesamt 15 anerkannten Farbtypen.
• MERKMALE Die Pferde werden häufig halbwild gehalten und
müssen unter rauhen klimatischen Bedingungen überwintern.
Sie werden für jede Art von Arbeit verwendet, dienen auch als
Fleischlieferanten, und sind ein wesentlicher Bestandteil der
traditionellen sportlichen Aktivitäten auf der Insel. Neben
den Grundgangarten Schritt, Trab, Galopp geht das Islandpferd auch Pass und Tölt, ein schneller laufender Schritt
im Viertakt.

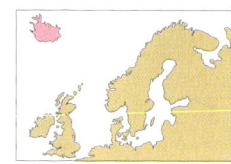

ISLAND

GRÖSSE
zwischen 130 und 138 cm Stockmaß

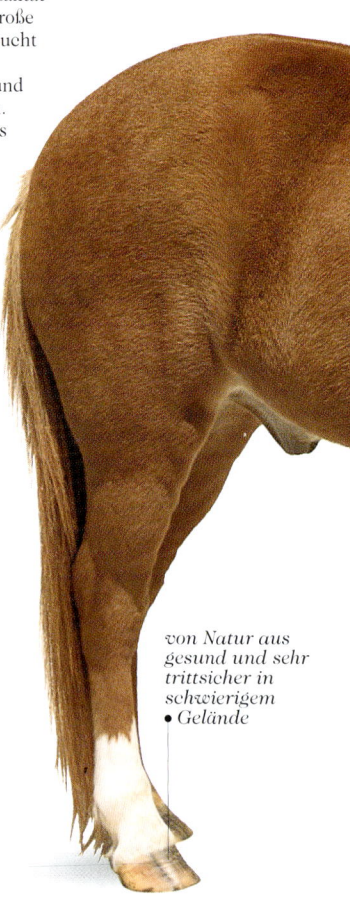

von Natur aus
gesund und sehr
trittsicher in
schwierigem
• Gelände

Einflüsse

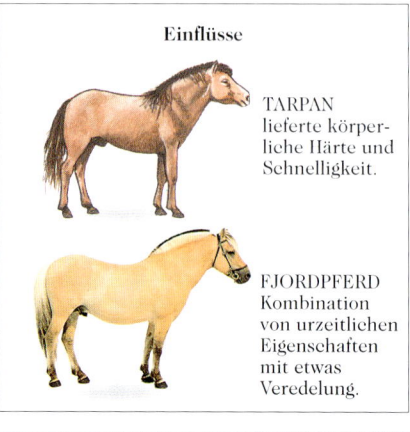

TARPAN
lieferte körper-
liche Härte und
Schnelligkeit.

FJORDPFERD
Kombination
von urzeitlichen
Eigenschaften
mit etwas
Veredelung.

Farbe alle Farben	Verwendung Reit- und Fahrpferd

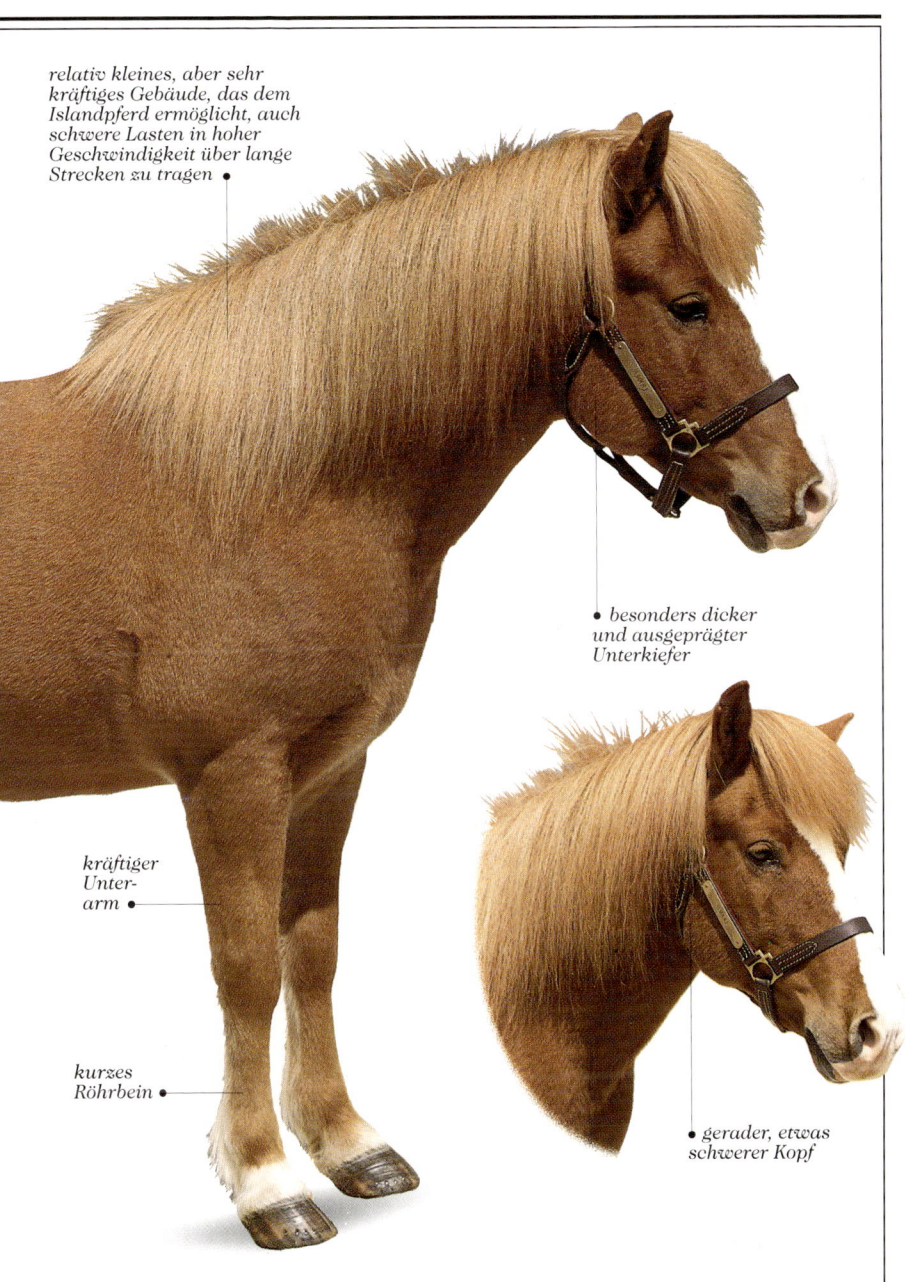

relativ kleines, aber sehr
kräftiges Gebäude, das dem
Islandpferd ermöglicht, auch
schwere Lasten in hoher
Geschwindigkeit über lange
Strecken zu tragen •

• besonders dicker
und ausgeprägter
Unterkiefer

kräftiger
Unter-
arm •

kurzes
Röhrbein •

• gerader, etwas
schwerer Kopf

Lebensraum Taiga	Ursprung Voreiszeit	Blut Warmblut

FJORDPFERD

Das attraktive Fjordpferd aus Norwegen mit seinem ausgeprägten
Aalstrich und seinen zebragestreiften Beinen ist in seiner Erscheinung
dem ursprünglichen mongolischen Pferd oder asiatischen Wildpferd
(Przewalski-Pferd, siehe Seite 186–187), von dem es abstammt, sehr ähnlich. Seit der Wikingerzeit ist es Tradition, die groben Mähnenhaare
als Stehmähne zu beschneiden, wobei das mittlere schwarze Haar über
das andere herausragt.

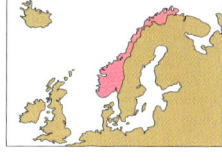

NORWEGEN

• **ZUCHT** Vom Przewalski-Pferd abstammend, ist der Tarpan-Einfluß
unübersehbar. Das Fjordpferd wurde ursprünglich von den Wikingern
in den langen Booten auf die Inseln an der schottischen Westküste und
nach Island gebracht. In ganz Skandinavien, vor allem aber in Norwegen gezüchtet, wird das Fjordpferd heute nach Deutschland, Dänemark und andere zentraleuropäische Länder exportiert, wo
es wegen seiner Ausdauer und Härte hoch geschätzt wird.

*Falbenfarbe mit Aalstrich
vom Stirnhaar bis zum
Schweifansatz* •

• **MERKMALE** Das kräftige und kompakte Fjordpferd ist
sehr vielseitig einsetzbar. Auf Bergbauernhöfen ersetzt
es den Traktor und den Pflug und schleppt als Tragtier
schwere Lasten über steile Wege; im Sattel und im
Geschirr ist es gleichermaßen gut. Bekannt ist sein
mutiger und eigenwilliger Charakter, außerdem ist
es für Robusthaltung gut geeignet.

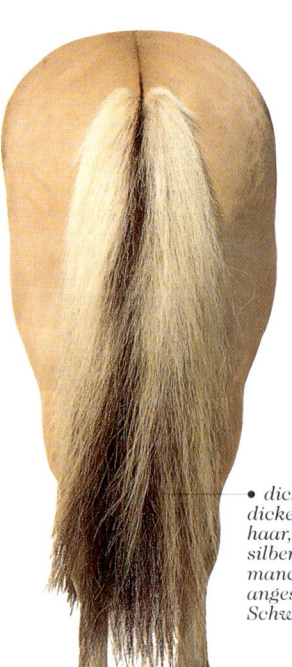

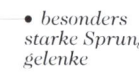

• *besonders
starke Sprung-
gelenke*

• *dichtes und
dickes Schweif-
haar, häufig
silberfarben,
manchmal tief
angesetzter
Schweif*

Farbe Falbe	Verwendung Reit- und Fahrpferd, Tragtier

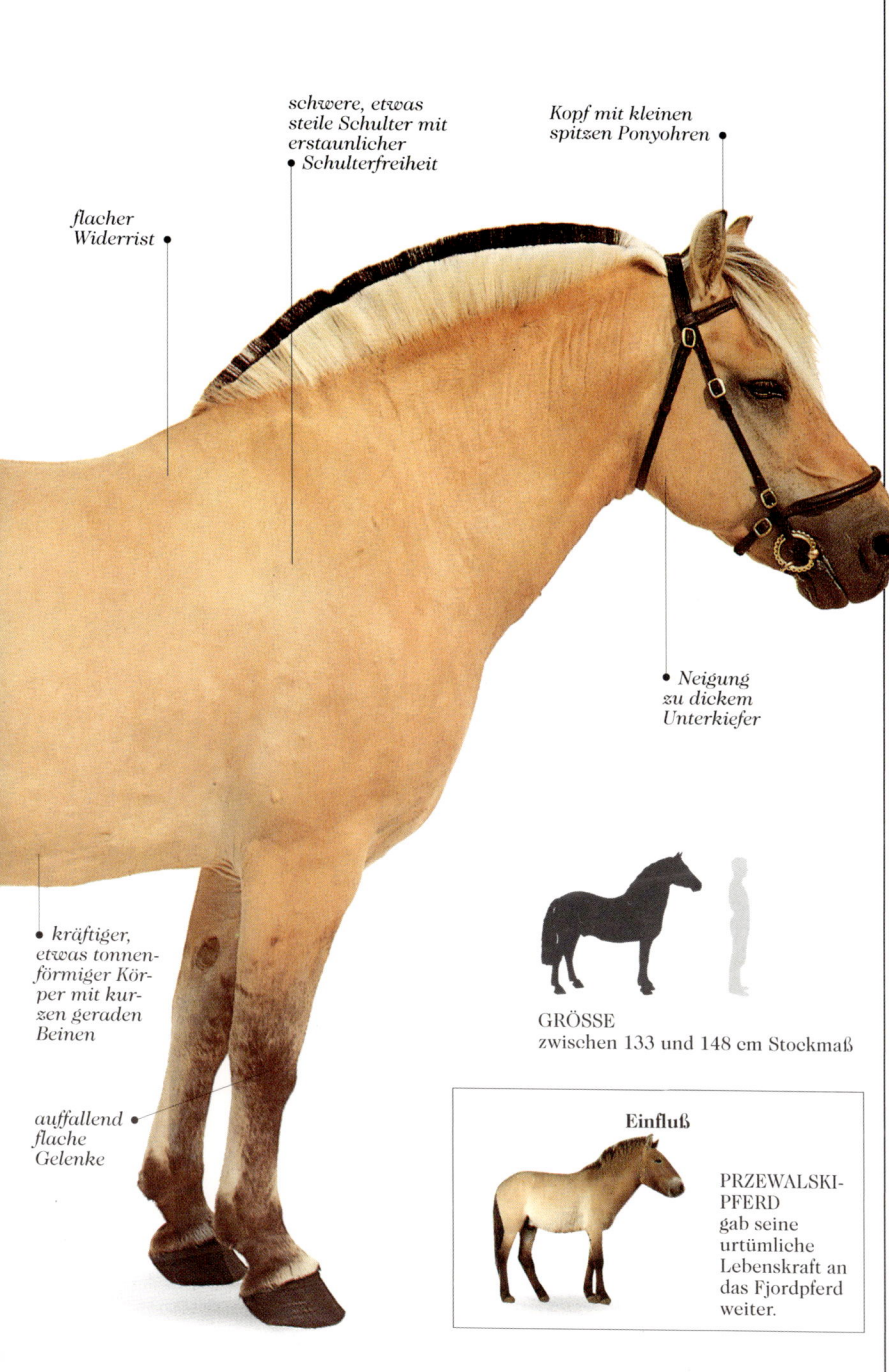

schwere, etwas
steile Schulter mit
erstaunlicher
• Schulterfreiheit

Kopf mit kleinen
spitzen Ponyohren •

flacher
Widerrist •

• Neigung
zu dickem
Unterkiefer

• kräftiger,
etwas tonnen-
förmiger Kör-
per mit kur-
zen geraden
Beinen

auffallend •
flache
Gelenke

GRÖSSE
zwischen 133 und 148 cm Stockmaß

Einfluß

PRZEWALSKI-
PFERD
gab seine
urtümliche
Lebenskraft an
das Fjordpferd
weiter.

Lebensraum gemäßigtes Klima	Ursprung Voreiszeit	Blut Warmblut

GOTLAND-PONY

Das schwedische Gotland-Pony (auch Skogruss-Pony) ist vermutlich die älteste aller skandinavischen Pferderassen und hat noch viel
seines ursprünglichen Charakters erhalten. Früher lebte es in halbwilden Herden auf der Insel Gotland im Baltischen Meer und im Wald-
gebiet von Löjsta in Schweden.

• **ZUCHT** Die Ponys haben ihren Ursprung in Gotland, wo sie vermutlich seit der Steinzeit lebten. Man betrachtet sie als Abkömmlinge
des Tarpans, jedoch wurde im letzten Jahrhundert arabisches Blut
eingekreuzt; heute wird die Zucht selektiv praktiziert. Gotland-Ponys
werden jetzt auch auf dem schwedischen Festland gezüchtet.

• **MERMALE** Früher diente das Gotland-Pony als Allzweck-Pony
auf dem Bauernhof, heute werden die modernen Ponys im Reitsport,
besonders im Pony-Springsport und bei Trabrennen verwendet.
Sie besitzen einen guten Schritt und schnellen Trab, der Galopp zählt
nicht zu den bevorzugten Gangarten.

SCHWEDEN: GOTLAND

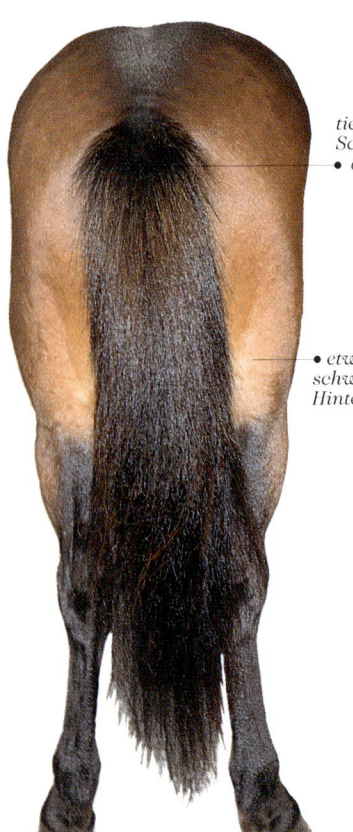

tiefer
Schweif-
• ansatz

• etwas
schwache
Hinterhand

Neigung
zu etwas
unterent-
wickelten
Hinter-
• beinen

Farbe Braune, auch Palomino	Verwendung Reit- und Fahrpferd

starke, jedoch
ziemlich
steile Schulter •

• kurzer Hals

GRÖSSE
zwischen 122 und 127 cm
Stockmaß

leichter und •
schmaler
Körper,
doch mit
viel Ausdauer

Einflüsse

TARPAN
gab seine
urtümliche
Lebenskraft,
große Härte
und Ausdauer
weiter.

ARABER
Veredelung und
Verbesserung
der Grundgang-
arten.

harte Hufe •

Lebensraum	Ursprung	Blut
gemäßigtes Klima	Voreiszeit	Warmblut

HUZULE

Der in Polen beheimatete Huzule ist ein Musterbeispiel eines Arbeits-
pferdes, das in den landwirtschaftlichen Betrieben im südlichen Polen
und in den Karpaten seinen Dienst tut. Er wird in erster Linie für
leichte Arbeit in der Landwirtschaft verwendet, aber auch als Tragtier,
um Lasten im Bergland zu transportieren.
• **ZUCHT** Angeblich soll der Huzule vom Tarpan abstammen, ein
Urpferd, das bis vor nicht allzulanger Zeit noch in Polen zu Hause
war. Der Huzule stammt aus dem Bergland der Karpaten, wo
ähnliche Ponys seit Tausenden von Jahren existierten.
Irgendwann kam vielleicht ein orientalischer Bluteinfluß in
die Zucht; das moderne Pony wird züchterisch mehr
veredelt als früher.
• **MERKMALE** Der Huzule ist stark, zäh, sensibel und
lernwillig.

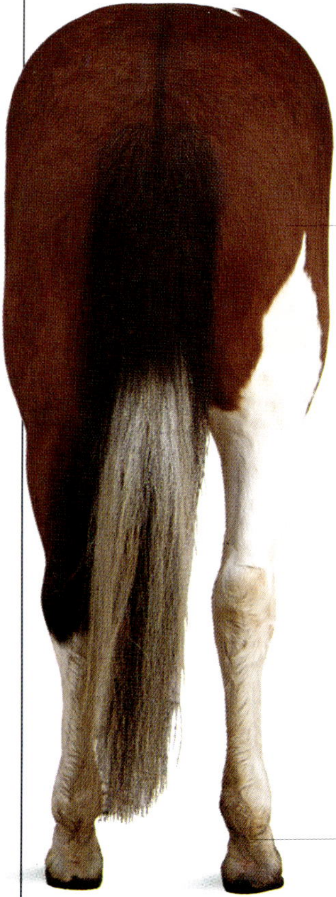

POLEN: KARPATEN

• *abschüs-
sige
Kruppe*

*durch Selektion
wurde die
Hinterhand
• immer besser*

*starke kräftige
Knochen und
• Gelenke*

Farbe	Verwendung
Falben, Braune, Schecken	Zug- und Lastpferd

runder, flacher
Widerrist •

steile
Schulter •

mittelgroßer,
etwas grober
Kopf

• kurze,
kompakte
Mittelhand

gute Hufe, sehr
trittsicher •

GRÖSSE
zwischen 123 und
134 cm Stockmaß

Einfluß

TARPAN
lieferte den
züchterischen
Grundstock
für den moder-
nen Huzulen.

Lebensraum gemäßigtes Klima	Ursprung Voreiszeit	Blut Warmblut

KONIK

Dieses Pony zählt zu den wenigen heimischen Pferderassen Polens. Konik bedeutet wörtlich »Pferdchen«, in der Tat ist es auch mehr Pferd als Pony; obwohl es kaum größer als 134 cm Stockmaß ist.

• **ZUCHT** Der Konik ist einer der wenigen direkten Abkömmlinge des kraftvollen, urzeitlichen Tarpans, was ihn züchterisch interessant macht. Die Konik-Zucht, die seit Urzeiten in Polen betrieben wird, wurde durch Zufuhr von orientalischem Blut ständig verbessert. Nicht nur von zahlreichen Bauern, sondern auch auf einigen staatlichen Gestüten wird der Konik gezüchtet. Seit vielen Jahren existiert ein einheitlicher Typ.

• **MERKMALE** Der Konik hat alle Eigenschaften seines Ahnen, dem Tarpan, wie Härte und robuste Konstitution, bewahrt. Er hat ein gutmütiges Wesen, ist willig und kann hart arbeiten, wobei er mit wenig Futter auskommt. Als Arbeitspferd in der Landwirtschaft, beim Lastentransport und als Zugpferd wird er vielseitig eingesetzt.

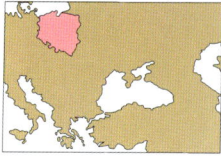

POLEN: SÜDLICHER UND ÖSTLICHER TEIL

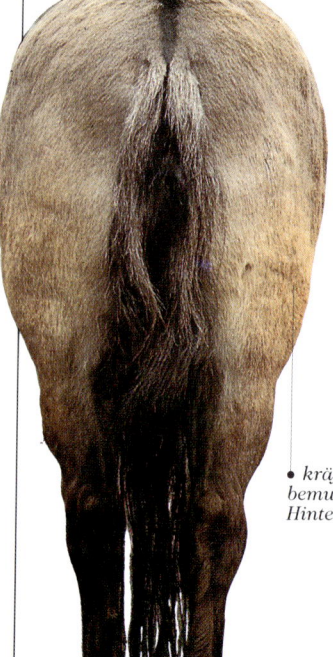

• *kräftige gut bemuskelte Hinterhand*

starke, gut ausgebildete • *Hinterbeine*

häufig deutlicher • *Kötenzopf*

Farbe Falbe	Verwendung Zugpferd, leichtes Arbeitspferd

kräftiger,
ziemlich breiter
• Rücken

starker,
• kurzer Hals

• Vorhand mit
ziemlich steiler
Schulter, für Zug
gut geeignet

GRÖSSE
etwa 134 cm Stockmaß

kräftige •
Mittelhand
mit viel
Gurttiefe

Einflüsse

TARPAN
brachte seine
robuste
Konstitution
in die Zucht.

ARABER
sorgte für
mehr Adel und
Größe.

Lebensraum Gebirgsland	Ursprung 18./19. Jahrhundert	Blut Kaltblut

HAFLINGER

Das Haflinger Pferd aus den Bergen Tirols besitzt als rassetypische Kennzeichen eine markante Fuchsfarbe mit flachsfarbener Mähne und Schweif. Alle österreichischen Haflinger tragen den Edelweißbrand mit dem Buchstaben »H« darin.

• ZUCHT Als Ursprung der Haflingerzucht wird der Ort Hafling im Südtiroler Etschland, nahe Meran, betrachtet, mit dem Stammgestüt in Jenesien. Der Haflinger ist züchterisch gesehen ein Kaltblüter, hat aber mit dem Halbblutorientalen El Bedavi XXII als Zuchtbasis auch orientalisches Blut in den Adern. Ausgangsrasse war wohl ursprünglich das schwere Norische Pferd. Huzule, Konik und verwandte bosnische Ponys sollen genetisch verwandt sein mit dem Haflinger.

• MERKMALE Ein echtes Gebirgspferd, auf Hochalmen aufgezogen. Als Arbeitspferd der Bergbauern war es gewohnt, auf steilen Berghängen zu arbeiten; es wird heute auch noch in der Waldarbeit eingesetzt, vor allem aber als universell verwendbares Freizeitpferd im Freizeit- und Fahrsport weltweit gezüchtet. Haflinger sind außerordentlich stark und langlebig und werden nicht selten bis zu 40 Jahre alt.

ÖSTERREICH: TIROL

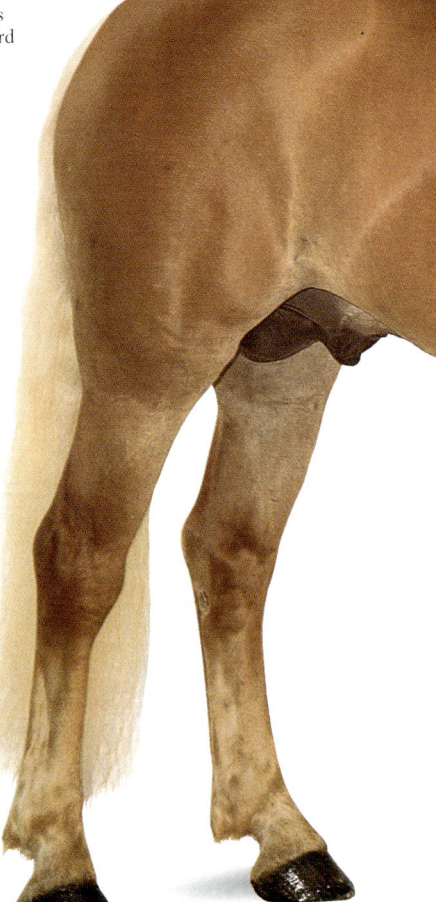

kräftige Lendenpartie •

der Kopf ist edel, trocken und harmonisch, mit freundlichen und großen Augen, weiten Nüstern und kleinen, aufmerksamen Ohren

Farbe Füchse, Palomino	Verwendung Tragtier, leichtes Arbeitspferd, Reit- und Fahrpferd

gut aufgesetzter und
bemuskelter Hals •

GRÖSSE
zwischen 138 und 148 cm
Stockmaß

genügend langer •
Rücken mit ausrei-
chender Gurttiefe

sehr trittsicher,
gut entwickeltes,
kräftiges Fun-
dament mit klar
ausgeprägten
Gelenken und
harten Hufen •

Einflüsse

WALDPFERD
Die wilden
Ahnen der
Kaltblutrassen.

NORIKER
verbesserte
Gang und
Gebäude.

ARABER
verbesserte
Gesundheit und
Adel, sorgte für
mehr Qualität
und Rassetyp.

Lebensraum Gebirgsland	Ursprung Vorgeschichte	Blut Kaltblut

ARIÈGEOIS

Das rappfarbene Ariègeois, manchmal auch *cheval de Mérens*
genannt, ist ein echtes Gebirgspony. Bei Wetterbedingungen mit
Schnee und Eis fühlt es sich wohl und kaltes Regenwetter macht
ihm nichts aus. Allerdings verträgt es Hitze nicht gut. Vom äußeren
Erscheinungsbild her hat es große Ähnlichkeit mit dem britischen
Fell-Pony und ist ein fast exaktes Ebenbild des Dales-Pony.
• ZUCHT Der Ariège-Fluß gab dem Pony seinen Namen, seine
Heimat sind die östlichen Pyrenäen an der Grenze zwischen
Frankreich und Spanien, in den Hochtälern bei Andorra. Es ist gut
möglich, daß es von dem Pferd abstammt, das auf den Felsbildern
von Ariège vor etwa 30000 Jahren abgebildet wurde und das später
durch Einkreuzung orientalischen Blutes und römischer Stuten
züchterisch beeinflußt wurde.
• MERKMALE Insbesondere als Tragtier verrichtet es seine
Arbeit unbeschlagen auf den steilen und eisigen Bergpfaden.
Aus diesem Grunde stand es auch bei Schmugglern entlang
der spanischen Grenze hoch im Kurs. Auf den abschüs-
sigen Almhängen der Bergbauern, wo man keine Trak-
toren benützen kann, ist es sehr nützlich als Arbeitspferd. Eine vielseitig einsetzbare, zähe und leicht-
futtrige Ponyrasse. Weiße Abzeichen kommen bei
den in der Farbe einheitlichen Rappen selten vor.

FRANKREICH: ÖSTLICHE PYRENÄEN

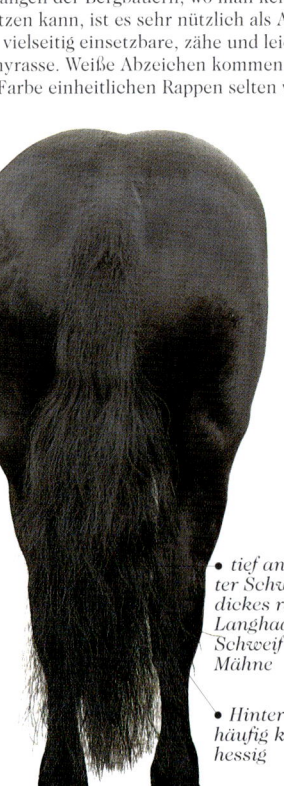

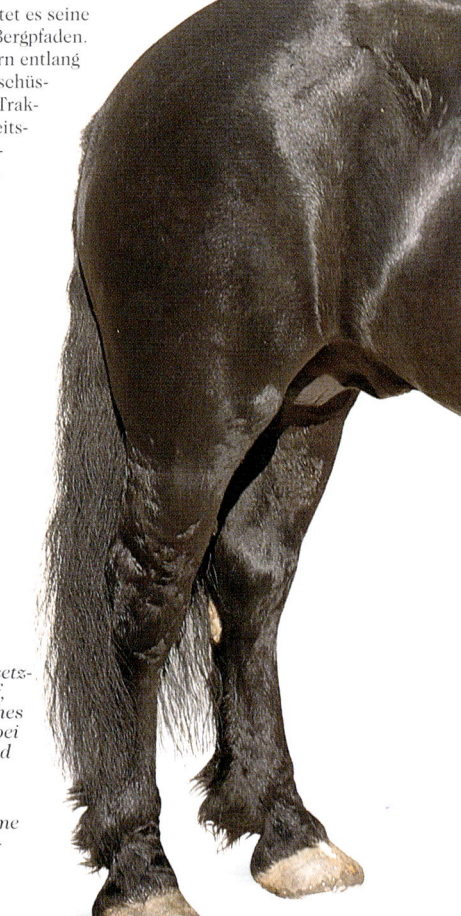

• *tief angesetz-
ter Schweif,
dickes rauhes
Langhaar bei
Schweif und
Mähne*

• *Hinterbeine
häufig kuh-
hessig*

Farbe Rappen	Verwendung Tragtier, leichtes Arbeitspferd

steile Schulter •

flacher
Widerrist •

dichtes, •
dickes Deck-
haar als
Kälteschutz

GRÖSSE
zwischen 134 und 145 cm
Stockmaß

Einflüsse

RÖMISCHES
TRAGPFERD
brachte Größe
und Substanz
in die Zucht.

BERBER
lieferte Cha-
rakter, Härte
und Vitalität.

• viel Gurttiefe,
abschüssige
Kruppe

extrem harte
Hufe, deshalb
meistens
unbeschlagen •

Lebensraum gemäßigtes Klima	Ursprung Voreiszeit	Blut Warmblut

LANDAIS-PONY

Das Landais-Pony, ursprünglich halb wild, wird heute selektiv gezüchtet, vor allem als Reitpony für Kinder, seitdem es in Frankreich mehr und mehr Pony-Clubs gibt. Es ist außerdem die Zuchtbasis für das französische Reitpony, eine Ponyrasse, die dem englischen Reitpony von der Qualität her entspricht.

• **ZUCHT** Die Urheimat des Landais war die stark bewaldete Region Landes, südlich von Bordeaux. Dort gab es auch noch einen größeren Schlag, häufig als Barthais bezeichnet, der in der Chalosse-Ebene, wo das Weideland besser war, zu Hause war.

• **MERKMALE** Der moderne Landais ist etwas leichter im Exterieur, dennoch hart und anspruchslos in der Haltung. Er ist lernwillig und klug, aber alles in allem kommt er an seine britischen Gegenstücke nicht heran.

Einflüsse

ARABER veredelte den Körperbau und verbesserte das Interieur.

WELSH MOUNTAIN (B) brachte mehr Substanz und Gangvermögen.

schwere
• Schulter

gerader
• Rücken

etwas knappe
Hinterhand mit
abschüssiger
Kruppe, der
Schweif wird aber
• schön getragen

GRÖSSE
zwischen 115 und 133 cm
Stockmaß

• leichtes Fundament, wenig
Knochen

gesunde,
• kräftige Hufe

FRANKREICH: LANDES-REGION

Farbe Braune, Füchse	Verwendung Reitpony

Lebensraum Gebirgsland	Ursprung Nacheiszeit	Blut Warmblut

POTTIOCK-PONY

Das Pottiock-Pony ist eine der wenigen einheimischen Ponyrassen in Frankreich, die heute noch halbwild gehalten wird. Vom Äußeren her wenig anziehend in seiner Erscheinung, ist es aber zäh und ausdauernd. Drei verschiedene Typen kommen vor: der Standard- und der Scheckentyp (zwischen 110 und 130 cm) sowie der etwas größere Doppel-Pottiock (zwischen 125 und 143 cm).
• **ZUCHT** Das Pottiock-Pony zählt auch zu den Tarpan-Nachkommen und ist in dem baskischen Bergland heimisch, wo es seit vielen Generationen als Tragtier verwendet wird. Mit Hilfe von Welsh- und Araberblut werden züchterische Versuche gemacht, die Größe zu verbessern, was auch gelang.
• **MERKMALE** Das Pottiock-Pony ist zäh, weiß sich immer zu helfen und ist sehr gefügig, hat aber Schwächen im Exterieur. Der wenig ausdrucksvolle Kopf ist im Stirnbereich leicht konkav gewölbt.

Einflüsse

ARABER
verbesserte Qualität, Temperament und Gesundheit.

WELSH MOUNTAIN (B) verbesserte Substanz und Knochenbau sowie den eindeutigen Ponycharakter.

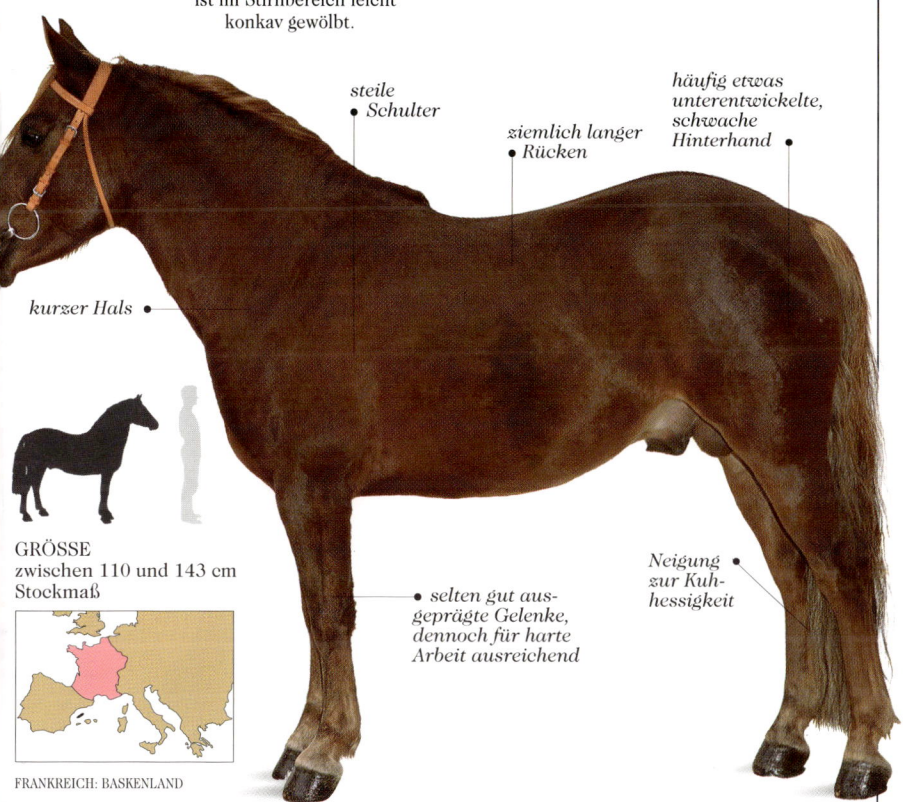

steile
• Schulter

ziemlich langer
• Rücken

häufig etwas
unterentwickelte,
schwache
Hinterhand •

kurzer Hals •

GRÖSSE
zwischen 110 und 143 cm
Stockmaß

Neigung •
zur Kuh-
hessigkeit

• selten gut ausgeprägte Gelenke,
dennoch für harte
Arbeit ausreichend

FRANKREICH: BASKENLAND

Farbe Hell- bis Dunkelbraune	Verwendung Tragtier, Reiten und Fahren

Lebensraum gemäßigtes Klima	Ursprung Voreiszeit	Blut Warmblut

SHETLAND-PONY

Im Vergleich zu seiner Größe ist das eigentlich winzige Pony von
den Shetlandinseln eines der stärksten Pferde der Welt. Es ist in
der Lage, einen erwachsenen Menschen querfeldein zu tragen und
schwere Lasten bei der Ackerarbeit zu ziehen. Heute ist es sehr
beliebt und wird nicht nur in Europa, sondern auch in Amerika
und von den Bewohnern Ozeaniens vermehrt gezüchtet. Es wird
häufig eingespannt, von kleinen Kindern geritten und auch immer
wieder in der Zirkusarbeit eingesetzt.

GROSSBRITANNIEN: SHETLAND-
INSELN, SCHOTTLAND

• ZUCHT Seine Heimat sind die windigen Shetlandinseln, nord-
östlich von Schottland, und diese unwirtliche Gegend hat seinen Charakter und seine Größe geprägt. Die Ponys kamen
vermutlich von Skandinavien, mehr als 10 000 Jahre zurück, auf die Shetlandinseln und stammen wahrscheinlich von den ursprünglichen Pferden der Tundra ab.
Im 19. Jahrhundert wurden sie verstärkt im Bergbau
eingesetzt, wobei sich ein etwas stärkerer Typ entwickelte, den es heute nicht mehr gibt. Der erste
Export von 75 Ponys ging 1885 zu Eli Elliot nach
Amerika. Davon ausgehend haben amerikanische
und kanadische Züchter eine neue Shetland-
Ponyrasse entwickelt (siehe S. 94/95), die mit
der Ursprungsrasse wenig Ähnlichkeit hat.
• MERKMALE Das Shetland-Pony ist von
Natur aus zäh und gedeiht auch unter
rauhesten Umweltbedingungen. Es ist langlebig, robust und gesund und zeichnet sich
durch schnelle, lockere Gänge mit einer
ausgeprägten Knieaktion aus.

*Hinterbeine mit
klaren Gelenken
und starken flachen
• Knochen*

*kluger Kopf, auf- •
merksame Augen,
manchmal ziem-
lich quadratisches
Maul*

Farbe alle Farben	Verwendung Reiten und Fahren

kleine, wach-
same Ohren

außergewöhnlich
dichte Mähne und
Schweif als Schutz
gegen schlechtes
Wetter

große Nasen-
löcher, die die
Atemluft gut
vorwärmen,
bevor sie in die
Lunge kommt

GRÖSSE
etwa 102 cm Stockmaß

kurze, kräftige
Vorderbeine

Einfluß

TUNDREN-
PFERD
Ursprung seiner
Zähigkeit und
Widerstands-
fähigkeit gegen
Kälte und Nässe.

runde,
harte
Hufe

Lebensraum gemäßigtes Klima	Ursprung Voreiszeit	Blut Warmblut

HIGHLAND-PONY

Das Highland-Pony ist ein Zuchtprodukt der Vorzeit. In der Eiszeit
waren diese Ponys im nördlichen Schottland und auf den schottischen
Inseln beheimatet, und einige der bei den Höhlenmalereien in Lascaux
(Frankreich) vor 15000–20000 Jahren abgebildeten Pferdedarstellungen haben große Ähnlichkeit mit dem heutigen Highland-Pony.
• ZUCHT Im frühen 16. Jahrhundert wurden französische Pferde,
wahrscheinlich die Vorfahren der Percheron-Rasse, mit heimischen
Pferden gekreuzt. In den folgenden 200 Jahren wurden dann immer
wieder spanische Pferde eingekreuzt. Die Herzöge von Atholl, schon
früher Züchter dieser Rasse, kreuzten mit orientalischem Blut, und im
19. Jahrhundert dann schuf ein arabischer Vollblüter aus Syrien die
neue Calgary-Blutlinie auf der Insel Mull. Außerdem haben Clydesdales
einen bedeutenden Einfluß auf die Rasse genommen.
• MERKMALE Das Highland-Pony ist außergewöhnlich stark und
besitzt ein angenehmes Temperament. Es wird im Geschirr bei der
Waldarbeit eingesetzt und als Tragtier, um die toten Kadaver
von den Bergen ins Tal zu tragen (mit einem Gewicht um
115 kg), die beim Aussortieren der Herden im Hochland
gefunden werden. Auch beim Trekkingreiten findet das
Pony als Reitpferd seinen Einsatz. Es ist sehr trittsicher, hat keine vererbbaren Krankheiten, ist einfach
und robust zu halten und sehr langlebig.

GROSSBRITANNIEN: SCHOTTI-
SCHES HOCHLAND UND INSELN

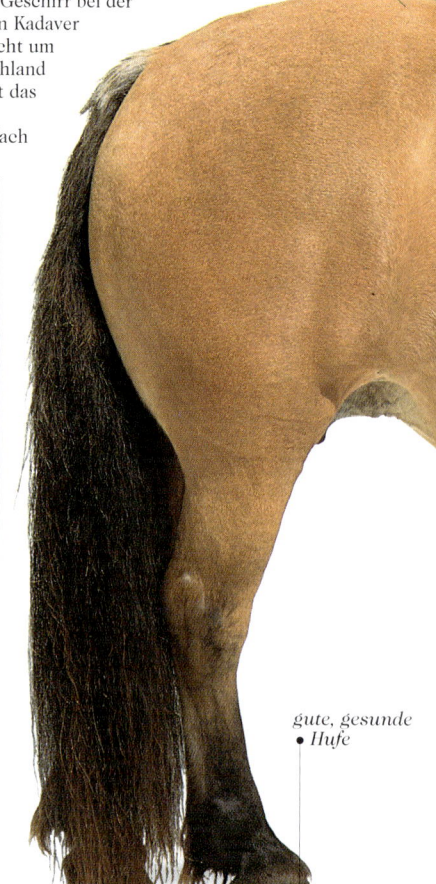

*sehr starker Rücken
mit auffallendem
Aalstrich •*

*gute, gesunde
• Hufe*

Einflüsse

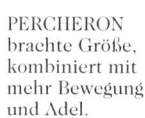
PONY (TYP 2)
legte den züchte-
rischen Grund-
stock und bildete
den ursprüng-
lichen Typ.

PERCHERON
brachte Größe,
kombiniert mit
mehr Bewegung
und Adel.

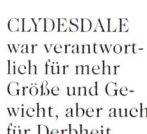
ARABER
verbesserte
die Reiteigen-
schaften.

CLYDESDALE
war verantwort-
lich für mehr
Größe und Ge-
wicht, aber auch
für Derbheit.

Farbe alle Farben, Falben	Verwendung Tragtier, Reiten und Fahren

GRÖSSE
um 143 cm Stockmaß

*muskulöser
Hals, nicht
zu kurz* •

*kein ausgepräg-
ter Widerrist* •

*aufmerksamer, freundlicher
Kopf, ziemlich kurz, aber mit
breiter Stirn und großen
• Nüstern*

kompakter Körperbau •
*mit großer Gurttiefe
und viel Rumpfvolumen*

Kötenbehaarung •
am Fesselkopf

Lebensraum Heidemoor	Ursprung 1. bis 2. Jh. AD	Blut Warmblut

DALES-PONY

Das kräftige Dales-Pony ist mit dem Fell-Pony eng
verwandt, genetisch wie geographisch. Allerdings
ist es im Typ schwerer und größer als das Fell-
Pony.
• ZUCHT Das Dales-Pony kommt aus der Region
North-Yorkshire, Durham und Northumberland.
Es wurde als Tragtier gezüchtet, um im 18. und
19. Jahrhundert Blei aus den Erzminen des Moor-
lands zu den Häfen am Tyne zu transportieren.
Außerdem wurde es auf den Farmen und im
Kohlebergbau zur Arbeit verwendet. Mit Welsh
Cobs und Clydesdale Pferden wurden Zucht-
versuche betrieben.
• MERKMALE Das moderne, veredelte Dales-
Pony geht hervorragend im Geschirr. Sein ruhiges
Temperament, seine Trittsicherheit und seine
Fähigkeit als Gewichtsträger machen aus ihm ein
wertvolles Reitpony.

Einfluß

FRIESEN
beeinflußten
Aussehen und
Farbe, gute
Gangaktion.

GRÖSSE
um 143 cm Stockmaß

kräftige Hinterhand-
muskulatur mit
viel Schubkraft •

• *kluger Kopf,*
heute ohne
Einfluß des
Clydesdale

kräftige Schulter, •
gut geeignet für
das Geschirr, trägt
zu der hohen
Knieaktion bei

kurze, stämmige
Beine mit viel
• *Kötenbehang*

außergewöhnlich
harte Hufe •

GROSSBRITANNIEN,
ÖSTLICHE PENNINKETTE

Farbe Rappen	Verwendung Reiten und Fahren

Lebensraum Heidemoor	Ursprung 1. bis 2. Jh. AD	Blut Warmblut

FELL-PONY

Das Fell-Pony ist das moderne Gegenstück der heute untergegangenen, schottischen Galloway Rasse. Ein flinkes, ausdauerndes Pferd, das vermutlich auch teilweise dazu beitrug, das Ausgangs-Zuchtmaterial der englischen Rennpferde zu bilden, aus dem später das Vollblutpferd entstand.

• **ZUCHT** Die Heimat des Fell-Ponys ist die Region Cumbria, in den westlichen Pennines. Ähnlich wie bei dem Dales-Pony, wurde es züchterisch durch die kaltblütigen Friesenpferde stark beeinflußt, die mit den römischen Legionären nach England kamen. Der berühmteste Linienbegründer, der Hengst Lingcropper, wirkte in der Zeit des Aufstiegs der Jakobiner um 1745.

• **MERKMALE** Das Fell-Pony ist als Fahrpony beim Turnierfahren wie als Reitpony hoch geschätzt. Auch für die Zucht des Hackney-Ponys bildet es eine wichtige züchterische Grundlage (siehe S. 70–71) sowie als bewährtes Kreuzungsprodukt im Hinblick auf Sportpferde aller Reitdisziplinen.

Einflüsse

FRIESE lieferte Gesundheit, Korrektheit und Knochenstärke.

GALLOWAY ergänzte Schnelligkeit, Charakterstärke und Trittsicherheit.

längerer Hals als • beim Dales-Pony

schräge • Schulter

• rumpfiger, kompakter Körper

GRÖSSE
um 138 cm Stockmaß

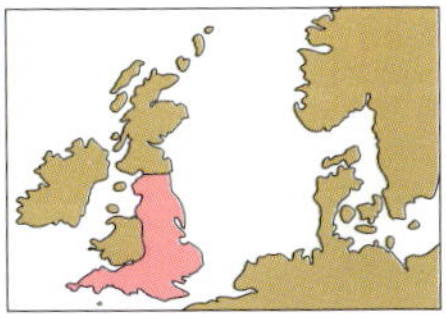

harte, widerstandsfähige Hufe •

GROSSBRITANNIEN: WESTLICHE PENNINKETTE

Farbe Rappen, Dunkelbraune	Verwendung Reiten und Fahren

| Lebensraum Heidemoor, Gestüt | Ursprung 19. Jahrhundert | Blut Warmblut |

HACKNEY-PONY

Das Hackney-Pony ist zusammen mit dem Hackney-Pferd (siehe S. 154, 155) in einem Stutbuch vertreten, und beide haben zu großen Teilen mit den Rassen Norfolk und Yorkshire Trotters (Traber) aus dem 18. und 19. Jahrhundert gemeinsame Vorfahren. Das Hackney-Pony hat einen typischen Pony-Charakter und ist deshalb kein kleines Pferd, sondern ein richtiges Pony. Die Verwendung des heutigen Ponys begrenzt sich größtenteils auf die Vorstellung bei Pferdeschauen, wobei seine spektakuläre Knieaktion besonders gut ankommt.

GROSSBRITANNIEN: CUMBRIA

• **ZUCHT** Diese Rasse ist in erster Linie von Christopher Wilson of Kirkby Lonsdale in Cumbria geschaffen worden. Um 1880 gelang es ihm, einen besonderen Typ zu züchten, ein Kreuzungsprodukt von heimischen Fell-Ponys und Welsh-Kreuzungen. Wilsons Spitzen-Pony-hengst, Sir George, stammte von einem Norfolk Trotter ab, der wiederum über den berühmten Norfolk Phenomenon bis zu dem ersten beachtenswerten Rennpferd, Flying Childers, zurück-geht. Die weibliche Nachzucht von Sir George wurde erneut mit ihm gekreuzt mit der Absicht, daraus elegante Ponys mit ausgeprägter Trabaktion zu produzieren. Da sie auch im Winter draußen blieben, mußten sie sich um sich selbst kümmern; diese robuste Haltung gab ihnen eine bemerkenswert harte Konstitution und begrenzte ihren Körperwuchs.

breite, kräftige Lendenpartie •

• **MERKMALE** Das Hackney-Pony hat im Geschirr eine ausgeprägte, natürliche, hohe Knieaktion. Es ist selbstbewußt, hat ein großartiges Stehvermögen und strotzt vor Gesundheit. Auffallend sind sein eleganter Körperbau, sein trockener Kopf und sein glänzendes, seidenweiches Fell.

Einflüsse

FELL-PONY als harte Zucht-basis, die von den schnellen Galloways ab-stammt.

NORFOLK TROTTER lieferte die schnelle Trab-aktion und das unbegrenzte Stehvermögen.

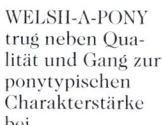

WELSH-A-PONY trug neben Qua-lität und Gang zur ponytypischen Charakterstärke bei.

große, trockene • Gelenke

| Farbe alle Farben | Verwendung Fahren im Geschirr |

GRÖSSE
zwischen 124 und
140 cm Stockmaß

keine über-
triebene
Rücken-
• länge

Ponykopf mit
• spitzen Ohren

• hoher Halsaufsatz,
tiefliegender Wider-
rist, gut bemuskelte
Schulter – ideal zum
Anspannen

kräftige •
Hinterhand

• kompakter
Rumpf mit viel
Gurttiefe

normale Stellung
der Vorderbeine,
rückständige
Stellung der
Hinterbeine, steht
über viel Boden •

kräftige
Sprung-
gelenke •

Lebensraum Heidemoor	Ursprung Voreiszeit	Blut Warmblut

EXMOOR-PONY

Die Exmoor-Ponys sind die älteste einheimische
britische Rasse und gehen bis auf die Urpferde
zurück. Bei ihren Vorfahren (Pony Typ 1, siehe
S. 10/11) wurde eine Anzahl von einzigartigen
Merkmalen festgestellt. Dazu zählt zum Beispiel
eine spezielle Kieferbildung mit einem siebten Mahl-
zahn, den es bei anderen Pferderassen nicht gibt.

• **ZUCHT** Die Exmoor-Ponys sind im wilden
Heidemoor von Exmoor im südwestlichen England
zu Hause. Alle Bemühungen, die Zucht zu verbessern, waren bisher ziemlich erfolglos – Typ und
Charakter der Ponys, geprägt durch ihre Isolation
und die rauhen Umweltbedingungen, haben sich
immer wieder durchgesetzt. Alle Versuche, diese
Rasse außerhalb der Region Exmoor zu züchten,
waren mit einem deutlichen Rückschritt an Typ
und Charakter verbunden.

• **MERKMALE** Das Exmoor-Pony ist kräftig genug,
einen ausgewachsenen Menschen zu tragen. Trotz
ihres eigenwilligen Naturells sind sie herrliche Kin-
derponys und besitzen außergewöhnliches Springvermögen. Sie sind zäh, robust und gesund. Die
Kreuzung mit Vollblütern ergibt harte Leistungs-
pferde.

Einfluß

PONY TYP 1
schenkte eine
kräftige Konstitu-
tion und große
Widerstandskraft
gegen Kälte und
Nässe.

GRÖSSE
zwischen 124 und 127 cm
Stockmaß

»Eis«-Schweif mit dichtem,
fächerartigem Wuchs am
• Schweifansatz als Wetterschutz

vorste-
hende Augen
(»Kröten-
augen«)

lange Nasen-
passage –
erlaubt das
Erwärmen der
Atemluft vor
dem Einatmen

kurze, kräftige und •
korrekte Beine mit
viel Knochenstärke

kleine feste
• Hufe

GROSSBRITANNIEN: SOMERSET

Farbe Dunkelbraune, Braune	Verwendung Reitpony

Lebensraum Heidemoor	Ursprung 12. Jahrhundert	Blut Warmblut

DARTMOOR-PONY

Das Dartmoor-Pony ist der direkte Nachbar des Exmoor-Ponys. Aufgrund der geographischen Lage seiner Heimat, mit Zugang zum Meer und durch seine seit frühen Zeiten bestehende Straßenverbindung zwischen Plymouth und Exeter, war es äußeren Einflüssen viel stärker ausgesetzt als das Exmoor-Pony. Heute gibt es nur noch ganz wenige rein gezogene Dartmoors, und das moderne, elegante Reitpony wird jetzt überall in Großbritannien wie auch auf dem europäischen Kontinent in Privat-Gestüten gezüchtet.

• ZUCHT Der Ursprung der Zucht liegt in dem rauhen Heidemoor des Dartmoor Forest in Devon, wo es seit altersher Pferde gab. Schon im 12. Jahrhundert wurde orientalisches Blut eingekreuzt, außerdem Welsh- und Vollblut. Züchterisch den größten Einfluß hatte der Hengst The Leat aus der Araberstute Dwarka (1918).

• MERKMALE Das heutige Dartmoor-Pony ist ein vorzügliches Reitpony mit viel Springvermögen und schwungvollen, flachen Bewegungen.

Einflüsse

ARABER schenkte Rahmen und Adel als züchterische Grundlage.

WELSH-A-PONY wirkte positiv hinsichtlich Substanz, Knochenstärke und Ponycharakter.

VOLLBLUT verbesserte Rahmen und Gangvermögen.

GRÖSSE
um 127 cm Stockmaß

• gut gelagerte, schräge Schulter ermöglicht hervorragende Bewegungen

ausgezeichnete Gliedmaße und gute Hufe sind das Kennzeichen des
• Dartmoor

GROSSBRITANNIEN: DARTMOOR , DEVON

Farbe Dunkelbraune, Braune	Verwendung Reitpony

Lebensraum Heidemoor	Ursprung Vorgeschichte	Blut Warmblut

NEW FOREST-PONY

Unter den einheimischen britischen Rassen ist das New Forest-Pony stark vertreten und wegen seiner vielseitigen Verwendung auch kommerziell interessant. Obwohl es im New Forest-Gebiet immer noch eine große Anzahl wildlebender Ponys gibt, die dem Staat gehören, der auch die traditionellen Weiderechte besitzt, werden die besten Ponys heute in Gestüten gezogen.
• **ZUCHT** Entsprechend der guten Zugänglichkeit des New Forest, durch den die Verkehrswege nach Westen bis Winchester (einstmals Englands Hauptstadt) führen, hat das New Forest-Pony eine sehr gemischte Abstammung. Schon im Jahre 1208 wurden Welsh-Ponys eingesetzt, um größere Ponys zu züchten. Der Hengst Marske, Vater von Eclipse, angeblich das beste Rennpferd aller Zeiten, wurde um 1765 kurz züchterisch eingesetzt. Im folgenden Jahrhundert lieh Königin Victoria einen Araber- und einen Berberhengst zur züchterischen Veredelung aus, und Lord Cecil sowie Lord Lucas kreuzten mit Highland-, Fell-, Dales-, Dartmoor-, Exmoor- und Welshblut weiter. Trotz dieser breiten Blutzufuhr hat sein Lebensraum das New Forest-Pony geprägt.
• **MERKMALE** Das New Forest-Pony ist ein hervorragendes Allround-Pony. Groß genug, um auch Erwachsene zu tragen, besitzt es eine sehr gute Sattellage und raumgreifende, flache Gänge, besonders im Galopp. Die Ponys sind sehr umgänglich und freundlich.

NEW FOREST, GROSSBRITANNIEN

gefällige Hinterhand, auf Schnelligkeit hinweisend •

• *gute, korrekte Gliedmaßen*

Einflüsse

WELSH-A-PONY
verbesserte Konstitution, Gesundheit und Ponycharakter.

HIGHLAND-PONY
verbesserte Knochenstärke, Größe, Härte und ausgeglichenes Temperament.

VOLLBLUT
ergänzte Qualität, Mut und Gangvermögen, häufig mittels Polopony-Hengsten.

Farbe jede Farbe außer Schecke	Verwendung Reiten und Fahren

runde Oberlinie
mit genügend
langem Hals •

GRÖSSE
um 143 cm Stockmaß

• kluger Kopf,
gelegentlich wenig
Ponyausdruck

lange schräge •
Schulter
mit guter
Sattellage

lange, weit nach •
unten reichende
Hinterhand –
Muskulatur: gutes
Galoppiervermögen
und flache
Bewegungen

einheitlich
gute Hufe,
sehr trittsicher •

Lebensraum Heidemoor	Ursprung 15. bis 16. Jh.	Blut Warmblut

CONNEMARA-PONY

Das Connemara-Pony, an Irlands Westküste beheimatet, ist das einzige einheimische Pony auf der Grünen Insel. Heute wird es europaweit gezüchtet, aber auch darüber hinaus. Es ist ein schnelles, vorzügliches Sportpony mit exzellentem Springen, ist groß genug, um von Jugendlichen und leichten Erwachsenen geritten zu werden und ist deshalb von allen Ponyrassen am besten verkäuflich.

• **ZUCHT** Schon in frühen Zeiten wurden Berber und spanische Pferde eingekreuzt. Daraus entstand das berühmte, schnelle, wendige und harte Irish Hobby (16./17. Jahrhundert). Im 19. Jahrhundert dann versuchte der Staat, Degenerationserscheinungen in der Zucht durch Einkreuzung von Arabern, Welsh Cobs, Roadsters und Vollblut zu verhindern; später benutzte man auch Irish Draughts. Als erster Hengst ist im Stutbuch Cannon Ball aufgeführt, ein Enkel des Welsh Cob Prince Llewellyn. In neueren Linien findet man häufig Carna Dun, vom Vollblüter Little Heaven, und Clonkeehan Auratum, vom Araber Naseel.

• **MERKMALE** Das Connemara-Pony ist vom Typ her sehr einheitlich in seiner Erscheinung, wobei die Härte seiner Heimat erhalten blieb. Kreuzungsprodukte mit Vollblut haben hervorragende Sportpferde gebracht, mit viel Robustheit vom Pony.

IRLAND: CONNEMARA

• *lange, weit nach unten reichende Hinterhand-Muskulatur! Kennzeichen für Schnelligkeit und Springvermögen*

• *markanter, feiner Kopf, niemals schwer, mit viel Ähnlichkeit vom Araber und Vollblüter*

Farbe alle klaren Farben	Verwendung Reitpony

GRÖSSE
zwischen 133 und 147 cm
Stockmaß

langer, kräftiger
• Hals

• ausgezeichnete
schräge Schultern mit
guter Sattellage

viel Knochenstärke •
(18–20 cm)

Einflüsse

**SPANISCHES
PFERD**
übertrug Quali-
täten des Ber-
bers genauso wie
die Vitalität und
Zähigkeit des
Sorraia-Pferdes.

WELSH-D-PONY
lieferte die
robuste Konsti-
tution und
markante Stärke.

VOLLBLUT
übertrug Rahmen,
Mut, Schnelligkeit
und verbesserte
das Gangvermögen.

Lebensraum Gebirge, Heidemoor	Ursprung Vorgeschichte	Blut Warmblut

WELSH MOUNTAIN PONY

Im Stutbuch der »Welsh Pony and Cob Society«
(Sektion A, seit 1902 geöffnet) ist das Welsh
Mountain Pony vermutlich das am zahlreichsten
vertretene aller britischen Berg- und Moorrassen.
Von ihnen leiten sich auch die Rassen Welsh Pony
(Sektion B) und die zwei Klassen der Welsh Cobs
(Sektion C und D) ab.

• **ZUCHT** Wildlebende Ponys waren schon lange
vor der römischen Besetzung in den Bergen von
Wales beheimatet. Die Römer führten vermehrt
östliches (orientalisches) Blut ein, und dieser
Einfluß hielt bis zur Geburt des Stammhengstes
der Rasse, sein Name war Dyoll Starlight, im Jahr
1894 an.

• **MERKMALE** Das Welsh Mountain Pony gilt als
die schönste aller Ponyrassen. Neben seiner
Schönheit besitzt es die ursprüngliche Härte und
von früher her vererbte Gesundheit, zurückzuführen auf seine Aufzucht in der wilden Bergregion von Wales.

Einflüsse

ARABER
schenkte Quali-
tät, freundliches
Wesen und
gesunde
Konstitution.

BERBER
übertrug Tempe-
rament, Zähig-
keit, Ausdauer
und bemerkens-
werte Leistungs-
bereitschaft.

VOLLBLUT
verbesserte
Rahmen und
Gangvermögen.

• *schöner Kopf
mit deutlichem
Hechtprofil,
verrät arabischen
Einfluß*

GRÖSSE
um 122 cm Stockmaß

• *kompakter Rumpf
mit viel Gurttiefe*

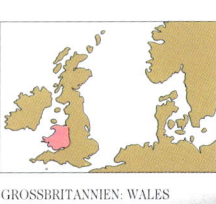

GROSSBRITANNIEN: WALES

Farbe alle Farben	Verwendung Reiten und Fahren

Lebensraum Gebirge, Heidemoor	Ursprung Vorgeschichte	Blut Warmblut

WELSH PONY

Das Welsh Pony (Sektion B) ist hinsichtlich Charakter und Temperament die größere Ausgabe der Welsh Mountain Ponys.

• **ZUCHT** Die ersten Sektion-B-Ponys waren häufig das Kreuzungsprodukt von kleinen Welsh Cobs und Welsh Mountain Ponys. Die Entstehung des modernen Ponys ist geprägt durch den Hengst Tan-y-Bwlch Berwyn, 1924 geboren, vom Araber- oder Berberhengst Sahara. Berwynfa, Berwyns Sohn, gründete die Coed Coch Sektion B-Linie. Weitere erwähnenswerte Linien stammen von den Araberhengsten Skowronek und Raseem ab.

• **MERKMALE** Das Sektion-B-Pony ist elegant und hat viel Qualität. Größer als das Welsh Mountain Pony besticht es durch seine vielseitigere Verwendungsmöglichkeit, z.B. im Reitsport. Es springt sehr gut und besitzt raumgreifendere und flachere Bewegungen als das Mountain Pony.

Einflüsse

ARABER schenkte Qualität, freundliches Wesen und gute Konstitution.

BERBER übertrug Temperament, Zähigkeit, Ausdauer und bemerkenswerte Leistungsbereitschaft.

VOLLBLUT verbesserte Rahmen und Gangvermögen.

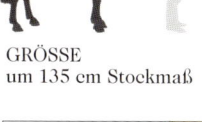

GRÖSSE
um 135 cm Stockmaß

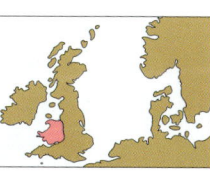

GROSSBRITANNIEN: WALES

• *ausgezeichnete Gurttiefe*

auffallend längere Gliedmaßen als beim Welsh Mountain Pony •

Farbe alle Farben	Verwendung Reiten und Fahren

| Lebensraum Gebirge, Heidemoor | Ursprung 12. Jahrhundert | Blut Warmblut |

WELSH PONY IM COB-TYP

Das kleinere Pony der Welsh Cobs ist im Stutbuch in Sektion C
registriert, wo es als »Welsh Pony im Cob-Typ« bezeichnet wird.
Die kleineren Cobs nannte man häufig »Farm-Ponys«. Man
verwendete sie für jede Art von Arbeit auf den Farmen in Wales
sowie als Grubenpferde beim Bergbau im Nordwales während
des 19. Jahrhunderts. Nach dem Zweiten Weltkrieg, als dieser
Typ auszusterben drohte, wurde im Stutbuch eine neue Sektion
(Sektion C) eröffnet, um dieses bedeutende Arbeitspony aus
Wales zu erhalten. Heute werden die Sektion-C-Ponys, wie
früher, sehr erfolgreich im Geschirr benutzt. Außerdem eignen
sie sich vorzüglich für Trekking und Trailreiten. Von Natur aus
mutig und mit gutem Springvermögen ausgestattet, sind sie für
Jugendliche und leichte Erwachsene wunderbare Jagdponys.
• **ZUCHT** In früheren Zeiten war das Pony im Cob-Typ das
Zuchtprodukt einer Welsh Mountain-Stute und eines kleineren
Cob-Hengstes. Die Hengste waren etwas größer und stark-
knochiger, vielmehr die etwas korpulentere Version des Welsh
Mountain Ponys. Vor kurzem hatten die bedeutendsten
Sektion-C-Hengste noch viel Mountain-Pony-Blut, weil
ihre Väter Sektion-A-Hengste waren wie zum Beispiel
der überragende und äußerst erfolgreiche Hengst Coed
Coch Madog, Vater von Lyn Cwmcoed und Synod
William. Mehr und mehr sind die Elterntiere jedoch
im Stutbuch der Sektion C registrierte Stuten und
Hengste.
• **MERKMALE** Der Sektion-C-Cob besitzt alle
Eigenschaften des Welsh Mountain Ponys. Er ist
zäh, widerstandsfähig, gesund und hat
hervorragend geformte Gliedmaßen und Hufe. Er
kann problemlos und wirtschaftlich in
Robusthaltung gehalten werden.

GROSSBRITANNIEN: WALES

*kompakter, kräfti-
ger Körperbau* •

Einflüsse

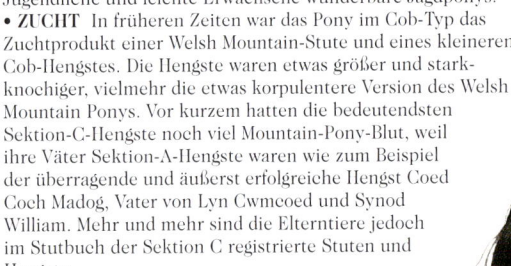

WELSH A
übertrug den
entscheidenden
Welsh-
Charakter.

WELSH COB
ist verantwort
lich für mehr
Größe beim
»Farm-Pony«.

| Farbe alle klaren Farben | Verwendung Reiten und Fahren |

GRÖSSE
um 137 cm Stockmaß

dicker, tief
angesetzter Hals
mit viel
Aufrichtung

interessanter Kopf mit
viel Ähnlichkeit zum
Welsh Mountain Pony

wenig Widerrist,
jedoch lange
Schultern mit viel
Bewegungsimpuls
nach vorne

kräftiges Fun-
dament mit
feinem Köten-
behang

kräftige,
harte
Hufe

Lebensraum gemäßigtes Klima	Ursprung Voreiszeit	Blut Warmblut

BARDIGIANO-PONY

Außerhalb Großbritanniens gibt es im modernen Sinne nur einige wenige erwähnenswerte Ponyrassen. Eine Ausnahme stellt das italienische Bardigiano-Pony dar, das kaum bekannt ist und auch nicht den Vorteil eines geschlossenen Stutbuches nutzen kann; das gleiche gilt für das völlig unbekannte Asturçon-Pony, das in den Bergregionen Nordspaniens mit nur wenigen Exemplaren vorkommt.

ITALIEN: NÖRDLICHER APPENIN

• **ZUCHT** Das Bardigiano ist eine Gebirgsrasse aus der nördlichen Appeninregion Italiens. Wie das Asturçon-Pony hat es eine gewisse Ähnlichkeit mit dem Exmoor-Pony, der ältesten britischen Ponyrasse; höchstwahrscheinlich verbindet sie das Blut ihrer gemeinsamen keltischen Vorfahren. Man geht jedoch allgemein davon aus, daß das Bardigiano-Pony, das mehr dem etwas schwereren italienischen Gebirgspferdetyp entspricht, eine ausgeprägte Verwandtschaft mit dem Avelignese besitzt, eine italienische Rasse, die mit dem Haflinger verwandt ist. Haflinger und Avelignesen haben tatsächlich die gleichen Ahnen und beide stammen von dem ausgestorbenen Avellinum-Haflinger ab. Der Araberhengst El Bedavi war bekanntlich der Gründerhengst der Haflingerrasse und hatte erheblichen züchterischen Einfluß auf den Avelignese. Den orientalischen Bluteinfluß kann auch das Bardigiano-Pony nicht verleugnen.

• **MERKMALE** Ein starkes, gut gebautes Pony mit bedeutendem Charakter, hart, trittsicher und für jede Art von Arbeit in den Bergen geeignet.

deutlich erkennbarer Oberschenkel-muskel •

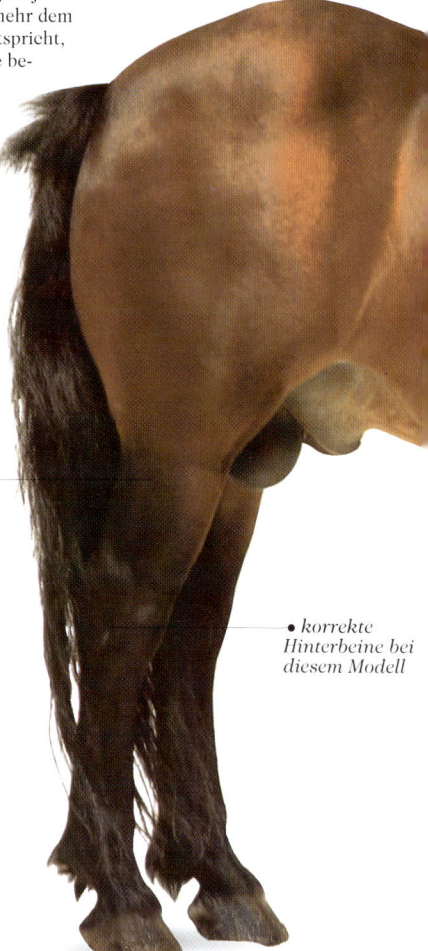

• *korrekte Hinterbeine bei diesem Modell*

Einflüsse

AVELIGNESE Größere Tritt-sicherheit und die Fähigkeit, im Gebirge gedei-hen zu können.

BERBER verbesserte Exterieur, Qualität und Gesundheit im Knochenbau.

Farbe alle, außer Schecken	Verwendung Lastträger, leichtes Arbeitspferd

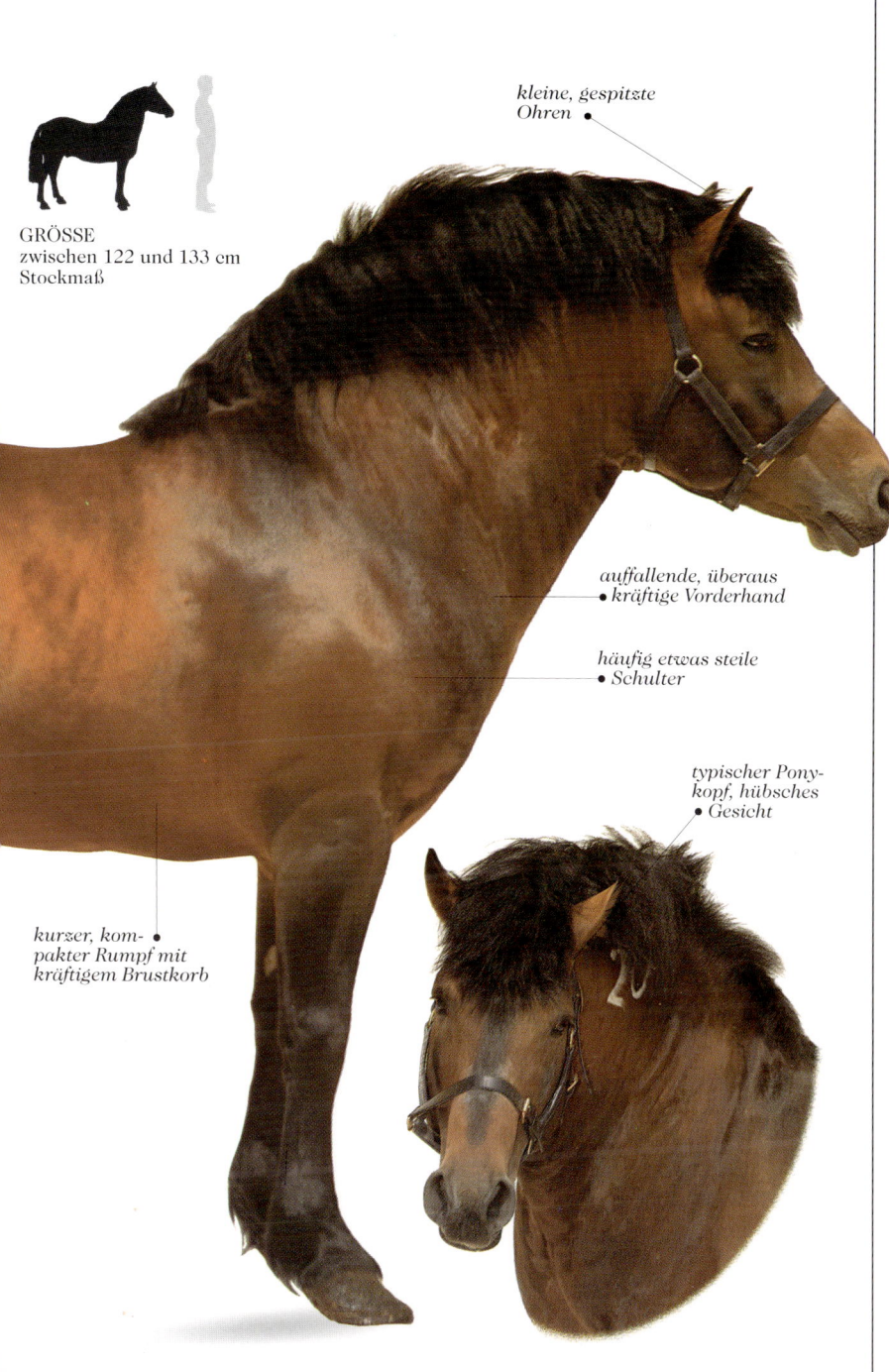

kleine, gespitzte
Ohren •

GRÖSSE
zwischen 122 und 133 cm
Stockmaß

auffallende, überaus
• kräftige Vorderhand

häufig etwas steile
• Schulter

typischer Pony-
kopf, hübsches
• Gesicht

kurzer, kom- •
pakter Rumpf mit
kräftigem Brustkorb

Lebensraum südländisches Klima	Ursprung Voreiszeit	Blut Warmblut

SORRAIA

Die Pferde auf der Iberischen Halbinsel sollen die ersten in Europa domestizierten Pferde sein. Noch heute werden Nachkommen dieser frühen, primitiven »Urrassen« in Spanien und Portugal gefunden. Dazu zählen die Sorraia, die in einigen Exemplaren heute noch, in Farbe und Exterieur, eine bemerkenswerte Ähnlichkeit zum Tarpan aufweisen, sowie die Garrano oder Minho, die den gleichen Ursprung haben, und die weiter nördlich in den Gebirgstälern von Garrano do Minho und Traz dos Montes zu Hause sind.

• ZUCHT Die Sorraia lebten in den Ebenen zwischen den Flüssen Sor und Raia, und die berühmte d'Andrade-Familie hielt eine ganze Zeit lang eine kleine Herde dieser Pferde unter natürlichen Aufzuchtbedingungen. Man vermutet, daß diese primitive Rasse, nachdem sie dem gewaltigen Bluteinfluß der nordafrikanischen Berber ausgesetzt war, viel zur züchterischen Weiterentwicklung des berühmten Spanischen Pferdes beigetragen hat, und über dieses dominante Blut auch bei verschiedenen anderen Rassen.

• MERKMALE Jahrhundertelang diente der Sorraia den Rinderhirten bei der Arbeit, auch in der Landwirtschaft. Als besonders einnehmendes, bedeutendes Pferd wurde es früher kaum betrachtet. Nichtsdestotrotz, vor allem aber wegen seines groben Kopfes und tief angesetzten Schweifes, hat es die ursprüngliche Vitalität seiner wilden Vorfahren bewahrt.

PORTUGAL: TIEFEBENE VON SOR UND RAIA

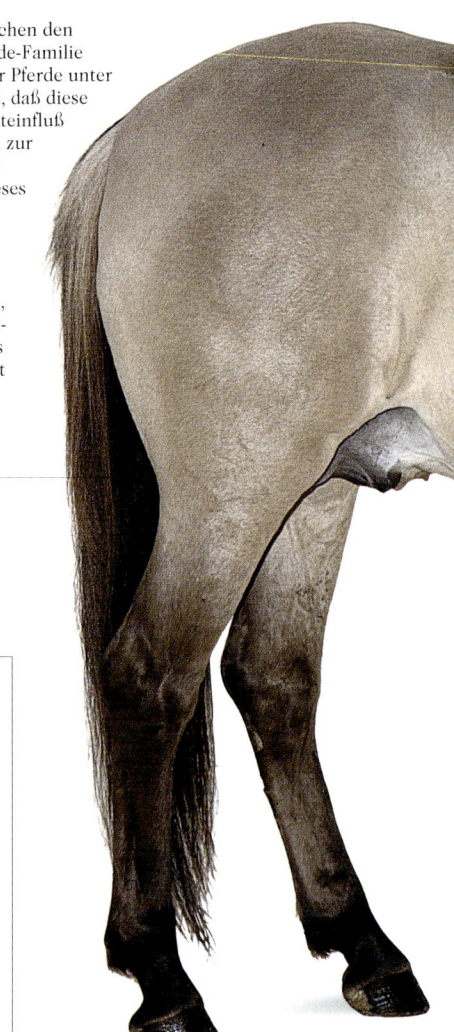

tief angesetzter, in der Regel schwarzer Schweif

Einflüsse

TARPAN Primitive Urrasse, überlieferte körperliche Gesundheit.

BERBER verbesserte Bewegung und Größe, verantwortlich für den feurigen Charakter.

Farbe Grau-Falbe	Verwendung leichte Farmarbeit, wildlebend

auffallend
• *viel Hals*

GRÖSSE
zwischen 125 und 133 cm
Stockmaß

• *kurzer, mächtiger Hals,
der an die spanischen und
portugiesischen Rassen
erinnert*

*schwarze Ohrenspitzen,
hoch angesetzt, sind
typisch (sowie schwarze
• Mähne und Schweif)*

• *kompakter Körper
mit außergewöhn-
licher Gurttiefe bei
diesem Exemplar
des »verbesserten«
Sorraia*

Lebensraum Mittelmeerraum	Ursprung Voreiszeit	Blut Warmblut

SKYROS-PONY

Auf der Insel Skyros im Ägäischen Meer wird seit
alten Zeiten eine eigene Ponyrasse gezüchtet. Die
in den Bergen lebenden Ponys dienten als Helfer
beim Korndreschen. Das moderne Pony, von den
Züchtern Skyros-Pony genannt, ist in der Landwirtschaft sehr nützlich, es wird aber auch als
Reitpony verwendet.

Einfluß

PFERDETYP 4
Der Prototyp
Araber beeinfluß-
te die Qualität des
Gebäudes.

• **ZUCHT** Die Körperproportionen des Skyros-
Ponys sind eher mit denen eines Pferdes als eines
Ponys vergleichbar, und die Ähnlichkeit mit den
Pferdedarstellungen auf den Statuen und Friesen
des antiken Griechenland ist nicht abzustreiten.
Vielleicht gibt es sogar eine Verbindung mit dem Pferd
aus Thessalien, die in Richtung Pferdetyp 4 als Ursprung
hindeutet, wenngleich das Fellfarbmuster aufzeigt, daß
auch eine Verwandtschaft mit dem Tarpan möglich ist.
• **MERKMALE** Das Skyros-Pony ist zäh, hart, gutmütig,
willig und in Anbetracht seiner Größe kann es gut
springen. Auffallend sind die steile Schulter, kuhessige
Stellung sowie die etwas schwache Hinterhand. Häufig
sieht man Aalstrich und Zebrastreifen. Die Hufe sind
immer dunkel, eine Forderung des Zuchtverbandes.

*hübscher Kopf
mit kleinen,
klaren Ohren* •

schmale, abfallende Kruppe,
• *schwach bemuskelte Hinterhand*

schmaler Rumpf •
mit steiler Schulter

GRÖSSE
um 112 cm Stockmaß

GRIECHENLAND: INSEL SKYROS

Farbe Braune, Falben	Verwendung Lasttier, Reiten und Fahren

Lebensraum Gebirge	Ursprung Voreiszeit	Blut Warmblut

PINDOS-PONY

Das Pindos-Pony, etwas größer als das Skyros-Pony, stammt aus der Bergregion von Thessalien und Epirus, den traditionellen Pferdeländern des antiken Griechenland. Als trittsicheres Tragtier findet es seinen Einsatz in land- und forstwirtschaftlichen Betrieben sowie zum Reiten und Fahren. Die Stuten werden häufig in der Mauleselzucht verwendet.

• **ZUCHT** Aller Wahrscheinlichkeit nach stammt das Pindos-Pony direkt vom Thessalier ab. Es ist gut möglich, daß es über die Jahrhunderte durch peloponnesische, arkadische und epidaurische Pferderassen beeinflußt wurde.

• **MERKMALE** Das Pindos-Pony ist zäh, ausdauernd und kommt mit wenig Futter aus. Der Schweif ist hoch angesetzt (ein Hinweis auf Pferdetyp 4 seiner Ahnengeschichte), aber die Hinterhand ist schwach und kaum bemuskelt. Die Hufe sind hart und klein und werden nur ganz selten beschlagen, wenn überhaupt. Die Pindos-Ponys gelten als sehr störrisch und sind wegen ihres Stehvermögens bekannt.

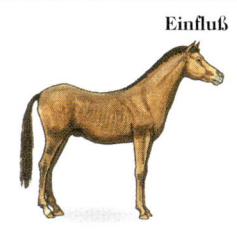

Einfluß

PFERDETYP 4
Prototyp Araber:
verbesserte
die Qualität des
Gebäudes.

der Kopf ist eher lang, zeigt aber gewisse Qualität

der Rücken ist im Vergleich zur Hinterhand sehr kräftig, die Schulter ist weniger steil als erwartet

lange Röhrbeine, wenig Knochensubstanz

sehr feste Hufe

GRÖSSE
um 131 cm Stockmaß

GRIECHENLAND: THESSALONIKI

Farbe Braune, Rappen	Verwendung Tragtier, Reiten und Fahren

| Lebensraum Wüste | Ursprung Vorgeschichte | Blut Vollblut |

CASPIAN-PONY

Das Caspian-Pony, eigentlich ein Miniatur-Pferd, ist vermutlich die älteste noch existierende Rasse und kann durchaus als Vorfahre des Arabers angesehen werden. Diese Rasse wurde von Louise L. Firouz bei Amol im kaspischen Küstenland/Iran im Jahre 1965 entdeckt. Heute gibt es Zuchtverbände in England, Australien, Neuseeland und USA.

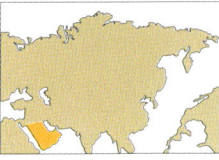

MITTLERER OSTEN: ARABISCHE HALBINSEL

• **ZUCHT** Diese Rasse scheint auf direktem Wege vom Pferdetyp 4 (siehe S. 14/15) abzustammen und wird als Prototyp des Arabers beschrieben, der seine Heimat im westlichen Asien hatte. Prähistorische Funde aus Ägypten und Persien aus der vorchristlichen Zeit (von 1200 bis 500 v. Chr.) veranschaulichen auf Abbildungen ähnlich »veredelte« Pferde.
• **MERKMALE** Das Caspian-Pony unterscheidet sich exterieurmäßig von anderen Rassen. Zum Beispiel ist die Form des Schulterblattes anders und die Ausformung des Scheitelbeines am Kopf. So klein das Pony auch sein mag, es ist schnell genug, um auch mit viel größeren Pferden mitzuhalten, außerdem kann es sehr gut springen.

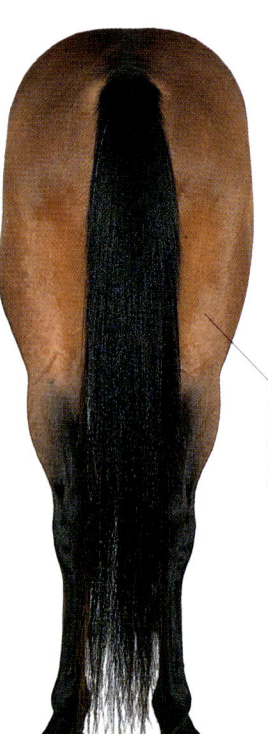

• *schmaler, leichter Körperbau mit Proportionen, die auf Schnelligkeit hindeuten*

kleine, ovale Hufe, sehr hart und immer gesund •

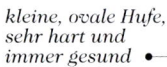

| Farbe Dunkelbraune, Füchse | Verwendung Reiten und Fahren |

die Ohren sind
nicht länger
als 11,5 cm •

langer, runder Hals •

relativ hoher,
gut markierter
Widerrist •

kurzer, •
trockener
Kopf, sehr
dünnhäutig

• Schulterform wie
beim Pferd, deshalb
langer, flacher
Schritt

• schmaler, zwar
tiefer Körperbau,
deshalb sehr gut für
Kinder als Reitpony
geeignet

GRÖSSE
zwischen 102 und 120 cm
Stockmaß

zarte, feine Gelenke,
wenig Behang, dichte
Knochenstruktur •

Einfluß

PFERDETYP 4
Als Prototyp des
Arabers zeigt
dieses Pony
viele arabische
Points.

Lebensraum Steppe, Savanne	Ursprung Voreiszeit	Blut Warmblut

BASCHKIRE

Der Baschkire, der in der russischen Steppe lebt, ist ein äußerst zähes und leistungsbereites Pony. Seine Zucht wird staatlich gelenkt, und zwar im Hinblick auf den Einsatz als Trag- und Zugpferd in der Landwirtschaft sowie zum Reiten, aber auch für die Fleisch- und Milchproduktion. Eine Stute kann bis zu 1600 Liter Milch geben während der Laktationsperiode, die etwa sieben bis acht Monate dauert. Über 1000 Exemplare dieser Rasse (wegen des lockigen Felles »Bashkir Curly« genannt) gibt es heute in den USA. Dem Vernehmen nach sind sie in den Nordweststaaten bei den dort noch lebenden Indianern sehr beliebt.

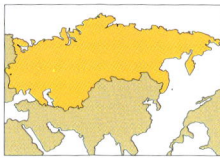

NÖRDLICHES EURASIEN: RUSSLAND

• ZUCHT Der Baschkire, der vor Jahrhunderten entstand, hat seine Urheimat an den südlichen Ausläufern des Urals in Baschkirien. Der russische Zuchtverband unterscheidet zwei Typen, den Berg- und den Steppentyp, wobei letzterer mehr zum Anspannen geeignet ist.

• MERKMALE Die Baschkiren Ponys werden in großen Herden, häufig bei Temperaturen unter null Grad, gehalten. Sie haben kein Problem damit, für sich selbst zu sorgen und finden auch bei tiefer Schneedecke genügend Futter. Die überwiegend fuchsfarbenen Ponys haben im Winter ein dichtes, lockiges Haarkleid. Diese Ponys können getrost zu den härtesten Pferderassen gezählt werden, denn sie sind auch ohne Zusatzfutter in der Lage, hart zu arbeiten. Ein Gespann von Baschkiren Ponys kann problemlos, ohne dazwischen zu füttern, einen Schlitten 120–140 km weit in 24 Stunden ziehen.

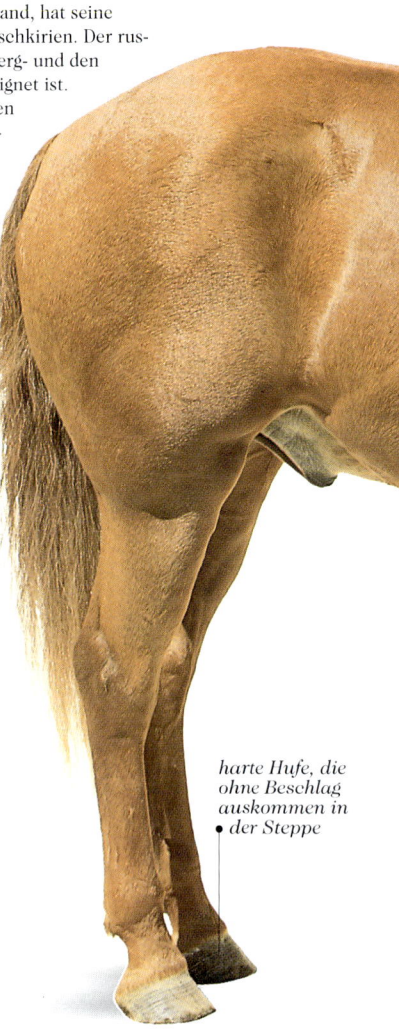

harte Hufe, die
ohne Beschlag
auskommen in
• der Steppe

GRÖSSE
um 135 cm Stockmaß

Einflüsse

TARPAN
Ein urzeitlicher
Einfluß, der freiere Bewegungen
mitgab.

PRZEWALSKI-
PFERD
Die dominierenden urzeitlichen
Gene sorgten für
hohe Leistungsbereitschaft.

Farbe Füchse, Braune	Verwendung Tragtier, Arbeit in der Landwirtschaft

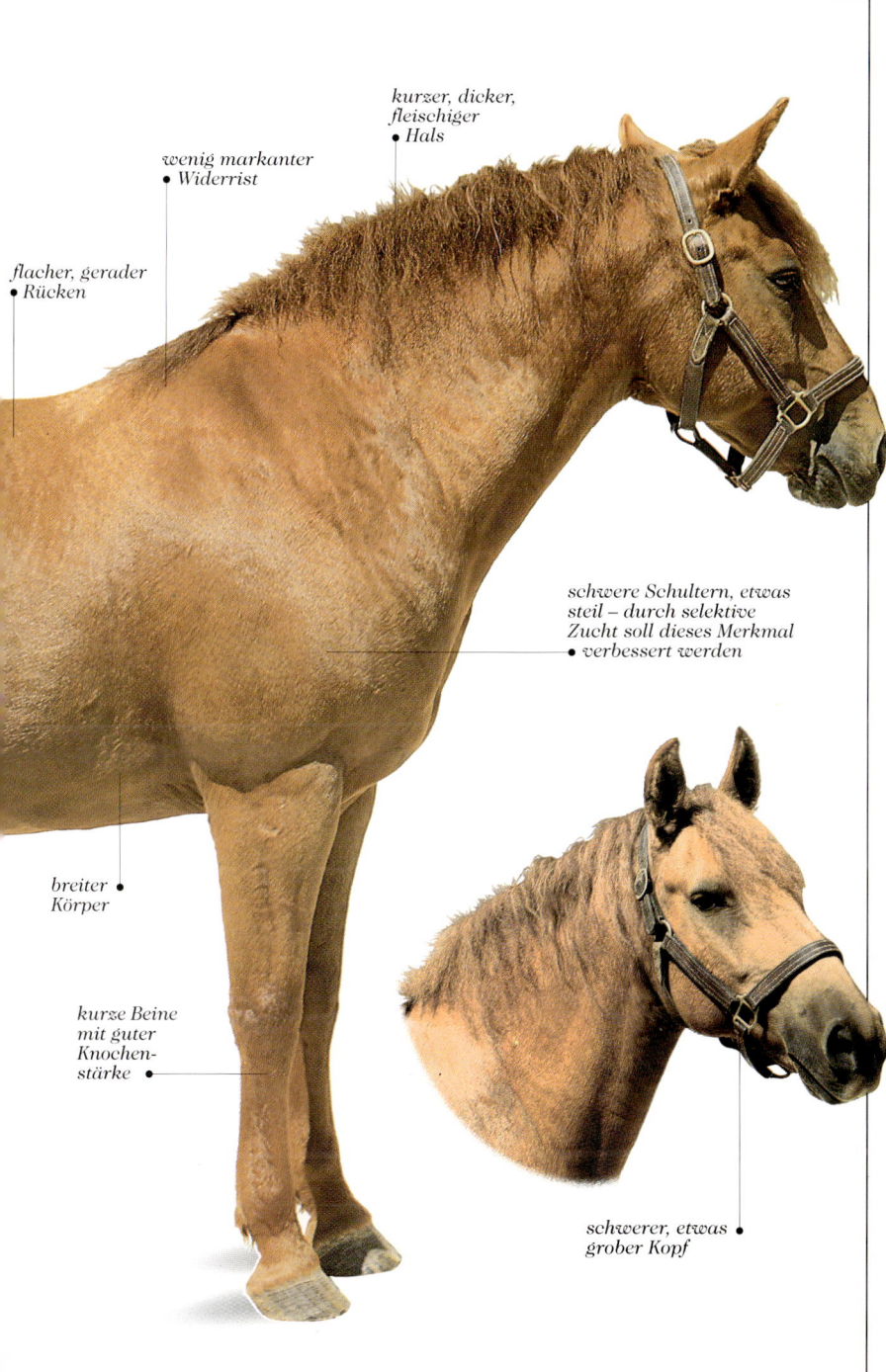

kurzer, dicker,
fleischiger
• Hals

wenig markanter
• Widerrist

flacher, gerader
• Rücken

schwere Schultern, etwas
steil – durch selektive
Zucht soll dieses Merkmal
• verbessert werden

breiter •
Körper

kurze Beine
mit guter
Knochen-
stärke •

schwerer, etwas •
grober Kopf

| Lebensraum gemäßigtes Klima | Ursprung 20. Jahrhundert | Blut Warmblut |

AUSTRALISCHES PONY

Das Australische Pony hat heute eine eigene züchterische Stellung erreicht und wird durch die »Australian Pony Stud Book Society« betreut, ein Zuchtverband, der 1929 gegründet wurde, um Kinderreitponys zu produzieren. Der Verband hat das Exterieur-Zuchtziel im Detail fixiert.

• **ZUCHT** Das Australische Pony ist eine Mischung mehrerer Pferderassen und -typen, die von frühen Besiedlern importiert wurden. Im Jahre 1803 fand der erste Pony-Import statt, aber erst im Jahre 1920 konnte sich ein eigenständiger Typ entwickeln. Welsh Mountain Ponys, zusammen mit Shetland-Blut, aber auch Hackneys sowie Araber und Vollblüter sorgten für die heutige Zuchtbasis.

• **MERKMALE** Das Australische Pony ist mehr als alle anderen Rassen mit dem Welsh Mountain Pony verwandt. Es ist kompakt, stark und gut gebaut, hat ein korrektes Gebäude mit viel Qualität und sehr guten Bewegungen. Es besitzt einen ausgeprägten Ponycharakter und einen auffallend schönen, edlen Kopf mit großen Augen. Man rühmt sein ausgezeichnetes Temperament, und seine Ähnlichkeit mit dem ursprünglichen britischen Pony ist weit größer als mit den speziell gezüchteten Reitponys.

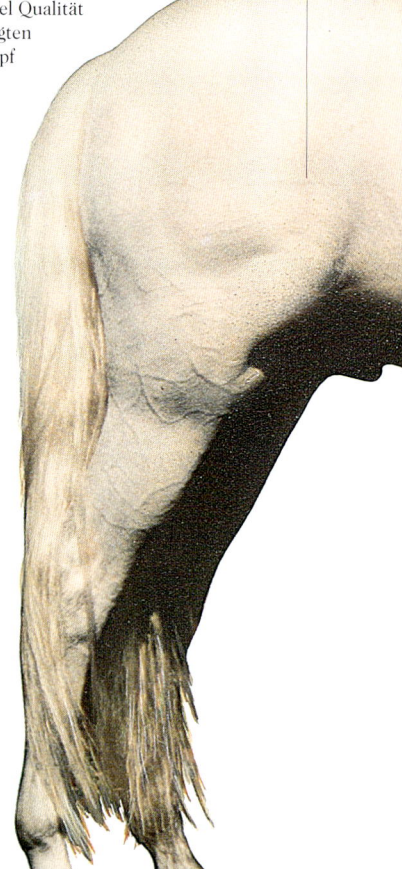

AUSTRALIEN

gut entwickelte Hinterhand

Einflüsse

WELSH A
Ein dominierender Einfluß im Hinblick auf den Ponycharakter.

SHETLAND
gab die ihm eigene Härte und Stärke mit.

VOLLBLUT
verbesserte Gangvermögen und Springvermögen.

HACKNEY
ergänzte die Brillanz der Bewegungen und gab ihm einen besonderen Charakter.

| Farbe alle Farben | Verwendung Reitpony |

leichte, gebogene
Oberlinie mit einem
ansprechenden
runden Hals •

GRÖSSE
zwischen 122 und 140 cm
Stockmaß

• auffallende
Vorhand mit
schräger Schulter

der edle Gesamt-
eindruck kommt
• vom Welsh Pony

• das gesamte
Exterieur
erinnert an das
Welsh Pony als
maßgeblichen
Einfluß

• Kopfprofil leicht
konkav, große, weit
geöffnete Augen,
spitz zulaufendes,
feines Maul

Lebensraum gemäßigtes Klima	Ursprung 20. Jahrhundert	Blut Warmblut

AMERICAN SHETLAND-PONY

Das American Shetland-Pony ist in Nordamerika äußerst
populär. Im Jahre 1885 erfolgte der erste Import von den Shetlandinseln, von der schottischen Küste ausgehend. 1888 wurde
der »American Shetland-Pony Club« gegründet. Das American
Shetland-Pony ist eine »erfundene« Rasse, die keinerlei Ähnlichkeit mit dem einmaligen, harten Insel-Pony besitzt.
• ZUCHT Dieses neu gezüchtete Shetland-Pony aus Amerika
ist eine Mischung aus etwas feiner gebauten, importierten
Ponys des Inseltyps mit Hackney Ponys. Die nächste Genera-
tion wird durch Outcross-Zucht mit kleinen Arabern und Vollblütern entwickelt. Die Ponys besitzen zwar nicht die legendäre, angeborene Härte und Robustheit der reingezogenen
Shetlands, sind aber dennoch sehr vielseitig. Sie sind vor
allem bei Pferdeschauen vor dem Wagen im Einsatz, aber
auch auf der Rennbahn vor leichten Sulkies. Die sogenannten Huntertypen treten im Schauring auf und
werden auch gesprungen.
• MERKMALE Das intelligente und sanftmütige
American Shetland-Pony entspricht vom Körperbau
und den Linien her dem Hackney. Es ist zwar etwas
schmäler als das Original-Shetland-Pony, hat jedoch
insgesamt längere Proportionen. Trotzdem der
relativ lange Kopf wenig Ponycharakter besitzt, hat
man den Eindruck von bedeutender Veredelung.

USA

*breite, kräftige
Lenden-
partie* •

lange, dicke •
*Schweif- und
Mähnenhaare*

rückständige •
*Stellung der
Hinterbeine
ist typisch*

Farbe alle, außer Schecken	Verwendung Anspannen und Fahren

Halsansatz ähnlich wie beim Hackney •

• *ziemlich lange Ohren*

GRÖSSE
bis zu 114 cm Stockmaß

langer Kopf •
mit geradem Profil, wenig Ponycharakter

• *schmaler, langer Rahmen*

lange, feine Gliedmaßen, mit Tendenz zu langen Röhrbeinen •

Einflüsse

HACKNEY übertrug sein Interieur und seine spektakuläre Trabaktion.

SHETLAND Kleinwüchsigkeit und Gesundheit.

Lebensraum	Ursprung	Blut
gemäßigtes Klima	20. Jahrhundert	Warmblut

ROCKY MOUNTAIN-PONY

Das amerikanische Rocky Mountain-Pony ist höchstwahrscheinlich
die jüngste Entwicklung als Rasse bezüglich aller Pferderassen weltweit. Erst 1986 wurde das Stutbuch aufgemacht, aber seither ist eine
kontinuierliche Entwicklung dieser besonderen und attraktiven
Rasse festzustellen. Durch Einbeziehung eines guten Exemplars
dieser Ponyrasse in den Rassenstall im Kentucky Horse Park in
Lexington/USA wurde das Rocky Mountain-Pony immer bekannter.
• **ZUCHT** Optisch fällt es nicht schwer, eine Verbindung zwischen
dem Rocky Mountain-Pony und den spanischen Pferdeimporten der
frühen amerikanischen Geschichte herzustellen. Allerdings muß
der Verdienst für die Entwicklung dieser Rasse Sam Tuttle von Stout
Springs/Kentucky zugewiesen werden, der die Konzession für
den Reitbetrieb im Netural Bridge State Park besitzt. Dessen Hengst
Old Tobe war einer der Lieblinge aller Reiter wegen seines
weichen und trittsicheren, paßartigen Ganges. Der Hengst
war ein durchschlagender Vererber und entwickelte sich
zum Stammvater einer ganz besonderen Herde von
Pferden, denen er sein Exterieur, sein Temperament und
seine Gänge vererbte.
• **MERKMALE** Gang und Farbe sind die Hauptmerk-
male des Rocky Mountain-Ponys. Auf schlechtem,
unebenem Geläuf kann es ohne weiteres in seinem
weichen Paßgang ein Tempo von 11 km/h gehen, auf
kürzeren, flachen Strecken erreicht es eine Geschwindigkeit von 25 km/h. Die am meisten erwünschte Fellfarbe
ist das dunkle Schokoladenbraun mit flachsblonder
Mähne und Schweif. Die als hart zu charakterisierende
Rasse ist durchaus in der Lage, auch strenge Bergwinter
gut durchzustehen.

USA: ROCKY MOUNTAINS

*ein voller, hell-
blonder Schweif
vervollständigt
das tiefe Schoko-
ladenbraun* •

GRÖSSE
zwischen 143 und 152 cm
Stockmaß

*sehr trittsicher,
mit harten,*
• *kräftigen Hufe*

Einfluß

SPANIEN
Dieser Einfluß
ist unbestritten
hinsichtlich
Gang, Farbe
und Exterieur.

Farbe	Verwendung
Schokoladenbraun	Reitpferd

langer,
eleganter
Hals •

• gute Rückenpartie

ziemlich
flacher
Widerrist •

im Verhältnis zum Hals
ist die Schulter kräftig,
aber nicht zum
• Galoppieren geeignet

im Hinblick auf •
die Proportionen des
gesamten Körper-
baus ist der Rumpf
schön rund

hübscher Kopf
mit langen Ohren

Lebensraum gemäßigtes Klima	Ursprung 16. Jahrhundert	Blut Warmblut

CHINCOTEAGUE-/ ASSATEAGUE-PONY

Diese Ponyrasse, die auf der Inselgruppe Chincoteague und Assateague, vor der Küste von Virginia/
USA, beheimatet ist, zählt zu den letzten Wildpferden dieser Erde. Die meisten der ungefähr
200 Köpfe zählenden Ponys leben auf Assateague
in einem Nationalpark; die Insel wurde durch
dramatische Stürme im Jahre 1933 vom Festland getrennt. Alle Jahre wieder werden die
Assateague-Ponys eingefangen und schwimmen
dann durch die Meerenge nach Chincoteague,
wo die jungen Tiere verkauft werden. Mit den
Einnahmen werden die Kosten für die
Herdenhaltung finanziert.
• ZUCHT Diese Ponys stammen von umherstreunenden
Pferden aus der Kolonialzeit ab, und deren Ursprung
wohl spanische und nordafrikanische Importe lieferten.
Eine der vielen Geschichten legt den Gedanken nahe,
daß ein Schiff mit Berberpferden unterwegs von
Nordafrika nach Peru strandete, die Pferde dann ans Ufer
schwammen und seither dort lebten. Diese Geschichte
ist aber durch nichts belegt.
• MERKMALE Trotzdem die Ponys durch Pinto-,
Shetland- und Welsh Pony-Blut züchterisch verbessert
wurden, werden sie nach unseren europäischen
Maßstäben als degeneriert angesehen.

Einfluß

SPANISCHES
PFERD
Die ursprünglichen
Qualitäten wurden
durch die rauhen
Lebensbedingun-
gen allmählich
immer mehr abge-
schwächt.

meistens schwere
Schultern mit
• wenig Widerrist

kurzer, •
kompakter
Körper

leichter •
Köten-
behang

GRÖSSE
um 122 cm Stockmaß

USA: CHINCOTEAGUE UND
ASSATEAGUE, VIRGINIA

Farbe alle Farben	Verwendung Wildpferde, manchmal zum Reiten

| Lebensraum gemäßigtes Klima | Ursprung 16. Jahrhundert | Blut Warmblut |

SABLE ISLAND-PONY

Sable Island ist eine im Atlantik vor der Küste von
Neu-Schottland, Kanada, gelegene Sandbank. Seit
ungefähr 400 Jahren leben dort Herden halbwilder
Ponys, die von dem Namen der Insel ihre Rassebezeichnung haben.
• ZUCHT Die heutige Zucht geht auf französische
Pferde zurück, wahrscheinlich normannischen Ursprungs, die vermutlich durch einen Hugenotten
aus Boston im Jahre 1739 auf die Insel kamen.
• MERKMALE Obwohl die Ponys hart und zäh
sind, ist ihr Körperbau eher mittelmäßig. Der Kopf
ist groß und die
Hinterhand
schwach entwickelt.
Man sagt, daß die
Ponys freundlich
und unkompliziert
zu halten sind,
wenn sie schon in
jungen Jahren daran
gewöhnt werden.

Einfluß

NORMANNEN
beeinflußten
Exterieur und
Interieur dieser
halbwilden Rasse.

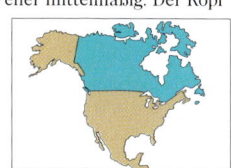

KANADA: SABLE ISLAND,
NEU-SCHOTTLAND

GRÖSSE
zwischen 141
und 152 cm
Stockmaß

tief angesetzter
• Schweif

Widerrist nur
selten deutlich
ausgeprägt •

schmaler •
Körper, wenig
Muskulatur

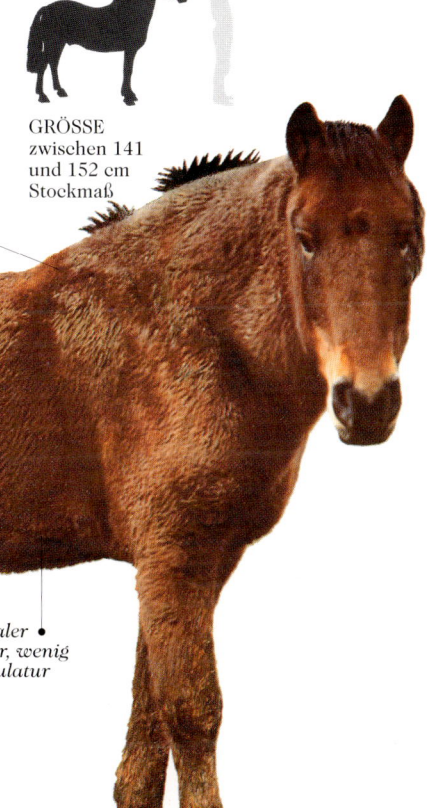

| Farbe alle klaren Farben | Verwendung Wildpferde, manchmal zum Reiten |

Lebensraum Wüste, Savanne	Ursprung 16. Jahrhundert	Blut Warmblut

GALICENO-PONY

Das Galiceno-Pony von Mexiko ist ein weiteres Beispiel spanischer Hinterlassenschaft auf dem amerikanischen Kontinent. Seit 1950 hat es sich zunehmend nordwärts Richtung USA verbreitet, und wird dort offiziell als eigene Rasse seit 1958 anerkannt. Für junge Reiter, die vom Pony zum Pferd umsteigen möchten, wird es als ideale Zwischenlösung angesehen.

• ZUCHT Die Vorfahren stammen aus Galicien in Nordwestspanien und haben daher auch ihren Namen. Schon von ganz früher her war Galicien berühmt in ganz Europa wegen seiner leichttrittigen Gangpferde. Das heutige Galiceno-Pony hat immer noch den charakteristischen »Running Walk« (Fußfolge wie Schritt, Tempo wie Trab), der schon im Elisabethanischen England so sehr gepriesen wurde. Die Vorfahren dieser kleinen Pferde befanden sich möglicherweise unter denen, die von den Spaniern im 16. Jahrhundert mitgebracht wurden. Diese Pferde wiederum stammen von den einheimischen Sorraias und Garranos (verschiedene Namen für die gleiche Rasse) von der Iberischen Halbinsel ab.

• MERKMALE Das zähe und harte Galiceno-Pony soll folgsam, intelligent und vielseitig einsetzbar sein. Seine angeborene Wendigkeit und Schnelligkeit belegen seine Beliebtheit als Ranch- und Sportpony. Es wird aber auch für alltägliche Transporte angespannt und gefahren.

MEXIKO

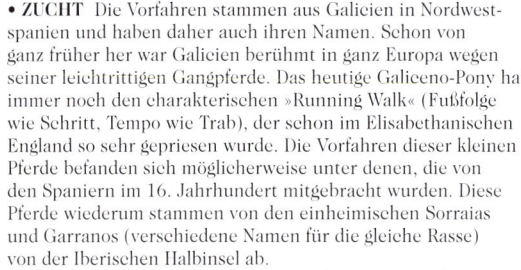

edler, charak-
teristischer
• Kopf

• große, weit
geöffnete und
intelligente
Augen

Farbe alle klaren Farben	Verwendung Reiten und Fahren

kompakter Körperbau,
nicht zu langer Rücken,
dennoch schmal und
• leicht gebaut

• elegante Verbin-
dung zwischen
Hals und Kopf, gute
Ganaschenfreiheit

• Vorhand mit
besonders flacher
Brust, eher steile
Schulter

harte, gesunde •
Gliedmaßen

GRÖSSE
um 138 cm Stockmaß

breite Hufe,
ohne
Trachten-
zwang •

Einfluß

SPANISCHES
PFERD
In Erschei-
nungsbild,
Körperbau und
Charakter.

Lebensraum gemäßigtes Klima	Ursprung 20. Jahrhundert	Blut Warmblut

FALABELLA-PONY

Es ist ganz natürlich, daß die Kleinwüchsigkeit bei Pferden von der Umwelt abhängt – in der Regel schlechte klimatische Bedingungen zusammen mit ungenügender Futtergrundlage. Auf der anderen Seite ist es ebenso möglich, vorsätzlich Miniaturpferde oder als Gegenstück, sehr große Pferde zu züchten. Miniaturpferde wurden in der Zuchtgeschichte entweder als »Spielzeug« oder als Kuriosität gezüchtet. Das bekannteste Pony dafür ist heute das Falabella-Pony, eigentlich mehr ein Miniaturpferd als ein Pony wegen seines Körperbaus und seines Charakters.

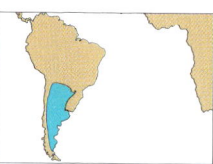

ARGENTINIEN: BUENOS AIRES

• **ZUCHT** Das Pony leitet seinen Namen von der Familie Falabella ab, die es auf ihrer Ranch Recreo de Roca in der Nähe von Buenos Aires, Argentinien, züchtete. Sie kreuzten die kleinsten Shetland-Ponys mit einem sehr kleinen Vollblutpferd; danach wurden immer wieder gezielt die kleinsten Tiere gekreuzt, auf der Basis enger Inzucht. Das Zuchtziel war, ein nahezu perfektes Miniaturpferd zu züchten, doch Inzucht ist häufig gekoppelt mit Schwächen im Körperbau und mangelnder Vitalität. Es wird behauptet, daß Falabellas als Wagenpony angespannt werden können, aber zum Reiten scheinen sie unbrauchbar zu sein. Eine der kleinsten ihrer Rasse, die je gezüchtet wurde, war die Stute Sugar Dumpling, deren Besitzer Smith McCoy in Roderfield, West-Virginia, USA, war. Sie hatte ein Stockmaß von nur 51 cm und wog gerade 13,6 kg.

• **MERKMALE** Gebäudefehler wie schwache Sprunggelenke, krumme Gliedmaßen und schwere Köpfe sind in dieser Rasse ziemlich verbreitet. Die besten Exemplare jedoch zeigen durchaus die Qualitäten eines guten Shetland. Sie sollen in ihrer Rolle als Spielkameraden sehr freundlich und intelligent sein, wobei einige sehr attraktive Fellfarben vorkommen, zum Beispiel gesprenkeltes Fell mit dunklen Flecken.

leicht abfallende Kruppe, tief angesetzter Schweif

häufig schwache Sprunggelenke

GRÖSSE
um 70 cm Stockmaß

Einfluß

SHETLAND-PONY
Die Zuchtbasis
waren sehr kleine
Shetland-Ponys,
die mit kleinen
Vollblütern ge-
kreuzt wurden.

Farbe alle klaren Farben	Verwendung Modezucht

dicke, üppige •
Mähne

Neigung zu •
Hirschhals

kaum sichtbarer
Widerrist •

häufig im Ver- •
gleich zum Körper
schwerer Kopf

dicker, üppiger •
Schweif wie beim
Shetland-Pony

Gliedmaßen mit •
wenig Knochen-
substanz, schlecht
geformt

eingeschnürte •
Karpalgelenke

PFERDE

Lebensraum gemäßigtes Klima	Ursprung 19. Jahrhundert	Blut Warmblut

DØLE-PFERD (GUDBRANDSDALER)

In Norwegen macht das Døle-Pferd nahezu die Hälfte der Pferdepopulation aus, wobei es stark an das englische Dales-Pony und Fell-Pony erinnert. Alle drei stammen von den vorgeschichtlichen Wildpferden ab.

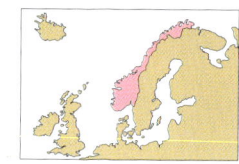

NORWEGEN: TAL VON
GUDBRANDSDAL

• **ZUCHT** Diese Rasse wird in dem wunderschönen Tal von Gudbrandsdal in Norwegen gezüchtet, und die Pferde wurden schon immer als Tragtiere und in der Landwirtschaft eingesetzt. Die ausgeprägte Trabveranlagung ist bekannt, deshalb wurde, trotzdem der schwerere Zugpferdetyp weiter erhalten wird, eine leichtere, für Traberrennen geeignete Rasse, der sogenannte Døle-Traber, entwickelt. Der 1834 importierte Vollbluthengst Odin hatte auf die Zucht des leichteren Døle-Trabers einen nachhaltigen Einfluß. Im Jahre 1962 wurden staatliche Zuchtbetriebe eingerichtet, und die Hengste mußten eine Leistungsprüfung über eine Strecke von 1000 m ablegen (Höchstzeit: 3 Minuten).
• **MERKMALE** Das Døle-Pferd ist hart und im Vergleich zu seiner Größe sehr kräftig gebaut.

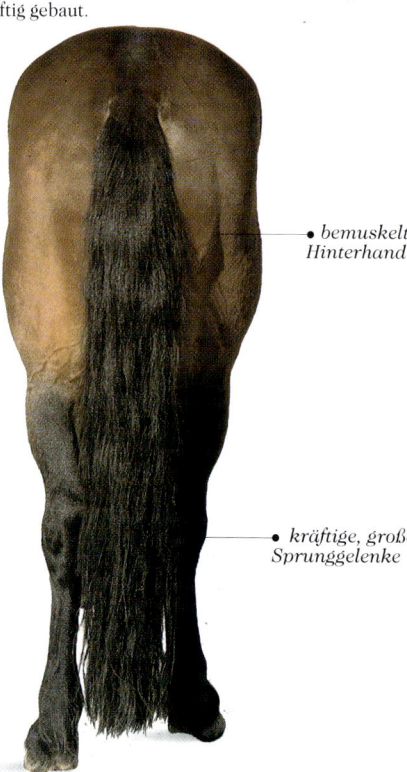

• *bemuskelte
Hinterhand*

• *kräftige, große
Sprunggelenke*

Farbe Rappen, Braune	Verwendung leichte Arbeit in der Landwirtschaft

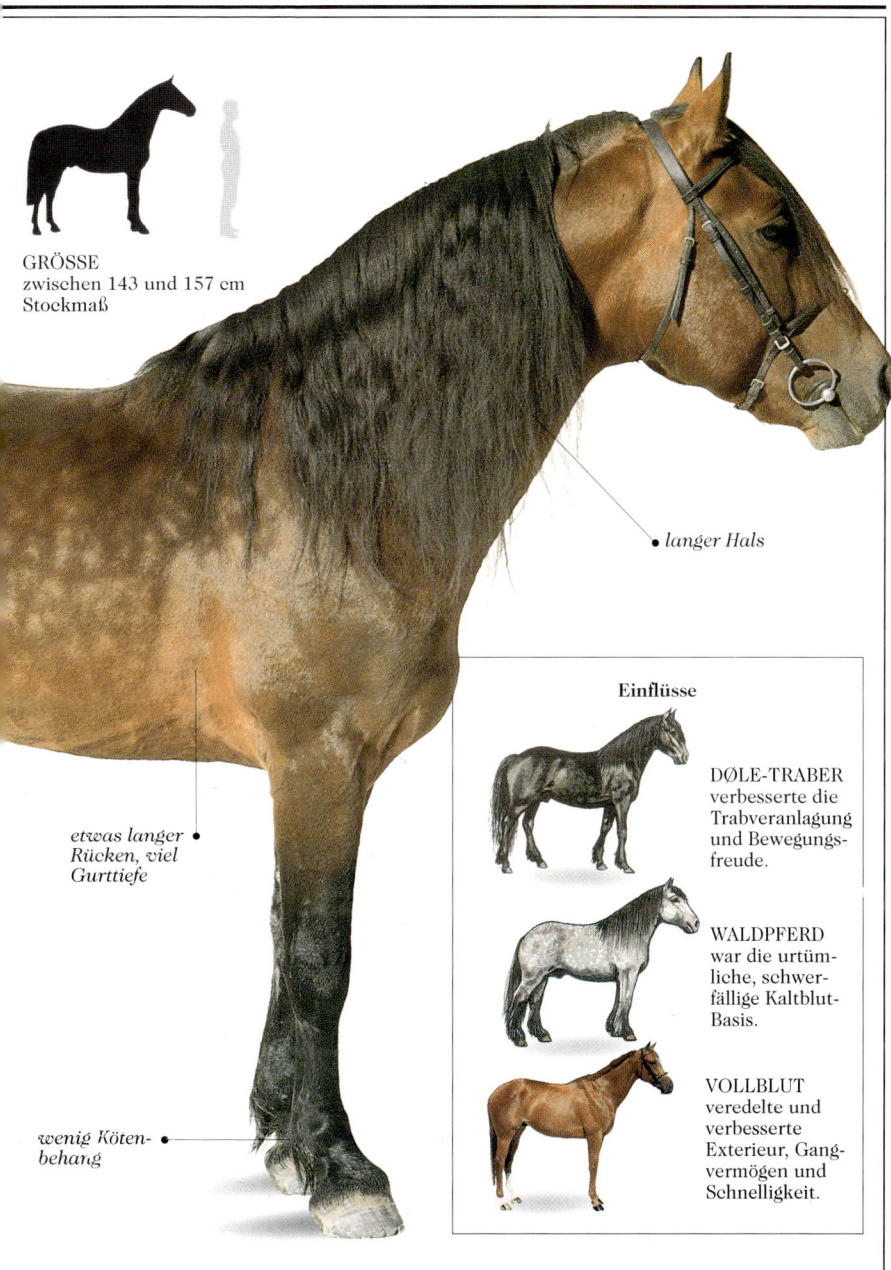

GRÖSSE
zwischen 143 und 157 cm
Stockmaß

langer Hals

etwas langer
Rücken, viel
Gurttiefe

wenig Köten-
behang

Einflüsse

DØLE-TRABER
verbesserte die
Trabveranlagung
und Bewegungs-
freude.

WALDPFERD
war die urtüm-
liche, schwer-
fällige Kaltblut-
Basis.

VOLLBLUT
veredelte und
verbesserte
Exterieur, Gang-
vermögen und
Schnelligkeit.

Lebensraum Taiga	Ursprung Voreiszeit	Blut Kaltblut

FINNISCHER KLEPPER

In Finnland ist die Leistungsfähigkeit eines Pferdes schon immer wichtiger als seine Schönheit gewesen, das gilt für beide finnische Rassen, das Finnische Zugpferd und das Finnische Universalpferd. Das schwerere Zugpferd war ein stämmiges, kräftig gebautes Pferd, sehr bäuerlich, aber mit ausgezeichneten Bewegungen. Das leichtere Universalpferd war ein Allroundpferd, das geritten wurde, für leichte Transportarbeiten sowie, was nicht unwichtig war, für Trabrennen verwendet wurde. Seit den 70er Jahren geht der Trend zum leichteren Gebrauchspferd, obwohl sein Einsatz in der Land- und Forstwirtschaft immer noch erforderlich ist.

• **ZUCHT** Der Finnische Klepper stammt vermutlich von ganz alten, sowohl schweren wie leichten Pferderassen aus Europa ab, die mit Kaltblut- und Warmblutpferden gekreuzt wurden. Im Jahre 1907 wurde ein Stutbuch für beide Typen eröffnet und rigorose Leistungsprüfungen eingeführt.

• **MERKMALE** Der gutmütige Finnische Klepper hat trotz seines relativ kleinen Rahmens die Arbeitskraft eines Kaltblüters kombiniert mit der Schnelligkeit, dem Charakter und der Wendigkeit leichterer Pferderassen. Ein ausdauerndes, langlebiges und leistungsbereites Pferd. Überflüssig zu bemerken, daß es eine hervorragende Konstitution besitzt. Die Winkelung der Hinterhand in Kombination mit den langen Linien ist typisch für ein Traberpferd, und kennzeichnet deutlich die züchterische Entwicklung des Finnischen Kleppers.

FINNLAND

Winkelung der Hinterhand ist charakteristisch für den Traber

klare Beine mit wenig • Kötenbehang

Einflüsse

FINNISCHES PONY Einheimische Rassen schufen lange Zeit eine gute Grundlage für Outcross-Zucht.

OLDENBURGER festigte den Charakter, übertrug Größe und Gangvermögen.

Farbe alle Farben	Verwendung leichte Arbeit in der Landwirtschaft

GRÖSSE
um 157 cm Stockmaß

Oberlinie mit
• geradem Rücken

kräftige Schulter, mehr
geeignet für Anspannen
• als Reiten

• frommes,
ehrliches Gesicht,
gefälliger Kopf

ekte
l-
en •

Lebensraum gemäßigtes Klima	Ursprung 17. Jahrhundert	Blut Warmblut

SCHWEDISCHES WARMBLUTPFERD

Das Schwedische Warmblutpferd ist ursprünglich als Kavallerie-
pferd von überdurchschnittlicher Qualität gezüchtet worden.
Seit einigen Jahren konzentrieren sich die Züchter auf die
Produktion eines modernen Sportpferdes, geeignet für den
Einsatz im internationalen Reitsport in den drei Disziplinen:
Dressur, Springen und Vielseitigkeit.
• **ZUCHT** Die Abstammung dieser Rasse stark beeinflußt
haben spanische, orientalische und friesische Hengste, die
bereits vor 300 Jahren sehr sorgfältig für die Zucht selektiert
wurden. Die Pferde wurden immer wieder mit einheimischen
Zuchtpferden aus den großen Gestüten in Stromsholm (1621
gegründet) und Flyinge (1658 gegründet) gekreuzt. Diesen
Kreuzungen wurden dann Trakehner-, Hannoveraner-,
Araber- und Englisches Vollblut zugeführt. Alle Pferde
werden streng leistungsgeprüft und weltweit exportiert.
• **MERKMALE** Das Schwedische Warmblut ist ein
großes, beeindruckendes Pferd. Es ist gesund, hat
einen ausgezeichneten Körperbau und aufmerksamen Charakter, mit besonderer Eignung für den
Dressursport. Aber auch für Springen, Vielseitigkeit und Fahren besteht große Nachfrage.

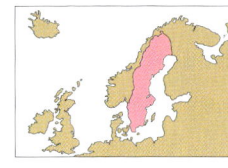

SCHWEDEN

• *kurze, starke
Gliedmaßen*

• *gesunde
Hufe*

Einflüsse

VOLLBLUT
wurde benutzt, um
Mut, Leistungs-
bereitschaft,
Schnelligkeit und
Bewegungen zu
verbessern.

ARABER
brachte Gesund-
heit, Intelligenz
und Gutmütig-
keit in die Zucht.

TRAKEHNER
verbesserte Kraft
und Athletik
sowie Gehorsam.

HANNOVERANER
fügte Größe und
Stärke, gute Ver-
anlagung und
Springvermögen
dazu.

Farbe alle Farben	Verwendung Reitpferd

GRÖSSE
um 168 cm Stockmaß

• kräftige Schulter mit
guter Bewegungsfreiheit

• kompakter
Körper mit
ausreichender
Gurttiefe

klare
Gelenke •

gefälliger Kopf, •
aufmerksam und
ähnlich dem Hunter

Lebensraum gemäßigtes Klima	Ursprung 16. Jahrhundert	Blut Warmblut

FREDERIKSBORGER

Im 16. Jahrhundert war Dänemark der Hauptlieferant für Schulpferde
und qualitätsvolle Dienstpferde für das Militär. Diese Pferde, die man
Frederiksborger nannte, entstammten einem Gestüt, das König
Frederik II. im Jahre 1562 gegründet hatte. Der Schimmelhengst
Pluto, der die Pluto-Linie der Lipizzaner gründete, war ein Frederiks-
borger und kam im königlichen Gestüt im Jahre 1765 auf die Welt.

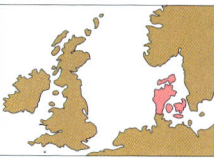

DÄNEMARK

• **ZUCHT** Die Zuchtbasis des Frederiksborgers waren spanische und
später auch neapolitanische Pferde, die bekanntlich miteinander
verwandt sind. Im 19. Jahrhundert wurden Hengste aus östlichen
Ländern sowie englische Halbblüter eingekreuzt. Daraus entstand ein impo-
nierendes Reitpferd mit hervorragenden Bewegungen. Diese Rasse wurde
auch verstärkt zur Verbesserung anderer Rassen, z.B. des Jütländers (siehe
S. 216/217) eingesetzt. Durch zahlreiche Exporte wurde starker Raubbau
an der Original-Zucht betrieben, und im Jahre 1839 ging man im Gestüt
dazu über, Pferde im Vollbluttyp zu produzieren, das alte Zuchtmaterial
verschwand immer mehr. Eine Zeitlang wurde der Frederiksborger noch
als prächtiger Karossier gezogen, meistens von privaten Züchtern;
als aber die Nachfrage nach Reitpferden wuchs, wurden zunehmend
Vollblüter eingekreuzt.

• **MERKMALE** Obwohl als Reitpferd gezüchtet, behielt der
Frederiksborger seine hohe Knieaktion des ursprünglichen
Karossiers bei, die Kenner als starke und schwungvolle
Bewegung schätzten.

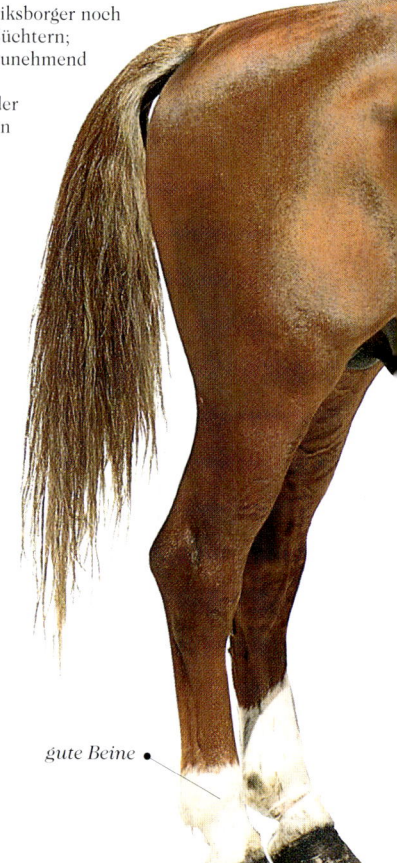

gute Beine •

• *Kopf mit aufmerksamem
Ausdruck, aber oft auch
ramsnasig*

Farbe überwiegend Füchse	Verwendung Reitpferd

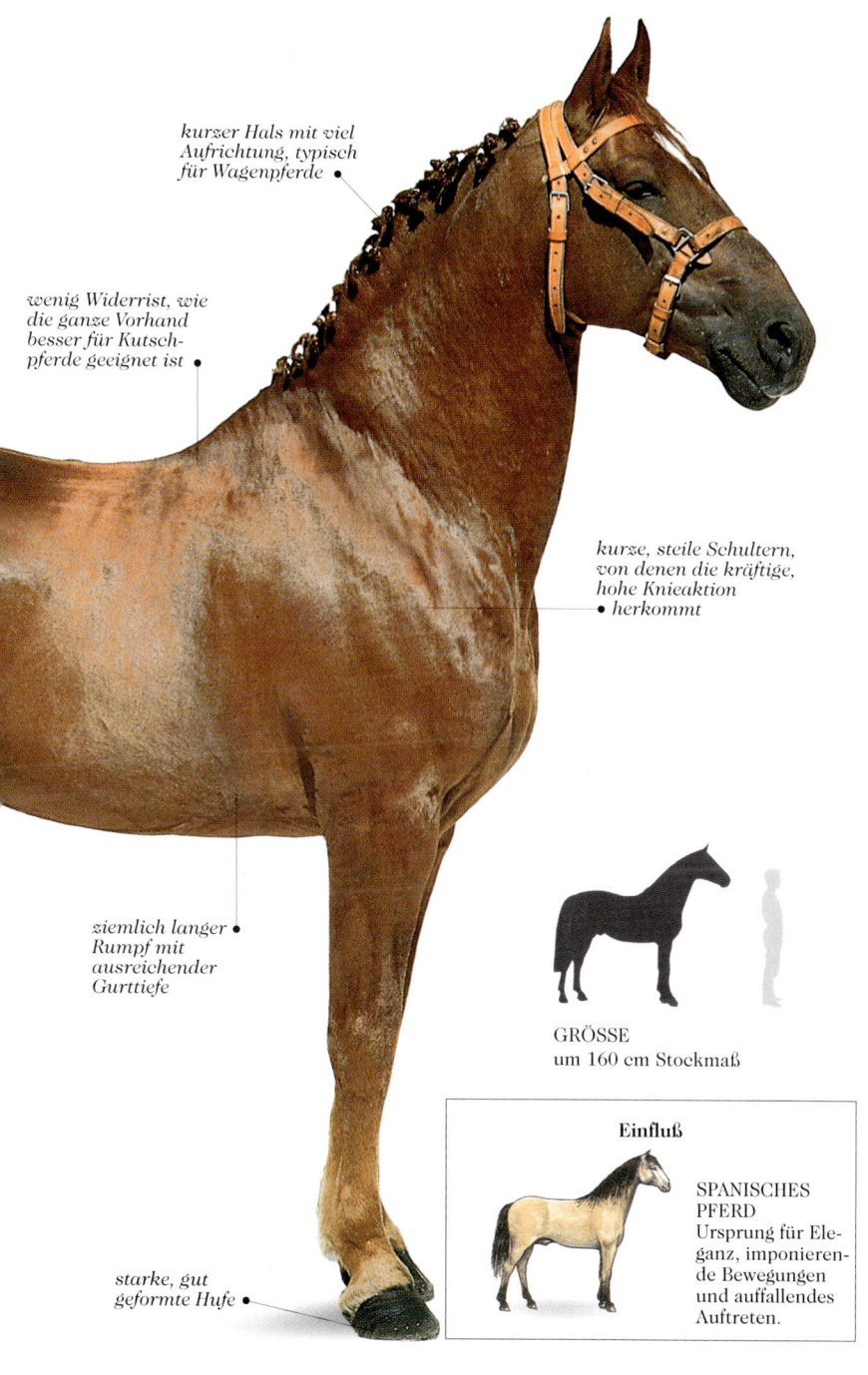

kurzer Hals mit viel
Aufrichtung, typisch
für Wagenpferde •

wenig Widerrist, wie
die ganze Vorhand
besser für Kutsch-
pferde geeignet ist •

kurze, steile Schultern,
von denen die kräftige,
hohe Knieaktion
• herkommt

ziemlich langer •
Rumpf mit
ausreichender
Gurttiefe

GRÖSSE
um 160 cm Stockmaß

Einfluß

SPANISCHES
PFERD
Ursprung für Ele-
ganz, imponieren-
de Bewegungen
und auffallendes
Auftreten.

starke, gut
geformte Hufe •

Lebensraum gemäßigtes Klima	Ursprung 19. Jahrhundert	Blut Warmblut

KNABSTRUPPER

Schon bei den Höhlenmalereien des Cro-Magnon-Menschen (vor 30 000 Jahren) fand man gescheckte Pferde, die bereits in der Antike sehr verehrt wurden. Der dänische Knabstrupper ist jedoch viel jüngeren Ursprungs, der auf eine spanische Stute im Jahre 1808 zurückgeht; bei spanischen Pferden kamen im 19. Jahrhundert immer wieder Schecken oder stichelhaarige Pferde vor.

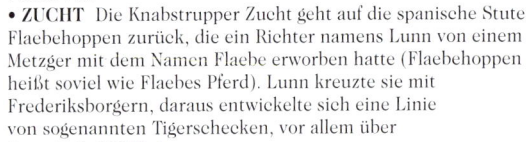

DÄNEMARK

• **ZUCHT** Die Knabstrupper Zucht geht auf die spanische Stute Flaebehoppen zurück, die ein Richter namens Lunn von einem Metzger mit dem Namen Flaebe erworben hatte (Flaebehoppen heißt soviel wie Flaebes Pferd). Lunn kreuzte sie mit Frederiksborgern, daraus entwickelte sich eine Linie von sogenannten Tigerschecken, vor allem über ihren Enkel Mikkel.

• **MERKMALE** Die alten Knabstrupper waren zähe, grobknochige Pferde. Sie waren kluge, gelehrige Pferde. Als Ergebnis einer unüberlegten Kreuzung wegen der Farbe ging diese Rasse aber allmählich zugrunde und existiert heute kaum noch. Der heutige Typ, vom Typ mehr ein Appaloosa, hat mehr Qualität und eine größere Farbvielfalt.

Die Scheckenfärbung zieht sich bis runter zu den Beinen, die gewöhnlich sehr
• *korrekt sind*

wie bei allen Schecken, haben die Hufe vertikal verlaufende
• *Streifen*

• *Der Kopf spiegelt die frühere freundliche Aufmerksamkeit wider*

Farbe Tigerschecken	Verwendung Reitpferd

weiße
Augen-
ringe

gerader Rücken,
typisch für
Knabstrupper und
Appaloosa

gesprenkel-
tes Maul

Rotschimmel-
farbe ist jetzt
häufiger

GRÖSSE
um 157 cm Stockmaß

Einflüsse

SPANISCHES
PFERD
Ursprung für die
Gene, die die
typische gefleck-
te Fellfarbe
mitgaben.

FREDERIKS-
BORGER
überlieferte seine
Größe, bessere
Bewegungen und
mehr Rahmen.

Lebensraum gemäßigtes Klima	Ursprung 20. Jahrhundert	Blut Warmblut

DÄNISCHES WARMBLUTPFERD

Das Dänische Warmblutpferd gehört zu den jüngeren Sportpferderassen in Europa, deren Stutbuch erst in den 60er Jahren dieses
Jahrhunderts aufgemacht wurde. Den dänischen Züchtern ist es
gelungen, in relativ kurzer Zeit ein qualitätvolles und vielseitiges
Sportpferd zu schaffen.

• **ZUCHT** Dänemark hat eine alte Pferdetradition. Zisterzienser-
mönche kreuzten im 14. Jahrhundert in Holstein (ein Dänisches
Herzogtum bis 1864) beste spanische Pferde mit großen germanischen Stuten. Ein Ergebnis daraus war der dänische Frederiksborger. Das Dänische Warmblutpferd geht auf den Frederiksborger zurück, der mit Vollblut gekreuzt wurde. Stuten dieser
Kreuzung wurden anglonormannischen Hengsten (Selle Français)
zugeführt, Vollblütern und Trakehnern. Diese Mischung ergab ein
gesundes Pferd mit ausgezeichnetem Gebäude, gut im Typ,
mit viel Rahmen und Galoppiervermögen. Hannoveraner-
Einfluß ist nicht vorhanden, wodurch sich der besondere
Charakter im Vergleich zu anderen Warmblutrassen
erklären läßt.

• **MERKMALE** Die besten dänischen Pferde können ihren Vollbluteinfluß nicht verleugnen, der
mit Masse, Kraft und guten Gliedmaßen kombiniert ist. Sie sind mutig, haben ein hervorragendes Temperament und eine gute, freie Aktion.
Als brillante Dressurpferde und erstklassige
Vielseitigkeitspferde sind sie sehr geschätzt.

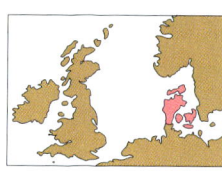

DÄNEMARK

korrekte Huf- und
• Fesselstellung

Einflüsse

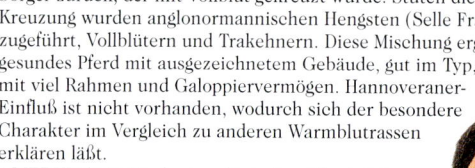

FREDERIKSBORGER
Ursprungsrasse,
ein elegantes Reit-
und Kutschpferd.

TRAKEHNER
wurde wegen seines
konsolidierten Typs,
seinem korrektem
Gebäude verwende

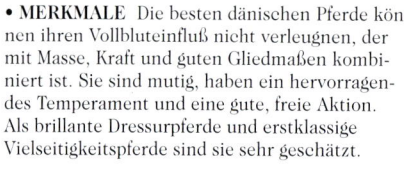

VOLLBLUT
gab Qualität,
Schnelligkeit
und bessere
Gänge mit.

Farbe alle Farben	Verwendung Reitpferd

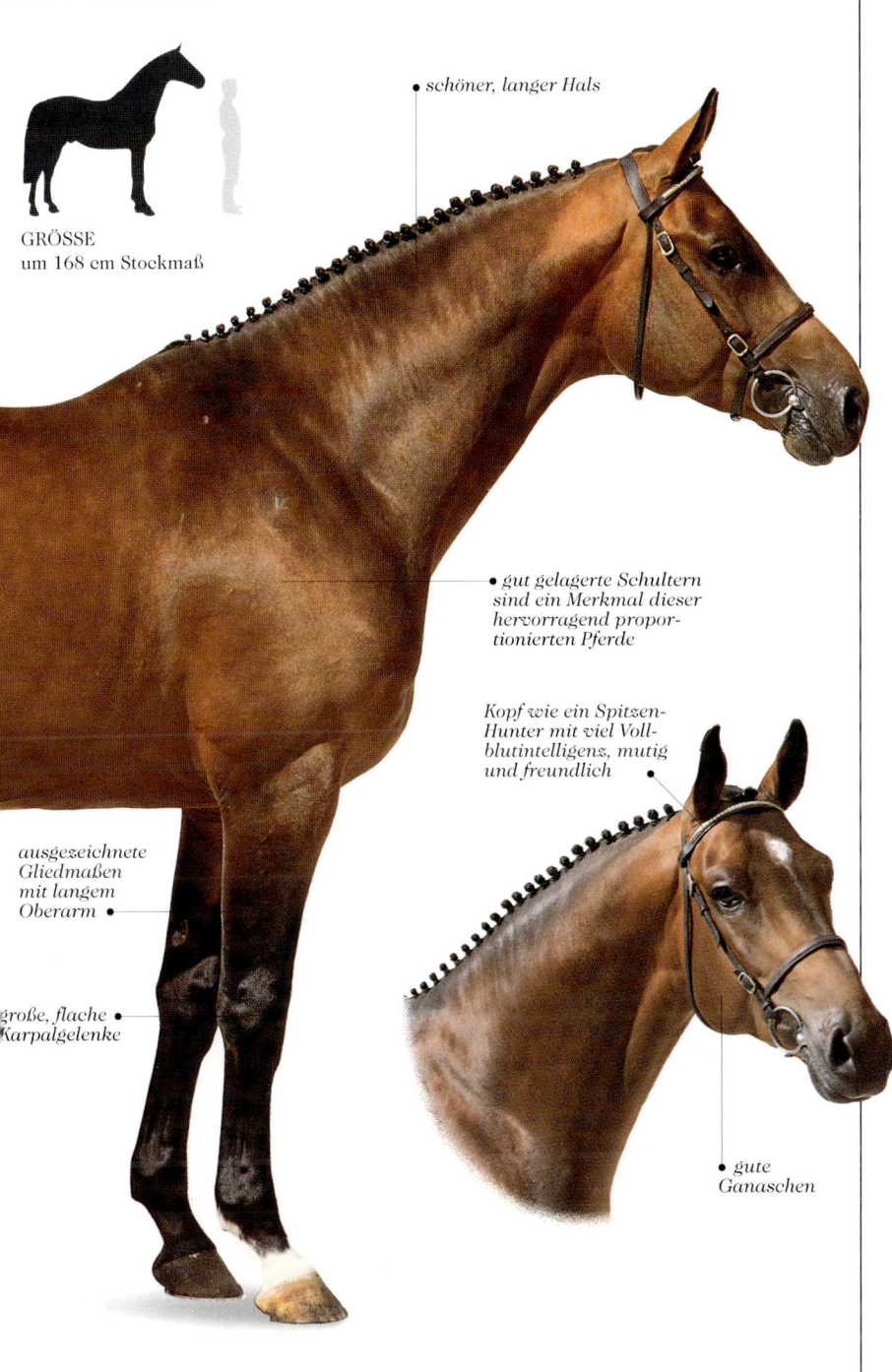

GRÖSSE
um 168 cm Stockmaß

schöner, langer Hals

gut gelagerte Schultern
sind ein Merkmal dieser
hervorragend propor-
tionierten Pferde

Kopf wie ein Spitzen-
Hunter mit viel Voll-
blutintelligenz, mutig
und freundlich

ausgezeichnete
Gliedmaßen
mit langem
Oberarm

große, flache
Karpalgelenke

gute
Ganaschen

Lebensraum gemäßigtes Klima	Ursprung vorchristliche Zeit	Blut Kaltblut

FRIESE

Der Friese, immer ein Rappe, ist ein Kaltblutpferd mit sehr
altem Ursprung. In Friesland erfährt es die gleich große Bewun-
derung wie das riesengroße Shirepferd in Großbritannien.
Obwohl es als Reitpferd große Geschicklichkeit beweist, beein-
druckt der heutige Friese vor allem als Kutschpferd mit
auffallend raumgreifenden Gängen. Sein Temperament und
Erscheinungsbild haben auch Zirkustrainer für sich entdeckt,
seine Farbe und sein Auftreten geben ihm auch einen
Verwendungszweck im Bestattungswesen.

NIEDERLANDE: FRIESLAND

• ZUCHT Der Friese, der von dem primitiven Waldpferd abstammt, wird vor allem im nördlichen niederländischen
Küstengebiet Friesland gezüchtet. Bei den Kreuzzügen trug es
die germanischen und friesischen Soldaten und war als
Allzweck-Kriegspferd im Einsatz. Ursprünglich wurde das Pferd
durch Kreuzung mit orientalischem Blut verbessert, später,
als die Niederlande von Spanien unabhängig wurden
(1609), wurde es stark durch spanisches Blut beeinflußt.
Mit den römischen Legionären kam es auch nach
England und spielte eine Rolle beim Entstehen der
britischen Dales- und Fell-Ponys. Danach reichte
ihr Einfluß über die alte englische Black-Rasse bis
zum Shire-Pferd. Sowohl der Oldenburger wie das
Døle-/Gudbrandsdaler-Pferd sind mit dem Friesen
verwandt.

• MERKMALE Der Friese hat ein außergewöhnliches, angenehmes Temperament und ist sehr
gutmütig. Er hat ein robustes Gebäude und ist sehr
leichtfuttrig.

ausgepräg-
ter Köten-
• behang

harte,
dunkle
• Hufe

Einflüsse

SPANISCHES
PFERD
verbesserte
Gangvermögen,
Adel und
Qualität.

BERBER
überlieferte
Leistungsbereit-
schaft, Tem-
perament und
Ausdauer.

WALDPFERD
gab die typi-
schen primitiven
Kaltblutmerk-
male mit auf den
Weg.

Farbe Rappe	Verwendung Reiten und Fahren

GRÖSSE
155 bis 160 cm Stockmaß

gebogener, stolz
getragener Hals

starke, kräftige
Schultern

dichte,
volle
Mähne

langer Kopf, kleine
Ohren, freundlicher,
aufmerksamer
Ausdruck

Lebensraum gemäßigtes Klima	Ursprung 19. Jahrhundert	Blut Warmblut

GELDERLÄNDER

Der Groninger und der Gelderländer sind die zwei tragenden Säulen der holländischen Warmblutzucht, letzterer ist davon die attraktivere Rasse. Diese Pferde wurden von den sehr marktorientierten Züchtern aus Gelderland geschaffen, um ihrem eigenen Verwendungszweck zu entsprechen, aber auch, um ihren Nachbarn zu imponieren und als besonderer Typ zu gelten.

NIEDERLANDE: GELDERLAND

• ZUCHT Vor etwa 100 Jahren sahen die Gelderländer Züchter einen Markt für ein auffallendes Kutschpferd, das gleichzeitig leichte landwirtschaftliche Arbeiten verrichten konnte sowie als Reitpferd geeignet war. Um dieses Ziel zu erreichen, ohne dabei den gutmütigen Charakter aufzugeben, kreuzten sie ihre einheimischen Stuten mit verschiedenen anderen Rassen. Das waren vor allem Pferde der Rasse Norfolk Roadster sowie deutsche, polnische, hannoversche und russische Bluteinflüsse. Nachdem der Typ feststand, wurde Blut von Cleveland Bays, Oldenburger und anglo-normannisches Blut zugeführt. Um die Qualität zu verbessern, kamen dann Vollblüter und Araber zum Zug.

• MERKMALE Der heutige Gelderländer ist sowohl ein großgewachsenes, mächtiges Kutschpferd als auch ein sehr brauchbares Reitpferd (Gewichtsträger) mit gutem Springvermögen.

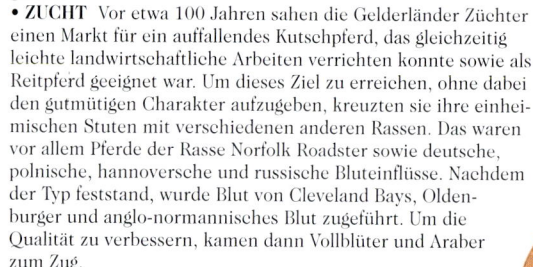

kurze, kräftige Gliedmaßen ohne • Kötenbehang

kein schö- • ner, aber ehrlicher Kopf mit ruhigem, intelligentem Ausdruck

Farbe vorwiegend Füchse	Verwendung Reit- und Kutschpferd, leichte Arbeit

GRÖSSE
157 bis 167 cm Stockmaß

wenig ausgeprägter Widerrist •

*starke Schultern,
ideal für*
• *Kutschpferde*

*gute Gurttiefe,
langer Rücken* •

gute Hufe •

Einflüsse

NORFOLK
ROADSTER
brachte Leistungs-
bereitschaft und
auffallende Trab-
aktion ein.

OLDENBURGER
gab Größe, Ge-
wicht und Sub-
stanz, aber auch
ruhiges Tempe-
rament mit.

ARABER
beeinflußte
mehr und mehr
die Gesundheit
und die Qualität.

| Lebensraum gemäßigtes Klima | Ursprung 19. Jahrhundert | Blut Warmblut |

GRONINGER

Zusammen mit dem Gelderländer hat der Groninger die Zuchtgrundlage für die Entwicklung des sehr erfolgreichen Niederländischen Warmblutpferdes geschaffen. Heutzutage existiert es
kaum mehr in seiner ursprünglichen Form, aber zu seiner Zeit
war der Groninger ein sehr praktisches, speziell für die Landwirtschaft der Region gezüchtetes Pferd.

• **ZUCHT** Der Ursprung der Zucht ist in Groningen. Bis zum
Jahre 1945 war der Groninger ein schweres Ackerpferd, das auch
ganz anständig vor der Kutsche ging. Gerühmt wurde seine
kräftige Hinterhand, seine Bewegungen waren nicht besonders
spektakulär. Als die Nachfrage später für ein vielseitiges, rittiges
Pferd größer wurde, begann man es zu verbessern und züchtete
leichtere Pferde.

• **MERKMALE** Die alte Groninger-Rasse stammt vor allem
von seinem berühmten Nachbarn, dem Friesen und dem
kräftigen, genügsamen Oldenburger ab. Von diesen
beiden Rassen erbte er seinen ruhigen Charakter und
seine Arbeitswilligkeit. Die rahmigen Stuten haben
bei Kreuzung mit guten Hengsten besonders kräftiges Zuchtmaterial hervorgebracht, mit auffallend
guter Größe und Knochenstärke.

NIEDERLANDE: GRONINGEN

*wie viele •
Kutschpferde
ziemlich lan-
ger Körper*

*• gerader, ehrlicher Kopf, der von
einem kurzen, starken Hals
getragen wird – charakteristisch
für das schwere Kutschpferd*

| Farbe Dunkelbraune, Braune | Verwendung leichte Arbeit in der Landwirtschaft/Kutschpferd |

GRÖSSE
157 bis 167 cm Stockmaß

ursprünglich etwas
mangelhafte Vorhand,
nach 1945 deutliche
• Verbesserung

früher eher runde,
fleischige Gelenke,
aber ausreichende
Knochenstärke •

Einflüsse

FRIESE
brachte Aus-
dauer und bes-
sere Gliedmaßen
in die Zucht ein.

OLDENBURGER
gab Größe, Stärke,
Knochendicke
und eine kräftige
Hinterhand mit.

Lebensraum	Ursprung	Blut
gemäßigtes Klima	20. Jahrhundert	Warmblut

NIEDERLÄNDISCHES WARMBLUTPFERD

Das Niederländische Warmblut zählt zu den erfolgreichsten Sportpferderassen der Nachkriegszeit, eine Zucht, die auch äußerst gekonnt vermarktet wird. Der Hengst Marius, Vater des legendären Milton, war ein außergewöhnlicher Repräsentant dieser Rasse, er muß heute als einer der überragenden Springvererber angesehen werden. Der Hengst Dutch Courage, Dressurpferd der britischen Olympiareiterin Jennie Loriston-Clarke, ist von großer Bedeutung für diese Rasse in England geworden.

NIEDERLANDE

• **ZUCHT** Im wesentlichen ist das Niederländische Warmblut das Ergebnis der Verschmelzung der zwei bodenständigen Rassen, dem Gelderländer und dem Groninger. Ersterer ist ein Karossier mit guten Bewegungen, der sich auch unter dem Sattel zeigen konnte; letzterer ist schwerer und hat eine mächtige Hinterhand. Die Kombination beider war eine gute Ausgangsbasis für ein Sportpferd. Diese Basis wurde mit Vollblut veredelt, und das Produkt daraus wurde nach und nach bezüglich Interieur und Exterieur konsolidiert, mit gezieltem Einkreuzen von französischem und deutschem Warmblut.

• **MERKMALE** Bewährt als Spring- und Dressurpferd im internationalen Pferdesport, zeichnet sich das Niederländische Warmblut besonders durch korrekte Gliedmaßen und Hufe aus. Die Züchter legen großen Wert auf Korrektheit der Bewegungs-mechanik und ein ausgeglichenes Temperament.

Einflüsse

GELDERLÄNDER brachten Größe, starke Schultern, Aufrichtung und gute Gänge.

GRONINGER verbesserten die Substanz, neben der kräftigen Hinterhand.

VOLLBLUT verbesserte Exterieur (kürzerer Rücken) und Mut.

• *ein Kennzeichen dieser Rasse sind gesunde, korrekte Gliedmaßen mit viel Knochen-stärke*

Farbe	Verwendung
alle klaren Farben	Reitpferd

GRÖSSE
um 166 cm Stockmaß

die gute Vorderpartie samt
Schultern des Gelder-
• länders wurden bewahrt

• durch Vollblut-
Einfluß wurde ein
kompakterer
Körperbau erzielt

fast ein Vollblut- •
kopf, aber bemerkens-
wert ruhiger, intelli-
genter Ausdruck

Lebensraum gemäßigtes Klima	Ursprung 20. Jahrhundert	Blut Warmblut

BELGISCHES WARMBLUTPFERD

Das Belgische Warmblutpferd ist eine relativ junge Rasse. Als
Sportpferd gezüchtet, liegt seine Stärke in Dressur und
Springen. Früher hatte sich Belgien auf die Zucht schwerer
Ackerpferde spezialisiert, heute werden jährlich etwa
4500 Warmblutfohlen geboren.

• **ZUCHT** In den 50er Jahren begann die Zucht, als man
anfing, leichtere Ackerpferde mit importierten Gelder-
ländern zu kreuzen, um Reitpferde zu produzieren. Zehn
Jahre später wurden die Gelderländer durch die drahtigeren
und athletischeren Selle-Français-Hengste und einige
Hannoveraner-Hengste abgelöst. Man erkannte die Bedeutung des Vollbluts und des Anglo-Arabers im Hinblick auf die
Verbesserung der Qualität, außerdem benutzte man auch
Hengste aus Holland, die ihre Leistungsfähigkeit im Sport
bewiesen hatten.

• **MERKMALE** Die vielfältige Blut-Kombination brachte
athletisch veranlagte Sportpferde mit guten, korrekten
Bewegungen und ausgezeichnetem Temperament hervor.
Die belgischen Züchter erfreuen sich einer beträchtli-
chen Nachfrage für ihre zuverlässigen Pferde und
haben einen florierenden Export entwickelt.

BELGIEN

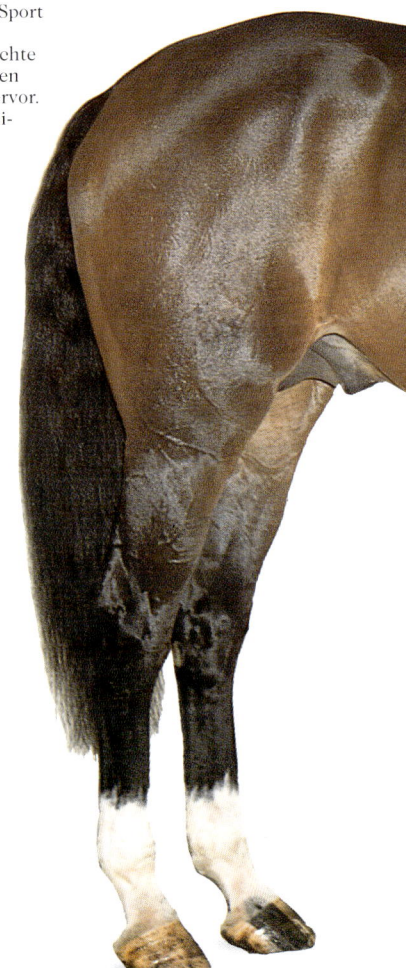

Einflüsse

**GELDER-
LÄNDER**
sorgte für
Größe, Stärke
und Substanz.

**SELLE
FRANÇAIS**
lieferte Athletik,
Leistungsfähig-
keit und Härte.

HANNOVERANER
übertrug korrekte
Bewegungen,
Größe und Rittig-
keit.

VOLLBLUT
verbesserte
Schnelligkeit,
Exterieur und
Gangvermögen.

Farbe alle klaren Farben	Verwendung Reitpferd

GRÖSSE
um 168 cm Stockmaß

besonders gut
gelagerter
Widerrist •

trotz Gelderländer-
Einfluß, sehr gute
• Schulterlage

• viel Gurttiefe, gute
Rumpfform,
mittellanger Rücken

korrekte und
gesunde Glied-
maßen und Hufe •

• Kopf mit aufgeweck-
tem Ausdruck, deutlich
zu sehen ist der
Vollblut- und Anglo-
Araber-Einfluß

| Lebensraum gemäßigtes Klima | Ursprung 13. Jahrhundert | Blut Warmblut |

TRAKEHNER

Viele sehen den Trakehner als die schönste Warmblutrasse Europas und das ideale Sportpferd an. Während des Zweiten Weltkrieges erfolgte ein großer Treck von etwa 1200 Trakehnern, von insgesamt 25000 im ostpreußischen Stutbuch registrierten Pferden, über 1450 km von Ostpreußen nach Westdeutschland, um zu verhindern, daß alle Pferde in die Hände der Russen fallen. Mit diesem Grundstock ist es den deutschen Züchtern gelungen, die Rasse zu erhalten.

POLEN: ÖSTLICHER TEIL
(FRÜHER OSTPREUSSEN)

• **ZUCHT** Der Ursprung des Trakehners liegt im 13. Jahrhundert, in den Gestüten der teutonischen Ritter in Ostpreußen. Diese benützten die ausgestorbenen Schweike-Pferde, Abkömmlinge des Tarpan, als Zuchtbasis. Das Hauptgestüt Trakehnen wurde 1732 vom preußischen König Friedrich Wilhelm I. gegründet mit dem Ziel, geeignete Kutschpferde zu züchten. Im nächsten halben Jahrhundert versuchte man mehr Remonten für die Armee zu produzieren, indem man mit Vollblütern und Arabern veredelte. Der einflußreichste Veredler war der Vollbluthengst Perfectionist xx, ein Sohn des Derby- und St.-Leger-Siegers von 1896, Persimmon. Der Hengst Tempelhüter, ein Sohn von Perfectionist xx, schuf eine bedeutende Linie, ebenso wie die Töchter von Tempelhüter die andere berühmte Linie, die Dingo-Linie, gründeten.

• **MERKMALE** Durch strenge Selektion gelang es, Pferde mit ausgezeichnetem Gebäude zu züchten. Der Trakehner entspricht in seinem Exterieur einem Spitzen-Mittelgewichts-Hunter und ist ein mutiges Geländepferd, aber auch in Dressur und Springen zeichnet es sich aus.

Einflüsse

ARABER
beeinflußte
zunehmend das
Interieur.

VOLLBLUT
verbesserte
Größe, Schnel-
ligkeit und
Rahmen.

SCHWEIKE-
PFERD
brachte als
Ausgangsrasse
die primitive
Vitalität ein.

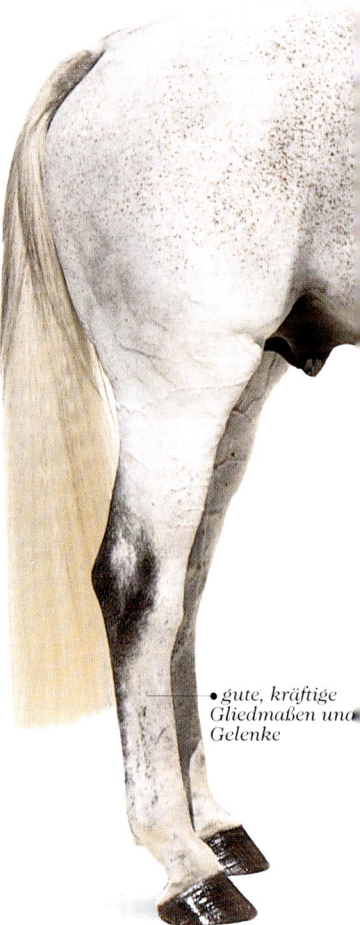

• *gute, kräftige
Gliedmaßen und
Gelenke*

| Farbe alle klaren Farben | Verwendung Reitpferd |

GRÖSSE
162 bis 175 cm Stockmaß

kräftige, gut gelagerte
Schultern, auffallend
langer und eleganter
• Hals

• elegantes, kräftiges
Gebäude läßt
Schnelligkeit und
Athletik erkennen

korrekte Fessel-
stellung und
harte Hufe •

ausdrucksvoller •
Kopf mit
deutlichem
Vollblut-Einfluß

Lebensraum gemäßigtes Klima	Ursprung 20. Jahrhundert	Blut Warmblut

WIELKOPOLSKI-PFERD

Das Wielkopolski-Pferd faßt die zwei alten Warmblutrassen aus
Zentral- und Westpolen – das Posener Pferd und den Masuren,
zusammen; beide Rassen gibt es heute offiziell nicht mehr.
Diese Rasse ist ein typisches Produkt von Polens langer Pferde-
tradition: sehr praktisch verwendbar und wirtschaftlich, was
größtenteils auf den arabischen Blut-Einfluß zurückzuführen ist.
• ZUCHT Das Posener-Pferd, als eigene Rasse vor etwa
150 Jahren in Staatsgestüten gezüchtet, war eine Mischung von
Araber-, Vollblut und Hannoveraner-Blut, mit späterer
Einkreuzung von Trakehnern. Der Masure ist die polnische
Weiterführung des Original-Trakehners. Diese beiden
Rassen wurden zusammengeführt und haben die Bezeichnung
Wielkopolski, mit Einkreuzung von Vollblut, Arabern
und Anglo-Arabern.
• MERKMALE Das Wielkopolski-Pferd ist ein kräftiges
Qualitätspferd, das zum Reiten und Fahren
gleichermaßen geeignet ist. Der schwerere Typ kann
auch als Ackerpferd verwendet werden. Der hübsche
Wielkopolski ist bekannt für seine guten Grund-
gangarten: leichter, raumgreifender Schritt, flacher,
gleichmäßiger Trab und bodendeckender Galopp.

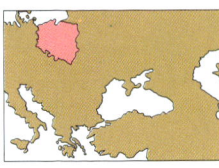

POLEN: ZENTRAL- UND
WESTPOLEN

• leichte
Hinterbein
mit starke
Sprung-
gelenken

Einflüsse

TRAKEHNER
verbesserte
Qualität, Gang-
vermögen und
verstärkte die
Konstitution.

HANNOVERANER
brachte Größe,
Substanz und
Knochenstärke
sowie Rittigkeit.

ARABER
trug zur
Veredelung und
Exterieur-
Gesundheit bei.

VOLLBLUT
verbesserte
Schnelligkeit,
Gangvermögen
und Leistungs-
bereitschaft.

Farbe alle klaren Farben	Verwendung Reit- und Fahrpferd, leichte Arbeit in der Landwirtschaft

GRÖSSE
162 bis 168 cm
Stockmaß

*kräftige und gut
gelagerte Schultern,
sehr muskulös*

*kompakter,
kräftiger
Körperbau
mit viel
Gurttiefe*

*hübscher Kopf, mit
deutlichem Einfluß des
Arabers, Anglo-Arabers
und Vollblüters*

Lebensraum gemäßigtes Klima	Ursprung 10. bis 11. Jahrhundert	Blut Warmblut

BAYERISCHES WARMBLUTPFERD

Das Bayerische Warmblutpferd zählt nicht zu den bedeutendsten deutschen Warmblutrassen, aber zu den ältesten; sein Ursprung reicht bis zu den Kreuzzügen zurück. Damals war es als Rottaler bekannt; die Rottaler Füchse, als Kriegspferde in den Kreuzzügen im Einsatz, stammen aus dem Rottal, ein bekanntes Zuchtgebiet in Niederbayern.

• **ZUCHT** Im 16. Jahrhundert wurden diese Pferde in klösterlichen Gestüten gezüchtet, und 200 Jahre später sorgten importierte englische Halbblüter für Zuchtverbesserung sowie Pferde der Rassen Cleveland Bay und Normannen. Wieder 100 Jahre später wurden Oldenburger eingekreuzt, um das Vermögen zu verbessern. Damit wurde der Grundstein für das heutige, großrahmige Sportpferd gelegt.

• **MERKMALE** Das Bayerische Warmblutpferd ist mittelgroß und großrahmig. Die Züchter achten sehr auf ein gutes Temperament.

Einflüsse

CLEVELAND BAY sorgte für Größe, Stärke, Substanz und Leistungsbereitschaft.

OLDENBURGER brachte Vermögen und verbesserte die Korrektheit der Gliedmaßen.

VOLLBLUT verbesserte Schnelligkeit, Qualität und Mut sowie Rahmen.

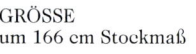

GRÖSSE
um 166 cm Stockmaß

DEUTSCHLAND:
ROTTAL/NIEDERBAYERN

• *kräftiger Körperbau mit guter Knochenstärke und Gurttiefe*

Farbe Füchse	Verwendung Reitpferd

Lebensraum gemäßigtes Klima	Ursprung 18. Jahrhundert	Blut Warmblut

HANNOVERANER

Der Hannoveraner zählt zu den besten deutschen Sportpferderassen und ist als Spring- und Dressurpferd besonders bekannt geworden.

• **ZUCHT** Mit der selektiven Zucht wurde um 1735 begonnen, als Georg II., König von England und Hannover, das Landgestüt Celle gründete, wo man die einheimischen Stuten mit Holsteiner Hengsten kreuzte, um vielseitig verwendbare Ackerpferde zu produzieren. Später benutzte man zur Zuchtverbesserung dann Vollbluthengste. Nach dem Zweiten Weltkrieg veränderte sich das Zuchtziel zum Sportpferd hin, wobei zur weiteren Veredelung Trakehner-Blut und Vollblut beitrugen.

• **MERKMALE** Durch strenge Selektion wird ein kräftiges, athletisches Pferd mit korrekten und schwungvollen Bewegungen und zuverlässigem Temperament gezüchtet.

Einflüsse

VOLLBLUT übertrug Mut, verbesserte Schnelligkeit, Exterieur und Gangvermögen.

HOLSTEINER erfüllte den Wunsch nach mehr Größe und Vermögen.

TRAKEHNER gab konstitutionelle Stärke und Leistungsbereitschaft mit.

GRÖSSE
um 168 cm Stockmaß

DEUTSCHLAND: HANNOVER

• sehr gute Mittelhand, beispielhaft für ein kräftiges Gebäude

• starke, korrekte Gliedmaßen mit großen Gelenken

Farbe alle klaren Farben	Verwendung Reitpferd

| Lebensraum gemäßigtes Klima | Ursprung 17. bis 19. Jahrhundert | Blut Warmblut |

HOLSTEINER

Der Holsteiner wurde vor allem durch gezielte Vollblutzufuhr mehr
und mehr veredelt. Der Holsteiner hat nach dem Zweiten Weltkrieg
viele bedeutende Erfolge im internationalen Reit- und Fahrsport in
allen Disziplinen erzielt. Heute ist die Zucht von Top-Springpferden
das Markenzeichen der Holsteiner Rasse.
• **ZUCHT** Im 17. Jahrhundert war der Holsteiner als etwas schwere-
rer, aber nicht uneleganter Karossier sehr begehrt. Die damaligen
Pferde waren eine Mischung aus deutschem und spanischem Blut,
mit etwas orientalischem Überguß. Im 19. Jahrhundert kamen
Pferde aus der Yorkshire (Coach-Rasse) in die Zucht; danach, als
die Reitpferdezucht zunahm, wurde vermehrt mit Englischem
Vollblut eingekreuzt.
• **MERKMALE** Der moderne Holsteiner hat sehr korrekte,
raumgreifende Bewegungen, wobei eine leichte Knieaktion
durchaus akzeptiert wird. Das schwere Kaliber des alten
Holsteiners ist aus der Zucht verschwunden. Der
umgängliche, intelligente und äußerst verläßliche
Holsteiner ist heute ein sehr vermögendes
Springpferd.

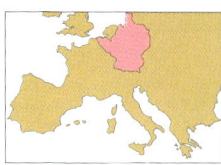

DEUTSCHLAND: HOLSTEIN

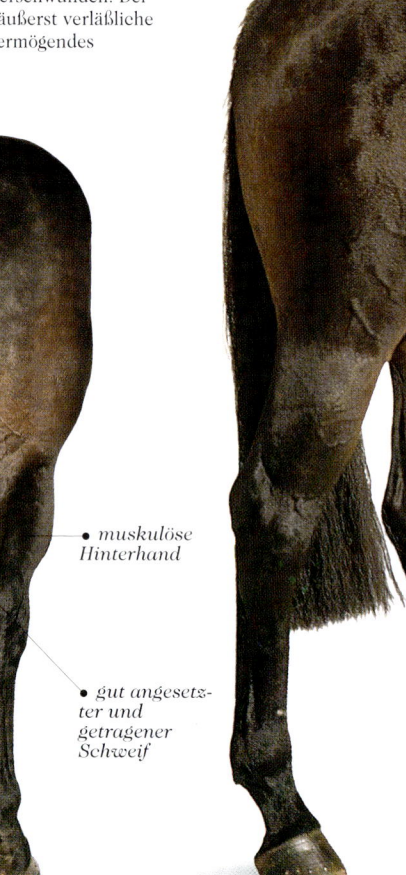

• *muskulöse
Hinterhand*

• *gut angesetz-
ter und
getragener
Schweif*

| Farbe alle klaren Farben | Verwendung Reitpferd |

Schulterblätter haben keinen großen Zwischenraum •

hoher Widerrist •

• gute Ganaschen sind erwünscht

• langer, etwas gebogener Hals

korrekte Gliedmaßen und gute Hufe sind erwünscht von den Holsteiner Züchtern •

GRÖSSE
162 bis 172 cm Stockmaß

Einflüsse

VOLLBLUT
Einführung von Mut, Schnelligkeit und mehr Gangvermögen.

YORKSHIRE COACH HORSE verbesserte das Vermögen sowie Knochenstärke und Größe.

Lebensraum gemäßigtes Klima	Ursprung 17. Jahrhundert	Blut Warmblut

OLDENBURGER

Die Entwicklung des Oldenburgers geht in das 17. Jahrhundert
zurück, wo er als Kutschpferd diente, aber auch in der Landwirtschaft im Einsatz war. Von da an wurde diese Rasse durch kontinuierliche Selektion den wechselnden Anforderungen angepaßt.
Der athletisch gebaute Oldenburger ist ein hervorragendes
Sportpferd, besonders für Dressur- und Fahrsport.
• **ZUCHT** Der Ursprung der Rasse liegt in Oldenburg und in
Ostfriesland, wo sie von Herzog Anton Gunther von Oldenburg
(1603–1667), der spanisches und neapolitanisches Blut
benutzte, entwickelt wurde. Am Ende des 18. Jahrhunderts
benutzte man vermehrt englische Halbblut-Hengste, später
dann Vollblüter und einige Cleveland Bays (um 1897). Ein
bedeutender Vererber war auch der Anglo-Normänner-
Hengst Normann 700 sowie der Vollblüter Lupus und ein
weiterer Anglo-Normänner namens Condor. Im
Hinblick auf die Zucht eines modernen, rittigen
Sportpferdes wurde immer wieder Vollblut
eingekreuzt, aber auch auf hannoversches Blut
zurückgegriffen.
• **MERKMALE** Der heutige Oldenburger ist ein
beeindruckendes Pferd mit hervorragender
Rittigkeit und korrekten, schwungvollen
Bewegungen. Sehr beachtlich für solch großrahmige Pferde ist die Frühreife.

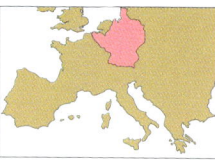

DEUTSCHLAND: OLDENBURG

einheitlich
gut geformte
Hufe •

Einflüsse

ANGLO-
NORMÄNNER
gab die Qualität
der englischen
Halbblut-
Hengste mit.

VOLLBLUT
veredelte den
schweren
Oldenburger.

FRIESE
Das harte, wirt-
schaftliche und
gutmütige
Ursprungs-
Zuchtmaterial.

Farbe alle klaren Farben	Verwendung Reit- und Fahrpferd

GRÖSSE
168 bis 175 cm Stockmaß

• etwas wenig
Ganaschen-
freiheit

• kräftiger Hals, lange,
etwas steile Schultern

• breite Brust

• außer-
gewöhnlich
muskulöser
Körperbau

Kopf mit freundli- •
chem, ehrlichem
Ausdruck, gerades
Profil, Tendenz zur
Ramsnase

Lebensraum gemäßigtes Klima	Ursprung 16. Jahrhundert	Blut Warmblut

WÜRTTEMBERGER

Der Württemberger zählt zu Deutschlands klassischen
Warmblutrassen und wird seit über 100 Jahren dort
systematisch gezüchtet. Die enge Verbindung der Zucht mit
dem 1573 vom Herzog Christoph von Württemberg
gegründeten Haupt- und Landgestüt Marbach ist besonders
erwähnenswert.

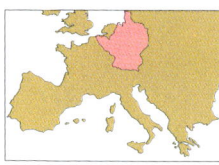

DEUTSCHLAND: WÜRTTEMBERG

• **Zucht** Der erste bemerkenswerte Zuchteinfluß war die
Kreuzung von Araberhengsten mit einheimischen
Warmblutstuten. Im 17. Jahrhundert wurden Berber und
spanische Stuten eingekreuzt sowie einige Friesen-Hengste.
Mit Hilfe von Anglo-Normänner- und Trakehner-Blutzufuhr
entwickelte man einen stämmigen, vielseitig verwendbaren
Pferdetyp. Ein Anglo-Normänner-Hengst im Cob-Typ, mit dem
Namen Faust, schuf dann den Prototyp des Württembergers.
Großen Einfluß auf die Verbesserung der Zucht hatte der
Trakehner Stempelhengst Julmond, der im Jahre 1965 in
Marbach starb. Der weltweite Bekanntheitsgrad von Marbach
basiert auf der berühmten Araberzucht. Ursprünglich als
leichtfuttriger Wirtschaftstyp gezüchtet, wird heute
ausschließlich ein für Sportzwecke einsetzbares Reitpferd
produziert.

• **Merkmale** Der Württemberger ist ein starkknochiges,
stämmiges Reitpferd mit viel Gurttiefe. Ein gesundes, robustes
Pferd mit sehr guten Bewegungen, das sehr langlebig ist und
viel Stehvermögen besitzt.

Einflüsse

ANGLO-
NORMÄNNER
lieferte Ver-
mögen und Typ.

ARABER
trug zur
Veredelung
bei.

TRAKEHNER
verbesserte
Größe, Rahmen,
Gangvermögen
und Intrieur.

Farbe alle klaren Farben	Verwendung Reitpferd

GRÖSSE
um 165 cm Stockmaß

*gut proportionierter
Hals, manchmal
• etwas zu kurz*

Reitpferde-Rahmen •

• korrekter Körperbau

*gesunde Glied-
maßen mit
ausreichender
Knochenstärke*

*• feiner, freundlicher
Kopf mit dem mutigen
Auge des Trakehners*

*gute Hufe mit •
starken, korrekt
gewinkelten
Fesseln*

Lebensraum gemäßigtes Klima	Ursprung 1960 bis 1970	Blut Warmblut

RHEINLÄNDER

Das alte Rheinische Kaltblutpferd hat dem Brabanter-Blut viel zu verdanken und war früher einmal ein beliebtes Arbeitspferd im Rheinland, in Westfalen und in Niedersachsen. Durch die moderne Landwirtschaft ist diese Rasse mehr und mehr verschwunden und wird heute nicht mehr gebraucht. Das Rheinische Stutbuch konzentriert sich jetzt auf die Zucht eines Warmblut-Reitpferdes für Sportzwecke.

• **ZUCHT** In den 70er Jahren fand die Umstellung des Zuchtziels auf einen Reitpferdetyp statt; vor allem mit Hengsten aus Nordrhein-Westfalen, Warmblutpferden mit hohem Vollblutanteil. Auch Trakehner- und Hannoveraner-Blut wurde eingekreuzt; vor allem auf der Basis von Halbblut-Hengsten.

• **MERKMALE** Die Züchter konzentrierten sich auf Exterieur und Gangvermögen sowie Rittigkeit, ein Qualitätsmerkmal aller deutschen Warmblutrassen. Anfänglich wurde behauptet, den Pferden mangelt es an Knochenstärke, ein Mangel, den jeder Züchter ausmerzen möchte. Der heutige Rheinländer ist ein vielseitiges Reitpferd, das vielleicht jedoch noch nicht ganz die Klasse der Hannoveraner und Holsteiner Pferdezucht erreicht hat.

DEUTSCHLAND:
NORDRHEIN-WESTFALEN

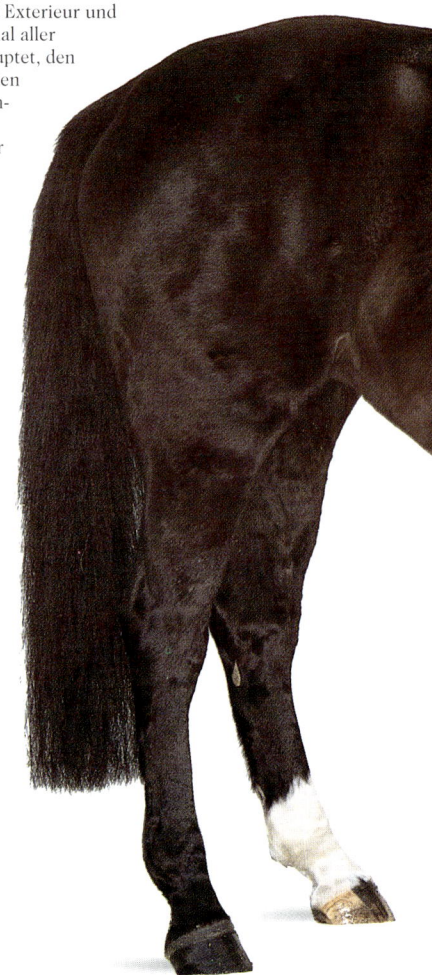

Einflüsse

RHEINISCHES KALTBLUT als Zuchtgrundlage verantwortlich für Größe.

HANNOVERANER brachte korrekte Bewegungen, Rittigkeit und gutes Temperament ein.

VOLLBLUT verbesserte Rahmen und Schnelligkeit.

Farbe alle Farben, häufig Füchse	Verwendung Reitpferd

GRÖSSE
um 168 cm Stockmaß

leichter, etwas kurzer Hals •

• *bei diesem Exemplar ist der Hals tief angesetzt*

Rahmen eines typischen Reitpferdes •

feiner, freundlicher Kopf •

Lebensraum gemäßigtes Klima	Ursprung 19. Jahrhundert	Blut Warmblut

NONIUS

Der Nonius entstand im 19. Jahrhundert; damals hatten die Gestüte ihre Blütezeit als Lieferanten der Pferde für die K. u. K.-Kavallerie.

• **ZUCHT** Diese Rasse wurde nach dem Stammhengst Nonius Senior benannt, der 1810 in Calvados in der Normandie zur Welt kam, und als Beutepferd 1813 in den Besitz von Ungarn kam. Er stammte von Orion ab, einem englischen Halbblüter mit Norfolk Roadster-Blut aus einer gewöhnlichen Anglo-Normänner-Stute. Um den Typ zu erhalten, wurden Kreuzungsprodukte von Nonius mit Araber-, Lipizzaner-, Normänner- und englischen Stuten mit Nonius rückgekreuzt. Um 1860 wurde vermehrt Vollblut eingeführt. Heute wird der Nonius vorwiegend im ungarischen Staatsgestüt in Hortobagy und in Topolçianky in Tschechien gezüchtet.

• **MERKMALE** Der Nonius ist ein gesundes Pferd mit gutem Gebäude, das im Reit- und Fahrsport eingesetzt wird und sehr vielseitig ist.

Einflüsse

ARABER trug zur Veredelung bei.

ANGLO-NORMÄNNER brachte mehr Größe und Vermögen.

ENGLISCHES HALBBLUT verbesserte Gebäude und Leistungsfähigkeit.

GRÖSSE
158 bis 168 cm Stockmaß

UNGARN: HORTOBAGY

gut ausgeprägte
• Gliedmaßen

• harte Hufe

Farbe Dunkelbraune, Braune	Verwendung Reiten und Fahren

Lebensraum gemäßigtes Klima	Ursprung 19. Jahrhundert	Blut Warmblut

FURIOSO

Der Furioso ist eng verwandt mit der Nonius-Rasse und wird auch in den Nachbarländern, von Österreich bis Polen, gezüchtet. Diese Rasse wurde auch als Kavalleriepferd verwendet, ist aber etwas edler als der Nonius.

• **ZUCHT** Der Furioso stammt von zwei englischen Pferden, Furioso und North Star, ab, die mit Nonius-Stuten gekreuzt wurden. Furioso, der um 1840 importiert wurde, war ein Vollblüter; North Star, der drei Jahre später importiert wurde, war der Sohn des St.-Leger-Siegers von 1834, Touchstone. North Star führte aber auch Norfolk Roadster-Blut und zeugte auch eine Reihe guter Traberpferde. Später wurde dann vermehrt Vollblut eingekreuzt. Nach 1885 setzte sich die Furioso-Linie immer mehr durch.

• **MERKMALE** Der Furioso ist ein vielseitiges Reitpferd mit ausreichendem Vermögen für den Turniersport sowie für den Start in Hindernisrennen. Er hat sich aber auch im Fahrsport bewährt.

Einflüsse

NONIUS war die Ausgangsrasse.

VOLLBLUT hat starken Einfluß im Hinblick auf Größe, Schnelligkeit und Gangvermögen.

NORFOLK ROADSTER beeinflußte Leistungsbereitschaft, Stärke und Gesundheit.

GRÖSSE
um 162 cm Stockmaß

• kompakter, kräftiger Körperbau mit guter Gurttiefe

kräftige Hinterbeine mit tiefsitzenden Sprunggelenken •

UNGARN: STAATSGESTÜT MEZÖHEGYES

Farbe Rappen, Braune	Verwendung Reit- und Fahrsport

Lebensraum Wüste	Ursprung 19. Jahrhundert	Blut Vollblut

SHAGYA-ARABER

Der Shagya-Araber ist das berühmteste Zuchtprodukt der
großen ungarischen Gestüte des 19. Jahrhunderts; diese Rasse
wurde speziell im Hinblick auf den Einsatz in der ungarischen
Kavallerie als leichtes, vermögendes Reitpferd gezüchtet. Der
heutige Shagya-Araber ist ein gleichermaßen praktisches
Gebrauchspferd, das im Reit- und Fahrsport eingesetzt wird,
manchmal auch im Turniersport.

UNGARN: BABOLNA

• **ZUCHT** Das Mekka der Shagya-Zucht ist das Gestüt Babolna
in Ungarn, das 1789 gegründet wurde. Nach dem Jahr 1816
konzentrierte man sich in Babolna zunächst auf die Zucht des
reingezogenen »Wüstenarabers«, später dann zunehmend auf
Kreuzungsprodukte des Arabers. Diese entstanden aus der
Verbindung von Vollblutarabern mit arabischen Stuten, die
spanische, ungarische und Vollblut-Einflüsse mitbrachten.
Der Name stammt von dem Linienbegründer Shagya.
Dieser cremefarbene Schimmelhengst von Kehil/Siglavi
war mit einem Stockmaß von 158 cm größer als ein
normaler Araber. Er wurde 1836 nach Babolna aus
Syrien importiert, und seine Nachkommen werden
heute noch in Babolna, aber auch in weiteren
europäischen Gestüten gezüchtet.

• **MERKMALE** Der Shagya-Araber entspricht in
Aufriß und Charakter dem Araber, ist aber
größer und hat mehr Substanz und Knochenstärke. Auffallend sind sein guter Widerrist
und seine schrägen Schultern. Die Hinterbeine, beim Vollblutaraber häufig etwas
mangelhaft, sind auffallend korrekt.

*auffallend
korrekte
Hinterbeine* •

• *auffallend
breite Stirn*

• *hübscher
Kopf mit
großen Augen*

Farbe alle klaren Farben	Verwendung Reiten und Fahren

Gebäude wie beim
Araber, aber größerer
Rahmen mit mehr
Substanz •

• bessere »Reit-
Schulter« als beim
Araber

• kräftiger
Rücken, sehr
gute Lenden-
partie

klar model- •
lierte Vorder-
beine mit
räumenden
Bewegungen

GRÖSSE
um 156 cm Stockmaß

Einfluß

ARABER
Die Vererbungs-
kraft des Arabers
spielte eine
dominierende
Rolle beim
Shagya-Araber.

Lebensraum gemäßigtes Klima	Ursprung 16. Jahrhundert	Blut Warmblut

LIPIZZANER

Der Lipizzaner ist das berühmte Pferd der Spanischen Reitschule in Wien. Die Schulpferde wachsen ausnahmslos im
Gestüt Piber, Steiermark, nahe Graz in Österreich auf. Weitere
Zuchtgebiete befinden sich in Rumänien, Ungarn, Slowenien
und Tschechien, wobei jedes Land seinen eigenen Typ züchtet.

• **ZUCHT** Der Lipizzaner stammt vom Spanischen Pferd ab und
erhielt seinen Namen nach dem Gestüt in Lipica in Slowenien.
Dieses Gestüt wurde im Jahre 1580 gegründet, als der Habs-
burger Erzherzog Karl II. neun Hengste und 24 Stuten von der
Iberischen Halbinsel importierte. Seine Absicht war, die
Stallungen in Graz und beim Hof in Wien mit Schimmeln als
Prunk- und Paradepferde zu versorgen. Die Spanische Reit-
schule, so genannt, weil sie ausschließlich Spanische Pferde
benutzte, wurde als Reitschule für die adelige Gesellschaft im
Jahre 1572 gegründet. Die heutige Hofreitschule, die Winter-
Reitschule, wurde im Jahre 1735 fertiggestellt.

• **MERKMALE** Das Exterieur des Lipizzaners entspricht
sowohl dem Typ eines vielseitigen Reitpferdes als auch
dem eines Gebrauchspferdes für alle Zwecke. Heute
findet man den Lipizzaner im Reit- und Fahrsport. Die
ungarisch gezogenen Pferde sind vorzügliche Kutschpferde, dank Vollblut-Einfluß haben sie mehr Rahmen
und raumgreifendere Bewegungen. Da diese Pferde
ausgesprochen langlebig sind, bleiben die Schulpferde in
Wien bis ins hohe Alter einsatzfähig.

SLOWENIEN: LIPICA

*der Kopf zeigt •
Araber-Einfluß, hat
aber auch noch das
Ramsnasen-Profil des
alten Spanischen
Pferdes erhalten*

Farbe Schimmel	Verwendung Reiten und Fahren

dicker,
kurzer Hals •

wenig ausgeprägter
Widerrist, Neigung
zu hoher Knieaktion •

Hals und Schultern
passen ausgezeichnet
zueinander, für Reiten
• und Fahren gut geeignet

lie Gliedmaßen des lang-
ebigen Lipizzaners sind
zurz und kräftig, mit guter
Knochenstärke •

GRÖSSE
um 157 bis 166 cm Stockmaß

harte
Hufe •

Einfluß

SPANISCHES
PFERD
beeinflußte nach-
haltig seine natür-
liche Eleganz,
Stärke und den
unverwüstlichen
Charakter.

Lebensraum gemäßigtes Klima	Ursprung 19. bis 20. Jahrhundert	Blut Warmblut

SELLE FRANÇAIS

Das Französische Warmblutpferd, le cheval de selle Français genannt, zählt zu den leistungsstärksten und vielseitigsten Sportpferden in Europa.

• **ZUCHT** Normannische Züchter importierten im Laufe des 19. Jahrhunderts Vollblut- und Halbblut-Hengste aus England zur Einkreuzung mit ihren zwar brauchbaren, aber sehr derben Normannischen Pferden. Daraus entstanden die Vorläufer der heutigen Französischen Traber- und der Selle-Français-Rasse. Nach dem Zweiten Weltkrieg erfolgte die weitere Zuchtverbesserung durch Verwendung von Trabern, Vollblütern, Arabern und Anglo-Arabern.

• **MERKMALE** Die Selle-Français-Rasse ist auf die Springpferdezucht ausgerichtet und ist auf diesem Sektor, als Ergebnis des Traber-Einflusses, sehr erfolgreich. Aber auch im Vielseitigkeitssport und in Hindernisrennen sind diese mutigen, athletischen Pferde sehr geeignet.

Einflüsse

ANGLO-NORMÄNNER Ausgangsrasse, gab Konstitution und Größe mit.

ARABER trug zur Veredelung und besserer Gesundheit bei.

VOLLBLUT verbesserte Schnelligkeit, Gangvermögen und Leistungsbereitschaft.

GRÖSSE
um 164 cm Stockmaß

FRANKREICH: NORMANDIE

kräftige Gliedmaßen mit einem Röhrbeinumfang • von mehr als 20 cm

Farbe alle klaren Farben	Verwendung Reitpferd

Lebensraum gemäßigtes Klima	Ursprung 19. Jahrhundert	Blut Warmblut

FRANZÖSISCHER TRABER

Der Trabrennsport wurde im 19. Jahrhundert in Frankreich eingeführt und war bald so beliebt, daß man gezielt mit der Zucht des Französischen Trabers begann.

• **ZUCHT** Der Französische Traber wurde aus dem Anglo-Normänner entwickelt. Die bedeutendsten Fremdeinflüsse kamen von dem Norfolk Roadster namens Phenomenon, dem Hengst Young Rattler, eine Vollblut/Roadster-Kreuzung, und, in geringerem Umfang, von dem Vollblüter Heir of Linne. Später kreuzte man mit American Standardbred weiter.

• **MERKMALE** Diese leistungsfähige Rasse kann es mit den besten Trabrennpferden aufnehmen (keine Paßrennen). Im Jahre 1989 war die Mindestzeit für Vierjährige 1 Min. 22 Sek. über 1 km, um sich für Rennen zu qualifizieren. Größere Traber werden auch für Trabrennen unter dem Sattel eingesetzt.

Einflüsse

NORFOLK ROADSTER übertrug Leistungsbereitschaft, robuste Konstitution, Trabeigenschaften.

ANGLO-NORMÄNNER Ausgangsrasse, gab Größe, Wendigkeit und Gutmütigkeit mit.

VOLLBLUT verbesserte Schnelligkeit, Gangvermögen und Leistungsbeeitschaft.

ziemlich flacher »Traber-Widerrist«

der moderne Französische Traber hat gute Schultern zum Anspannen

GRÖSSE
um 168 cm Stockmaß

FRANKREICH: NORMANDIE

sehr muskulöse, kräftige Hinterhand

außergewöhnlich kräftige Gliedmaßen, harte Hufe

Farbe alle klaren Farben	Verwendung Trabrennen

Lebensraum Sumpfgebiet	Ursprung vorgeschichtlich	Blut Warmblut

CAMARGUE-PFERD

»Die weißen Pferde des Meeres«, die Camargue-
Pferde, sind im Rhône-Delta in Südfrankreich
heimisch. Hier leben die halbwilden Herden noch
wie vor Tausenden von Jahren in dem wilden
Sumpfgebiet, wo der Mistral, ein salzhaltiger Wind,
vorherrscht. Die Camargue-Pferde werden heute
wie früher von den Gardians, den Cowboys der
Camargue, geritten, und sind unersetzlich für die
Arbeit mit den wilden, schwarzen Stieren.
• **ZUCHT** Möglicherweise stammen die Camargue-
Pferde von den vorgeschichtlichen Pferden ab,
deren Überreste im 19. Jahrhundert bei Solutré
entdeckt wurden. Es ist unverkennbar, daß diese
Rasse eine gewisse Ähnlichkeit besitzt mit den
primitiven Pferden der Höhlenmalereien von
Lascaux (15000 v. Chr.). Es gibt keinen Zweifel
daran, daß das einheimische Pferd durch Berber
beeinflußt wurde, die von Nordafrika mit den
maurischen Eindringlingen herüberkamen. Seither
sorgt die geographische Isolation dieser Region
dafür, daß keine weiteren Fremdeinflüsse
vorkommen können.
• **MERKMALE** Zwar sind sie keine Modell-Pferde,
doch sind sie stark, ausdauernd, temperamentvoll
und mutig unter dem Sattel. Ihre Härte ist unvor-
stellbar, und sie können sich nur von kümmer-
lichem Sumpfgras ernähren. Ihre Bewegungen sind
etwas eigen – Schritt, Canter und Galopp sind
aktiv, doch der Trab wirkt ziemlich gestelzt und
wird selten gezeigt.

FRANKREICH: CAMARGUE

abschüssige Kruppe und
• *tiefer Schweifansatz*

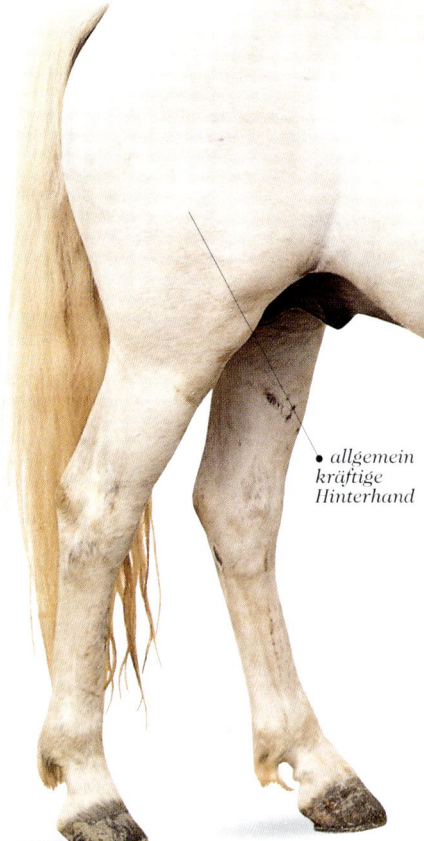

• *allgemein*
kräftige
Hinterhand

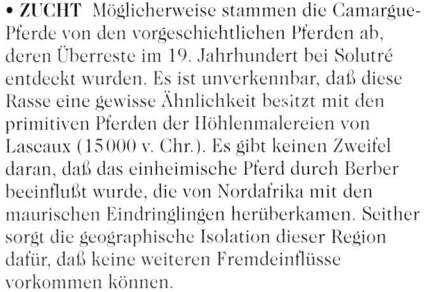

GRÖSSE
um 140 cm Stockmaß

Einfluß

BERBER
Die Gene des
Berbers sind
unverkennbar.

Farbe Grauschimmel, Schimmel	Verwendung Reitpferd

kurzer Hals •

steile, gerade Schulter,
verantwortlich
für die etwas
seltsame Aktion
dieser Rasse •

• insgesamt wenig
ansprechende
Erscheinung, trotz-
dem sehr kräftiges
Gebäude

Vorderbeine •
etwas rück-
ständig

kräftige, gesunde
Hufe, die selten
beschlagen
werden müssen •

• derber, häufig schwerer
Kopf, der auf die primi-
tive Abstammung hin-
weist, aber intelligenter
Ausdruck

Lebensraum gemäßigtes Klima	Ursprung 19. Jahrhundert	Blut Vollblut

ANGLO-ARABER

Der Anglo-Araber ist ein Sprößling des Arabers und des Vollblüters, der wiederum vom Araber abstammt. Ein Pferd, das die besten Eigenschaften beider Rassen vereinigen sollte. Man erwartet aus solch einer Kreuzung die Vererbung der Qualitäten des Arabers wie Gesundheit und Leistungsbereitschaft mit denen des Vollblüters, vor allem Schnelligkeit und Rahmen, natürlich ohne das manchmal überschäumende Temperament.

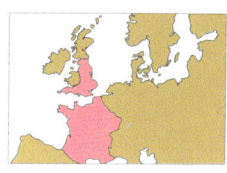

GROSSBRITANNIEN UND
FRANKREICH: SÜD-WESTEN

• ZUCHT Man kann durchaus sagen, daß diese Rasse ihren Ursprung in England hat und dann in Frankreich vollendet wurde, wo der Anglo-Araber in den großen Gestüten von Pau, Pompadour, Tarbes und Gelos seit über 150 Jahren gezüchtet wird. Auch England hat einige gute Anglo-Araber hervorgebracht, doch ihr züchterischer Einfluß ist im Vergleich mit den französischen Pferden unbedeutend. Der britische Anglo-Araber ist eine Kreuzung zwischen Vollblut-Hengst und Araber-Stute und umgekehrt, mit weiteren Rückkreuzungen. Im Jahre 1836 begann in Frankreich die Anglo-Araber-Zucht auf der Basis von zwei Araber-Hengsten mit Namen Massoud und Aslan, und drei Vollblut-Stuten namens Dair, Common Mare und Selim Mare. Für die Eintragung ins Stutbuch muß ein Pferd mindestens 25 Prozent Araberblut besitzen, und die Vorfahren müssen Araber, Vollblüter oder Anglo-Araber sein.

• MERKMALE Vom Erscheinungsbild her tendiert der Anglo-Araber mehr zum Vollblüter als zum Araber. Das Kopfprofil ist gerade, die Schultern sind schräg, und der Widerrist ist gut ausgeprägt. Obwohl der Anglo-Araber nicht so schnell wie der Vollblüter ist, deuten die Proportionen, besonders der Hinterhand, auf gutes Galoppiervermögen hin. Alles in allem ist der Anglo-Araber viel größer und athletischer als der Araber. In Frankreich gibt es für Anglo-Araber sogar spezielle Rennen; internationalen Standard erreichen sie auch in Spring-, Dressur- und Vielseitigkeitsprüfungen.

die Länge der gut geformten Gliedmaßen weist auf Galoppier-• vermögen hin

Einflüsse

VOLLBLUT lieferte Größe, Rahmen, Galoppiervermögen und Leistungsfähigkeit.

ARABER übertrug Gesundheit, Ausdauer und Leistungsbereitschaft.

Farbe Braune, Füchse	Verwendung Reitpferd

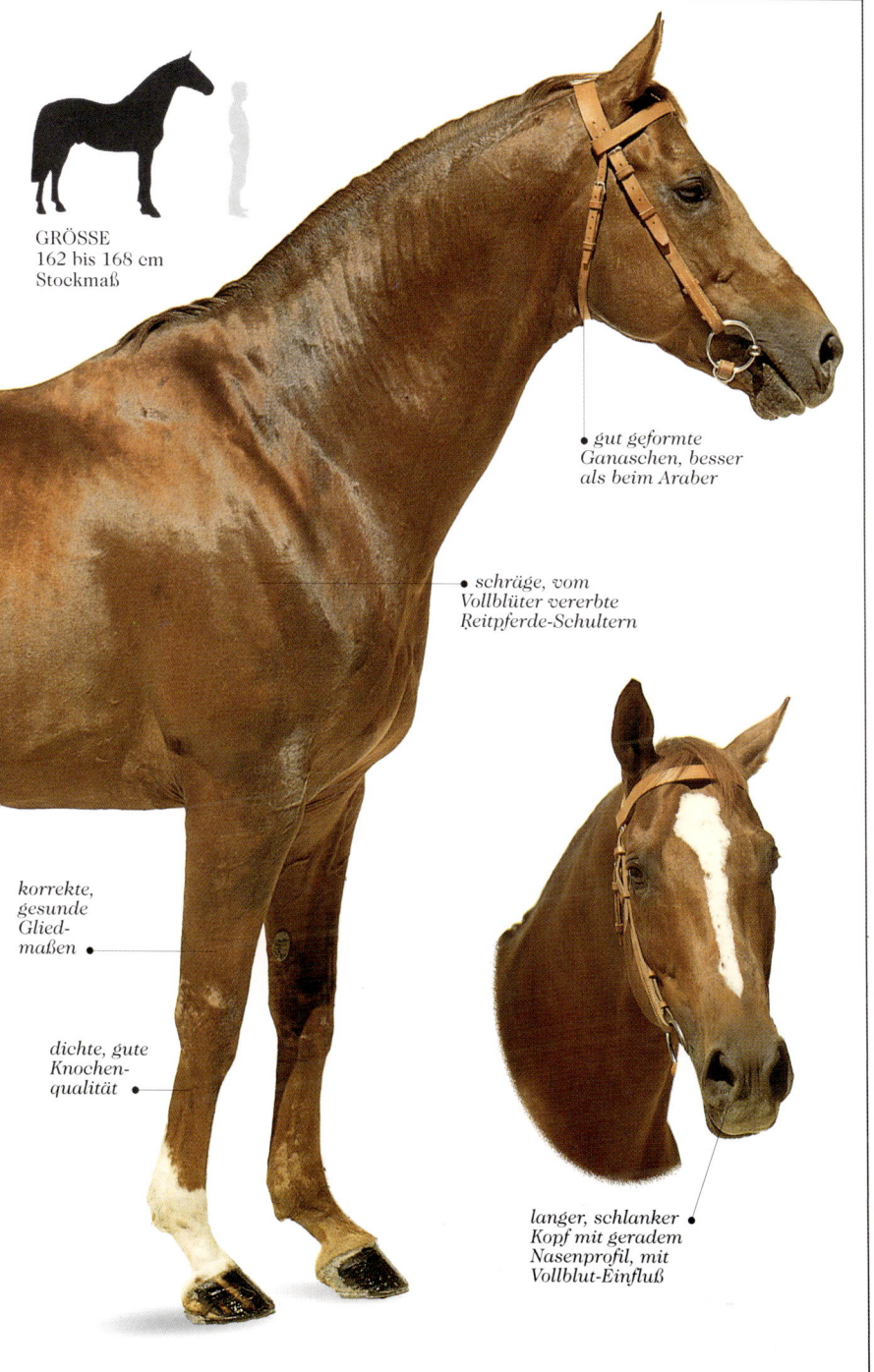

GRÖSSE
162 bis 168 cm
Stockmaß

• gut geformte
Ganaschen, besser
als beim Araber

• schräge, vom
Vollblüter vererbte
Reitpferde-Schultern

korrekte,
gesunde
Glied-
maßen •

dichte, gute
Knochen-
qualität •

langer, schlanker •
Kopf mit geradem
Nasenprofil, mit
Vollblut-Einfluß

Lebensraum	Ursprung	Blut
gemäßigtes Klima	17.–18. Jahrhundert	Vollblut

ENGLISCHES VOLLBLUT

Der Vollblüter ist das schnellste und wertvollste Pferd aller
Rassen weltweit und sorgt für den Lebensunterhalt einer
riesigen und multinationalen Zucht- und Rennsport-Industrie.
Auch bei der Zucht von Sportpferden sowie im Hinblick auf die
Veredelung anderer Pferderassen spielt das Englische Vollblut
eine wesentliche Rolle.

• **ZUCHT** Die Entstehung dieser Rasse vollzog sich im Laufe des
17. und 18. Jahrhunderts in England, als man anfing, einheimische Rennpferde mit orientalischen Hengsten zu kreuzen. Die
Stammväter waren die Hengste Byerley Turk (1689), Darley
Arabian (1704) und Godolphin Arabian (1728). Von ihnen
stammen die vier Hauptlinien ab: Herod, Eclipse, Matchem und
Highflyer, ein Sohn von Herod.

• **MERKMALE** Der Vollblüter ist ein Pferd mit beinahe
perfekten Körperproportionen und von großer Qualität. Er
besitzt großartige athletische Fähigkeiten sowie eine
erstaunliche Leistungsbereitschaft. Vollblüter können
sehr mutig sein, aber auch sehr nervig und besitzen
manchmal einen etwas schwierigen Charakter.

GROSSBRITANNIEN: ENGLAND

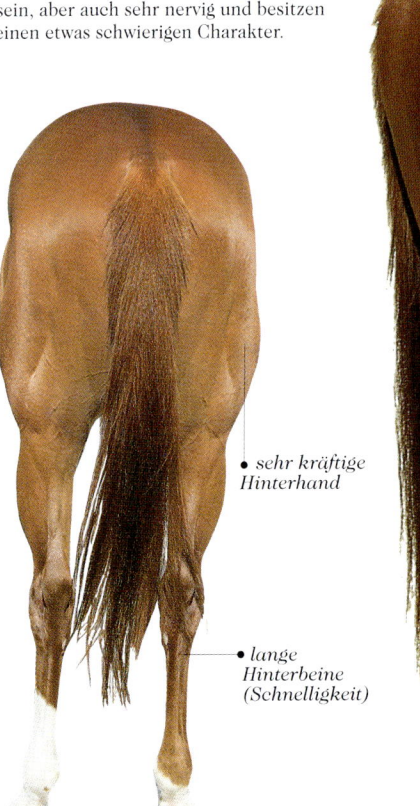

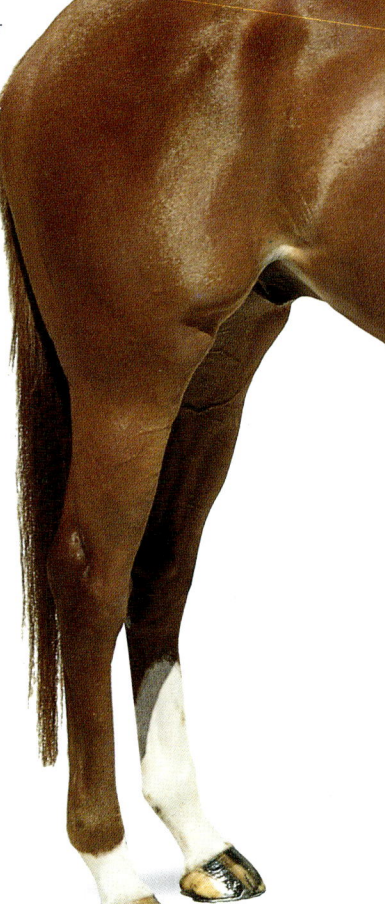

• *sehr kräftige
Hinterhand*

• *lange
Hinterbeine
(Schnelligkeit)*

Farbe	Verwendung
alle klaren Farben	Reitpferd

lange, schräge Schulter, schöner Hals – eine gute Voraussetzung für einen langen, flachen Galoppsprung

GRÖSSE
162 bis 168 cm Stockmaß

erwünscht ist eine gute Gurttiefe für ein großes Lungenvolumen

feine Gliedmaßen mit großen, flachen Gelenken

Röhrbeinumfang etwa 20 cm

Einflüsse

ARABER
gab Qualität, Gesundheit, Interieur und Vererbungskraft mit.

SPANISCHES PFERD
leistete einen gewissen Beitrag in der Entwicklung der Ausgangsrasse.

GALLOWAY-PFERD
Ein Teil der ursprünglichen englischen Rennpferde.

Lebensraum gemäßigtes Klima	Ursprung 19. Jahrhundert	Blut Warmblut

HACKNEY-PFERD

Das heutige Hackney-Pferd ist auf englischen Pferdeschauen,
als Wagenpferd vorgestellt, das spektakulärste Schaupferd
schlechthin. Aber auch im internationalen Fahrsport nimmt
es erfolgreich teil. Eine typische englische Rasse, die von den
bekannten Rassen Norfolk Trotter und Yorkshire Roadster
abstammt und nach ganz Europa exportiert wurde sowie nach
Amerika, Südafrika und Australien. Heute noch offen ist die
Frage der Entstehung des Begriffes Hackney seit der
Gründung der »Hackney Horse Society« im Jahre 1883.
Wahrscheinlich wurde der Name von dem französischen Wort
haquenée abgeleitet, was so viel bedeutet wie kleines
Reitpferd. Das Wort Hackney wurde im Sinne eines Gauls der
niedrigsten Gesellschaftsklasse seit dem Mittelalter
verwendet.

GROSSBRITANNIEN: NORFOLK,
ENGLAND

*gut angesetzter und hoch
getragener Schweif*

• **ZUCHT** Sowohl Yorkshire als auch Norfolk Roadster teilen
sich einen gemeinsamen Vorfahren mit dem Namen
Original Shales, von dem Hengst Blaze (1733 geboren)
aus einer Norfolk-Stute. Blaze war ein Sohn des ersten
berühmten Rennpferdes mit Namen Flying Childers,
übrigens ein Enkel von Darley Arabian, einem der
Gründerhengste des Englischen Vollblüters. Der
heutige Hackney hat eine starke Verbindung zum
Vollblut, trotzdem er mehr auf Trabeigenschaften als
auf Galoppiervermögen orientiert ist.
• **MERKMALE** Die Yorkshire und Norfolk Roadsters
wurden geritten und gefahren, dabei waren große
Distanzen selbst mit schwerem Gewicht in einem
Tempo von 26–27 km/h kein Problem für sie. Das
wichtigste Merkmal dieser Rasse ist die hohe, schwe-
bende Aktion, die vom Zuchtverband als »mühelos,
spannungsgeladen und schmissig« beschrieben wird.

• *maximale
Winkelung der
Sprunggelenke*

• *relativ kurze
Gliedmaßen,
tiefliegende
Gelenke*

GRÖSSE
156 bis 160 cm Stockmaß

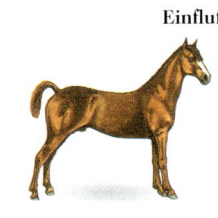

Einfluß

NORFOLK
TROTTER
gab Leistungsbereit-
schaft, Trabveran-
lagung und robuste
Konstitution mit.

Farbe alle klaren Farben	Verwendung Kutsch- und Fahrpferd

tiefer
Brustkorb •

wenig
Widerrist •

• langer, schöner Hals, der
fast senkrecht von der kräftigen Schulter herausragt,
die ideale Schulterlage zum
Anspannen

kompakter •
Körper

die Vorderbeine haben •
eine hohe, runde Knie-
aktion mit energischem
Vorwärtsdrang, bei
jedem Trabtritt erfolgt
eine deutliche
Schwebephase

kleiner Kopf mit klei- •
nem Maul, kleinen Ohren,
großen Augen und
konvexer Stirnlinie

Lebensraum gemäßigtes Klima	Ursprung Mittelalter	Blut Warmblut

CLEVELAND BAY

Der Cleveland Bay wird als älteste reingezogene britische Pferderasse bezeichnet und wurde schon im 18. und 19. Jahrhundert zur Zuchtverbesserung so mancher europäischer Rasse eingesetzt. In Großbritannien genießt sie seit über 200 Jahren königliche Gönnerschaft. Auf Grund des großen Mangels an reingezogenen Stuten ist das Fortbestehen der Rasse Cleveland Bay als sehr kritisch anzusehen.

• ZUCHT Die Rasse entstand im Mittelalter aus den dunkelbraunen Chapman Horses von Cleveland in Nordengland. Außer der Zufuhr von spanischem und Berber-Blut im 17. Jahrhundert gab es keinerlei Einflüsse von außen. Das Ergebnis war ein kräftiges Wagenpferd, das auch auf schwerem Lehmboden zur Arbeit eingesetzt werden konnte und beim Jagdreiten verwendet wurde.

• MERKMALE Die Rasse zählt als langlebig und besonders vererbungssicher; bei der Kreuzung mit Vollblut gibt es Größe, Knochenstärke, Härte und Springvermögen weiter. Es ist ein herrliches Kutschpferd und ist in dieser Eigenschaft auch im königlichen Stall im Geschirr.

Einfluß

SPANISCHES PFERD macht die Ausgangsrasse leichter und vererbte Eleganz, Stärke und Temperament.

GRÖSSE
um 168 cm Stockmaß

unheimlich kräftige Hinterhand – gutes • Springvermögen

• kräftiger Hals und Schulter, ideal für die Arbeit als Zugpferd

das Maß Widerrist–Ellbogen ist gleich groß oder größer als das Maß Ellbogen–Boden •

Röhrbein-umfang • 22 cm und mehr

trockene Beine ohne Köten-• behang

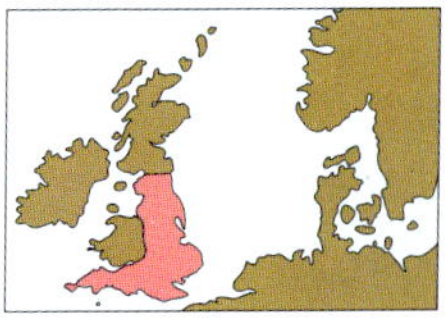

GROSSBRITANNIEN: CLEVELAND, ENGLAND

Farbe Dunkelbraune	Verwendung Reit- und Fahrpferd

Lebensraum	gemäßigtes Klima	Ursprung	12. Jahrhundert	Blut	Warmblut

IRISH DRAUGHT (IRISCHES ZUGPFERD)

Der Irish Draught, das »Pferd vom Lande«, war als vielseitiges Arbeitspferd auf den kleinen irischen Farmen im Einsatz. Obwohl es nicht besonders schnell ist, wurde es auch geritten, wobei es beim Reiten im Gelände eine besondere Fähigkeit entwickelte, auch mit schwierigen Hindernissen klarzukommen. Aus der Kreuzung mit dem Vollblüter ergibt sich der berühmte Irische Hunter – das beste Geländepferd der Welt. Der Irische Hunter genießt auch in Spring- und Vielseitigkeitsprüfungen international hohes Ansehen.

• **ZUCHT** Schwere Pferde aus Flandern und Frankreich beeinflußten das Größenwachstum der einheimischen Rasse im 12. Jahrhundert, später trug das Spanische Pferd zur Entwicklung des Typs bei. Die besonders kalkhaltigen Weiden und das milde Klima Irlands haben großen Einfluß auf die Entwicklung von Knochenstärke.

• **MERKMALE** Das Irish Draught-Pferd besitzt von Natur aus ein athletisches Springvermögen.

Einflüsse

SPANISCHES PFERD Verbesserung des Gangvermögens der einheimischen Pferde.

FLANDRISCHES PFERD vererbte der Rasse Größe, Gewicht und Substanz.

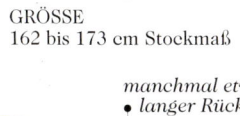

GRÖSSE
162 bis 173 cm Stockmaß

manchmal etwas langer Rücken

Schulterpartie wurde verbessert

kräftige Vorhand

kräftiges Gebäude

feste, dicke Gliedmaßen

gut geformte und gesunde Hufe

IRLAND

Farbe	alle klaren Farben	Verwendung	Reitpferd, leichte Arbeit in der Landwirtschaft

Lebensraum	Ursprung	Blut
gemäßigtes Klima	11.–12. Jahrhundert	Warmblut

WELSH COB

Der Welsh Cob mit seiner explosiven Trabaktion wird in seiner Heimat genauso leidenschaftlich geliebt wie die walisischen Rugbyspiele im Arms Park von Cardiff. Er gilt als natürlicher Nachfahre der Rasse Norfolk Roadster, berühmt durch ihre hervorragende Trabaktion, die auch in seiner Entwicklung eine Rolle spielte. Als Fahrpferd ist er unübertroffen aufgrund seiner Leistungsbereitschaft und seines Mutes, als Reitpferd zeichnet er sich besonders durch seine große Springveranlagung aus.

• **ZUCHT** Der Welsh Cob (Sektion D im Stutbuch) ist die perfekte, größere Ausgabe des Welsh Mountain-Ponys, von dem er wohl abstammt. Diese Ponys wurden mit römischen Pferden gekreuzt und dann im 11. und 12. Jahrhundert mit Spanischen Pferden, aus denen die sogenannten Powys Cobs (Powys = mittelwalisischer Bezirk) entstanden sowie das schwerere walisische Zugpferd (Welsh Cart Horse). Im 18. und 19. Jahrhundert wurden Kreuzungen mit Norfolk Roadster und Yorkshire Coach Horses vorgenommen, dazu arabisches Blut – das Ergebnis ist der heutige Cob. Früher gab es einen großen Markt für Cobs, besonders als Zugpferd für Geschütze und als Truppenpferd in der berittenen Infanterie. Bis zum Jahr 1960 hatten Cobs mit Milch- und Brottransport sowie mit anderen allgemeinen Fuhrdiensten in den großen Städten viel zu tun.

• **MERKMALE** Der Welsh Cob ist ein gefragtes Fahr- und Reitpferd; auch die Kreuzung mit Vollblut ergibt gute Sportpferde. Der Cob ist hart, robust, gesund und sehr wirtschaftlich in der Haltung.

GROSSBRITANNIEN: WALES

• *kräftige Hinterhand*

• *ausgezeichnete Winkelung in den Sprunggelenken – verantwortlich für brillante Aktion*

Einflüsse

WELSH-A-PONY Ausgangsrasse, gab Bewegung und Gesundheit mit.

SPANISCHES PFERD verbesserte Größe und Stärke, beeinflußte die Körperhaltung.

NORFOLK ROADSTER vererbte Trab- veranlagung und Leistungsbereit- schaft.

Farbe	Verwendung
alle klaren Farben	Reit- und Fahrpferd

GRÖSSE
147 bis 158 cm
Stockmaß

• *kräftiger, gebogener Hals auf wuchtigen Schultern*

hübscher Kopf mit kleinen Ponyohren, ein typischer Pony- ausdruck trotz seiner Größe •

• *kompakter, starker Körperbau, gute Gurttiefe*

etwas Köten- behang ist erlaubt •

Lebensraum Mittelmeerraum	Ursprung 18. Jahrhundert	Blut Warmblut

SALERNER

Der Salerner ist, obwohl er allmählich ausstirbt, eine der attraktivsten Warmblutrassen Italiens. Heimatland dieser Rasse ist die Region Campania. Im Gestüt Morese wurden einige bekannte Pferde gezogen, unter ihnen auch zwei der berühmtesten italienischen Springpferde, Merano und Posillipo, die von Raimondo d'Inzeo geritten wurden.

ITALIEN: CAMPANIA

• **ZUCHT** Das Gestüt Morese liegt in der Nähe des Staatsgestütes Persano, das von dem Bourbonen Karl III., König von Neapel und später von Spanien, in der ersten Hälfte des 18. Jahrhunderts gegründet wurde, und aus dem der Salerner hervorging. Die in Persano gezüchteten Pferde, die auch so genannt wurden, gehen auf den Neapolitaner zurück. Die Neapolitaner wurden in der Nähe von Sorrento und Neapel gezüchtet und besaßen vor allem spanisches und Berber-Blut. Sie wurden früher als die besten Schulpferde angesehen und wurden wegen ihrer hohen, energischen Aktion und ihrer außergewöhnlichen Stärke der Gliedmaßen sehr geschätzt. Diese Pferde kreuzte man mit den einheimischen Pferden im Salerno- und Ofanto-Tal, mischte arabisches und spanisches Blut dazu und entwickelte daraus ein ausgesprochen qualitätvolles Reitpferd. Das Gestüt wurde mit dem Entstehen der Italienischen Republik aufgelöst, und als die Zucht dann um 1900 weitergeführt wurde, verschwand der alte Name der Rasse und erhielt den Namen Salerner.

• **MERKMALE** Die Einkreuzung von Vollblut verbesserte die Zucht mit dem Ergebnis, daß ein guter Typ von Kavalleriepferd entstand: größer als seine Vorläufer, mit ansprechender Erscheinung und gutem Exterieur sowie sehr guter Springveranlagung.

Einflüsse

SPANISCHES PFERD vererbte Stärke, Wendigkeit und verbesserte Gebäude und Charakter.

VOLLBLUT vererbte Größe, Qualität und Mut sowie freiere Bewegungen.

Farbe alle klaren Farben	Verwendung Reitpferd

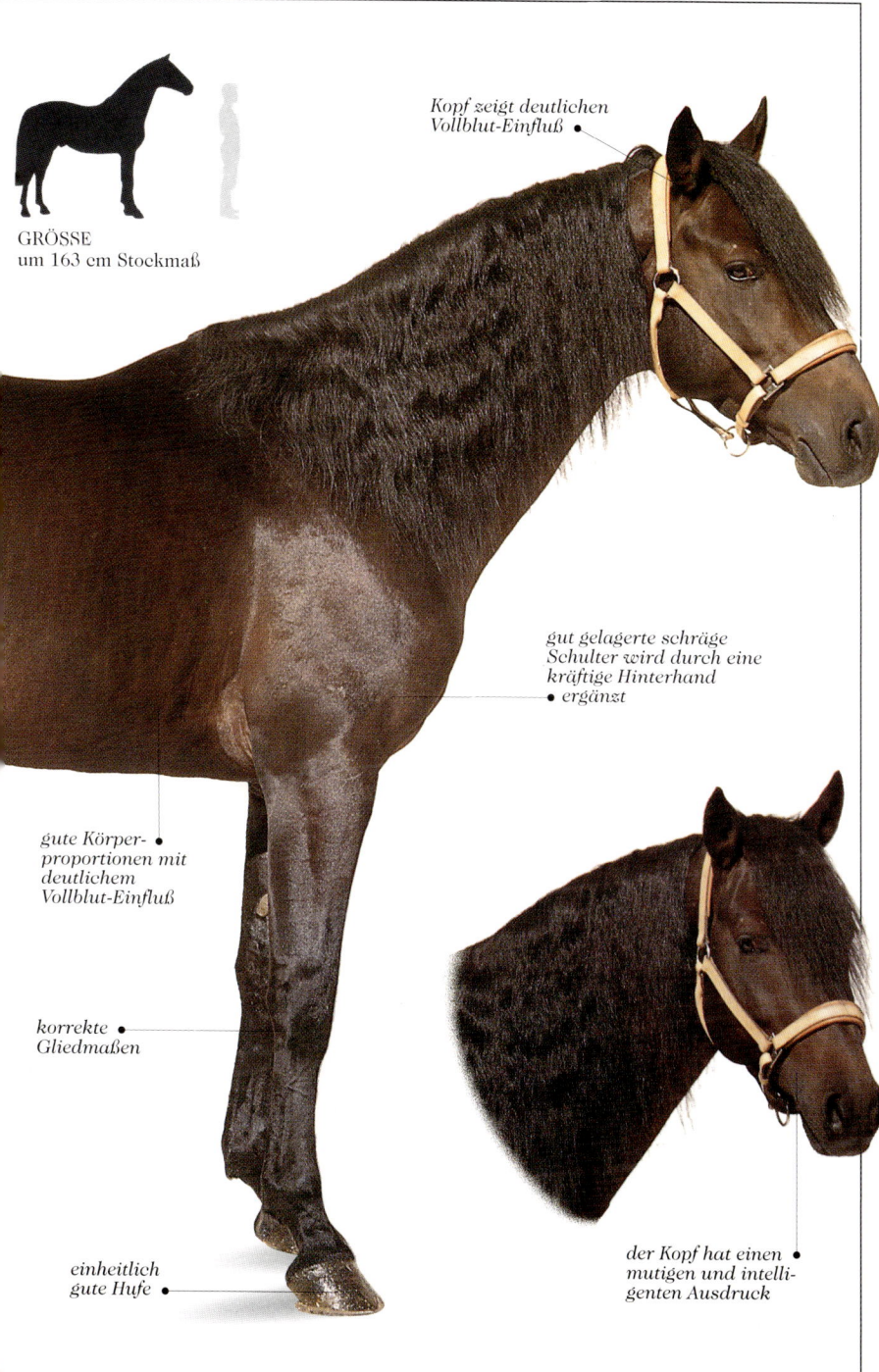

GRÖSSE
um 163 cm Stockmaß

Kopf zeigt deutlichen
Vollblut-Einfluß •

gut gelagerte schräge
Schulter wird durch eine
kräftige Hinterhand
• ergänzt

gute Körper-
proportionen mit
deutlichem
Vollblut-Einfluß

korrekte •
Gliedmaßen

einheitlich
gute Hufe •

der Kopf hat einen •
mutigen und intelli-
genten Ausdruck

Lebensraum Mittelmeerraum	Ursprung 16. Jahrhundert	Blut Warmblut

SARDISCHES PFERD

Wie bei so manchen anderen Rassen Italiens ist auch beim Sardischen Pferd wenig gezielte Zuchtplanung zu erkennen, obwohl Sardinien jahrhundertelang Pferde importierte. Im Jahre 1918 wies die Population auf der Insel einen Bestand von ungefähr 60000 Pferden auf, der 40 Jahre später auf rund 24000 Pferde gesunken war.

• **ZUCHT** Es gibt keinen Zweifel daran, daß diese Rasse aus der Kreuzung von Arabern und Berberpferden aus Nordafrika entstanden ist. Der Katholik Ferdinand (1452–1516) führte andalusisches Blut ein, er richtete in der Nähe von Abbasanta ein Gestüt mit Spanischen Pferden ein, die auch von den sardinischen Züchtern für die Zucht benutzt werden konnten. Weitere Gestüte, die sich der Zucht des Sardischen Pferdes widmeten, wurden in Padromannu, Mores und Monte Minerva gegründet. So entstand allmählich ein bestimmter Typ Pferd. Als Sardinien im Jahre 1720 in den Besitz des Königreiches von Savoyen überging, ging es mit der Zucht bergab. Im Jahre 1908 wurden wieder arabische Hengste zur Zuchtverbesserung importiert, mit dem Ergebnis, erneut ein zähes, ausdauerndes Reitpferd zu züchten, für das Sardinien bekannt ist.

• **MERKMALE** Das Sardische Pferd wurde wegen seiner Härte und Leistungsbereitschaft gepriesen. Sein Exterieur zeigt deutlich orientalischen Einfluß, wobei die besten Pferde ein gutes Gebäude besitzen. Auf Grund der wenig systematischen Zucht gibt es aber auch viele Pferde mit großen Mängeln. Es wird behauptet, daß das Sardische Pferd mutig und intelligent ist, aber auch gut springen kann.

ITALIEN: SARDINIEN

schwach bemuskelte Hinterhand, guter Schweifansatz •

• *hochstehende Sprunggelenke*

• *Hinterbeine selten korrekt*

GRÖSSE
um 157 cm Stockmaß

Einfluß

ARABER
Größter Fremdeinfluß im 20. Jahrhundert.

Farbe Dunkelbraune, Braune	Verwendung Reitpferd

gut proportionierter
Hals, der sich zum
Kopf hin verjüngt •

erkennbarer
Widerrist, aber
häufig zu langer,
gerader Rücken •

lange, schräg gela-
gerte Schultern deuten
auf orientalischen
• Einfluß hin

leichter, aber •
drahtiger
Körperbau mit
ausreichender
Brusttiefe

ziemlich
lange Röhren •

• ziemlich gerader,
trockener Kopf

Lebensraum Mittelmeerraum	Ursprung 19. Jahrhundert	Blut Warmblut

MAREMMANO

Der Maremmano ist das Wirtschaftspferd der
Toskana. Auf Grund seiner Ausdauer, seines ruhigen Charakters und seiner Fähigkeit zur Rinderarbeit wird er von den italienischen Rinderhirten
sehr geschätzt. Er dient auch in der Landwirtschaft und wurde früher für die Kavallerie und die
berittene Polizei gezüchtet.
• **ZUCHT** Der Maremmano ist kein Pferd mit
einem festgeschriebenen Zuchtziel, noch ist es
eine heimische Rasse. Im Laufe der Zeit gab es
viele Einkreuzungen mit der neapolitanischen
Ausgangsbasis. Im Laufe des 19. Jahrhunderts
wurde englisches Blut eingeführt, darunter auch
Norfolk Roadster.
• **MERKMALE** Trotz des Mangels an planmäßiger
Zucht hat der Maremmano einige besondere
Qualitäten. Er ist zwar wenig ansprechend, aber
kräftig, widerstandsfähig und äußerst
genügsam.

Einflüsse

SPANISCHES
PFERD
verbesserte die
Qualität der Aus-
gangsrasse und
gab Größe mit.

BERBER
vererbte gedul-
digen Charakter,
Härte und
Leistungs-
bereitschaft.

NORFOLK
ROADSTER
verbesserte
Gangvermögen
und Gesundheit.

GRÖSSE
um 160 cm Stockmaß

ITALIEN: TOSKANA

• äußere Erscheinung
ist nicht besonders
eindrucksvoll, aber
die besten Pferde sind
vielseitig einsetzbar

Gliedmaßen mit •
angemessener
Knochenstärke;
gute, trockene
Gelenke

Farbe alle klaren Farben	Verwendung Reitpferd, leichte Arbeit in der Landwirtschaft

Lebensraum Mittelmeerraum	Ursprung 15. bis 16. Jahrhundert	Blut Warmblut

MURGESE

Der heutige Murgese ist ein leichtes Kutschpferd mit wechselndem Typ und ist in den zwanziger Jahren dieses Jahrhunderts entstanden. Manche sehen in ihm das italienische Ebenbild des Irish Draught.

• **ZUCHT** Diese Rasse kommt aus Murge, in der Nähe von Anglia/Italien, eine Region, die einmal für ihre Pferdezucht berühmt war. In seiner Vorgeschichte kommen Neapolitaner, Aveligneser und Italienisches Kaltblut vor.

• **MERKMALE** Der Murgese ist ein sehr nützliches und williges Arbeitspferd. Wegen seiner aktiven Bewegungen wird es auch in der Reitpferdezucht eingekreuzt, trotz seines kurzen Schritts. Die Stuten werden zur Maultierzucht verwendet.

Einflüsse

NEAPOLITANER brachte körperliche Gesundheit, Stärke und Charakter ein.

AVELIGNESE gab Größe, Stärke und ausgeglichenes Temperament mit.

flacher, wenig markanter
• Widerrist

starker Rücken, nicht
• übermäßig lang

schwach •
entwickelte
Hinterhand

manchmal etwas
kleine Gelenke •

kräftige Hufe •

GRÖSSE
152 bis 160 cm Stockmaß

ITALIEN: MURGE

Farbe Rappe	Verwendung leichte Arbeit in der Landwirtschaft

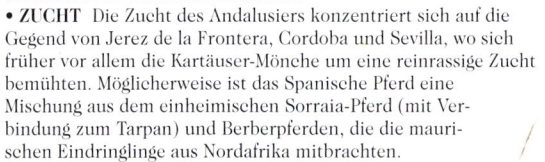

| Lebensraum heißes Klima | Ursprung Voreiszeit | Blut Warmblut |

ANDALUSIER

Der heutige Andalusier stammt vom Spanischen Pferd ab, das,
zusammen mit dem Araber und dem Berber, auf die Pferde-
Population der ganzen Welt den allergrößten Einfluß ausgeübt hat.
Bis zum 19. Jahrhundert war das Spanische Pferd die Nummer
eins in Europa und die Rasse, auf welche die klassischen Reitschulen der Renaissance zurückgegriffen haben. Auch die berühmten Lipizzaner-Schimmel stammen direkt von den Pferden ab, die
im 16. Jahrhundert von Spanien nach Lipica in Slowenien exportiert wurden. Es gibt kaum eine Pferderasse, welche sich dem
Einfluß des Spanischen Pferdes entziehen kann; das gilt auch für
die meisten amerikanischen Rassen.

• **ZUCHT** Die Zucht des Andalusiers konzentriert sich auf die
Gegend von Jerez de la Frontera, Cordoba und Sevilla, wo sich
früher vor allem die Kartäuser-Mönche um eine reinrassige Zucht
bemühten. Möglicherweise ist das Spanische Pferd eine
Mischung aus dem einheimischen Sorraia-Pferd (mit Verbindung zum Tarpan) und Berberpferden, die die maurischen Eindringlinge aus Nordafrika mitbrachten.

• **MERKMALE** Der Andalusier ist eine auffallende,
stattliche Erscheinung und imponiert durch seine athletische Beweglichkeit, obwohl er nicht schnell ist. Er hat
einen ausdrucksvollen Kopf mit dem charakteristischen
Ramsnasen-Profil, die Mähne und der Schweif sind lang
und üppig, häufig auch lockig.

SPANIEN: ANDALUSIEN

GRÖSSE
um 158 cm Stockmaß

Einflüsse

BERBER
vererbte Tempe-
rament, Mut,
Stärke, Leistungs-
bereitschaft und
Wendigkeit.

SORRAIA-PFERD
Die primitive
Ausgangsrasse
gab Härte und
Ausdauer mit.

• *kräftige
Sprunggelenke,
gute Winkelung*

| Farbe Braune, Schimmel | Verwendung Reitpferd |

typischer Kopf mit
Ramsnase; sehr beliebt
bei den Reitern der
Renaissance-Reitschulen •

ziemlich kurzer, aber
muskulöser und gut
gebogener Hals •

starke, gut gelagerte
Schultern; nicht
so schräg wie beim
• Vollblüter

lange, dicke, manch-
• mal lockige Mähne

ausgezeichnetes
Fundament
mit guten
Gelenken •

wohlgeformte,
gute Hufe •

Lebensraum heißes Klima	Ursprung 16. bis 17. Jahrhundert	Blut Warmblut

LUSITANO

Der Lusitano ist als prächtiges Kutsch- und Reitpferd höchster
Qualität bekannt und diente früher als Kavalleriepferd. Von den
portugiesischen Stierkämpfern wird der Lusitano sehr stark
favorisiert und für diese Aufgabe in den Lektionen der Hohen
Schule ausgebildet. Neuerdings hat die Popularität dieser Rasse
auch außerhalb der Iberischen Halbinsel sehr zugenommen.

PORTUGAL

• **ZUCHT** Im Prinzip ist diese Rasse die portugiesische Version
des Andalusiers (siehe S. 166/167), die sich kaum unterscheiden, wenngleich in manchen Punkten durchaus leichte
Typunterschiede erkennbar sind.

• **MERKMALE** In den Augen einiger Fachleute scheint der
Lusitano etwas triebiger als der Andalusier zu sein, trotzdem ist
er als genauso intelligent, schnell, mutig und besonders
ausbalanciert anzusehen. Die natürliche hohe Knieaktion ist
ziemlich auffallend, dazu kommt eine bemerkenswerte
Wendigkeit.

*gut angesetzter, voller
Schweif; leicht geneigte
Kruppe, ausreichend
lange Hinterbeine* •

*edler Kopf mit •
typischem
Ramskopf-Profil*

Farbe alle klaren Farben	Verwendung Reit- und Fahrpferd

kurzer, etwas
dicker Hals •

wenig markanter
Widerrist, breite
Schultern •

• kräftige Schultern

GRÖSSE
152 bis 162 cm Stockmaß

kurzer Rücken, •
kompakter
Körperbau

in der Regel lange •
Gliedmaßen, ziemlich
lange Röhren

Einflüsse

BERBER
übertrug Mut,
Stärke, Leistungs-
bereitschaft und
Wendigkeit.

SORRAIA
Primitive Aus-
gangsrasse, gab
Härte und
Ausdauer mit.

Lebensraum heißes Klima	Ursprung 18. Jahrhundert	Blut Warmblut

ALTER-REAL

Der Name der Rasse läßt vermuten, daß der Alter-Real als
Reitpferd für das Königshaus gezüchtet wurde, ein Pferd, das
seinen Reiter als heroisches Erscheinungsbild darstellt und
hinsichtlich Temperament und Bewegung in idealer Weise für
die klassische Schulreiterei geeignet ist.

• **ZUCHT** Diese Rasse wurde im Jahre 1748 von den Herrschern
von Braganza in Vila de Portel, der portugiesischen Alentejo-
Provinz, gegründet, und im Jahre 1756 nach Alter gebracht. Man
begann mit rund 300 ausgewählten andalusischen Stuten aus der
Gegend von Jerez de la Frontera, dem berühmtesten Zuchtgebiet
Spaniens. Das Gestüt blühte auf durch die Versorgung der
Königlichen Reitschule in Lissabon, außerdem machte sich die
Zucht einen guten Namen bei den dortigen Ausstellungen. Im
frühen 18. Jahrhundert ging das Zuchtmaterial unter oder
wurde von Napoleons Truppen geplündert. Im Jahre 1834
kam es noch schlimmer: Die königlichen Stallungen
wurden aufgelöst. Im späten 19. Jahrhundert versuchte
dann Königin Maria Pia eine Wiederbelebung der Zucht
mit der Einführung von Fremdblut – durch englische,
normannische, hannoveranische und vor allem
arabische Hengste. Alle diese Versuche führten nicht
zum Erfolg und die Rasse wurde ziemlich ruiniert.
Der Import von Andalusiern brachte die Rettung,
jedoch die Gestütsarchive wurden weitestgehend
bei der Einführung der Republik im Jahre 1910
zerstört. Erst ab 1932 unternahm das Wirtschafts-
ministerium größere Anstrengungen, die Rasse zu
reaktivieren.

• **MERKMALE** Trotz des Auf und Abs in der
Zucht hat der heutige Alter-Real, eigentlich ein
Andalusier, überlebt als mutiges Pferd mit
auffallendem Erscheinungsbild und seiner außer-
gewöhnlichen Bewegungsveranlagung für die
Lektionen der Hohen Schule.

PORTUGAL: ALTER-PROVINZ

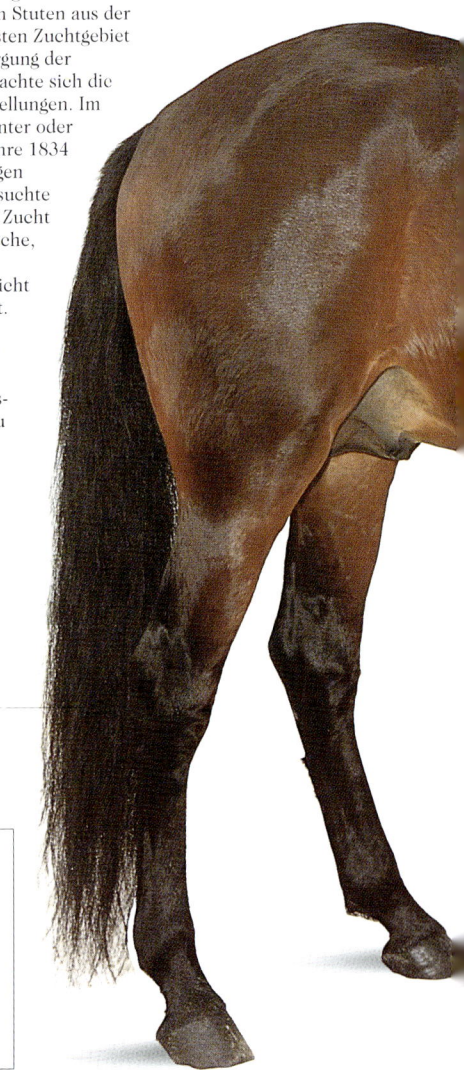

*dicke, üppige •
Mähne und
Schweif*

Einfluß

SPANISCHES
PFERD
vererbte Mut
und typischen
Körperbau.

Farbe Dunkelbraune, Braune	Verwendung Reitpferd

GRÖSSE
152 bis 162 cm Stockmaß

kräftige Schultern;
Stellung der Vorder-
beine ermöglicht eine
● hohe Knieaktion

edler, vergleichsweise
, kleiner Kopf mit geradem
● oder konvexem Profil

kurzer, kompak- ●
ter Körperbau,
ausreichende
Brusttiefe

gute Fessel-
stellung ●

Lebensraum Wüste	Ursprung Vorgeschichte	Blut Vollblut

BERBER

Der Berber ist neben dem Araber das wichtigste Stammpferd aller anderen Pferderassen der Welt. Sein Abkömmling, das Spanische Pferd, schuf die Basis für die meisten europäischen, aber auch die amerikanischen Rassen. Darüber hinaus ist der Berber beteiligt an der Evolution des Vollblutpferdes.

• **ZUCHT** Die Rasse stammt aus Marokko in Nordafrika. Man geht davon aus, daß es eine Herde von Wildpferden gab, die sich den Auswirkungen der Eiszeit entziehen konnten. Wenn das wahr sein sollte, ist diese Rasse genauso alt oder älter als die Araber. Es sieht manchmal so aus, als ob der Berber ein paar Prozent arabischen Bluts besitzen würde, doch sein Körperbau hat keinerlei Ähnlichkeit mit dem arabischen Idealbild. Das deutet darauf hin, daß er mit dominanten Genen ausgestattet ist. Seit einigen Jahren wird der alte Berber-Typ stark veredelt, welcher früher als das Reitpferd der Berber bei den Kriegszügen der Muslims eine große Rolle spielte. Obwohl es noch keine definitive Antwort auf die noch ungelöste Frage des Ursprungs des Berbers gibt, ist es eindeutig, daß zwischen Berber und Araber grundsätzliche Unterschiede bestehen.

• **MERKMALE** Ein nicht besonders beeindruckendes Pferd mit abfallender Kruppe, tief angesetztem Schweif und einem Kopf mit geradem Profil sowie einer Schädelform, die auf primitive Pferdetypen hindeutet. Nichtsdestotrotz sind die Ausdauer und die Leistungsbereitschaft dieser Rasse fast unbegrenzt und zeugen von einer primitiven Stärke. Der Berber ist äußerst wendig und auf kurzen Distanzen sehr schnell.

die Hinterhand und die Hinterbeine sind nicht gerade perfekt gebaut, können aber über kurze Strecken große Schnellig-
• *keit entwickeln*

GRÖSSE
um 157 cm Stockmaß

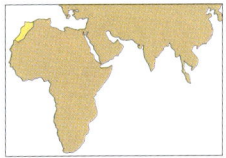

MAROKKO

• *die Beine sind nicht immer korrekt, aber hart und trocken sowie frei von Beschwerden*

Farbe alle klaren Farben	Verwendung Reitpferd

schmaler Kopf
mit primitivem
Ausdruck •

ziemlich flacher
Widerrist •

häufig steile
Schultern, manch-
• mal etwas klobig

• Gurttiefe
deutet auf Steh-
vermögen hin

• gerades Kopfprofil,
etwas grober Kopf,
keine Ähnlichkeit mit
dem Araber

Lebensraum Wüste	Ursprung Vorgeschichte	Blut Vollblut

ARABER

Das Arabische Pferd wird als Urquell aller Pferderassen weltweit angesehen und auch die Stammhengste der Vollblutrasse waren Araber.
Die Araber gelten als älteste aller Pferderassen und sind auf der Basis
des Reinzuchtprinzips entstanden.

• **ZUCHT** Schon mindestens 2000 Jahre vor Christi Geburt wurden
auf der Arabischen Halbinsel Rennen mit Pferden arabischen Typs
durchgeführt. Dies belegen Kunstwerke und mündliche Überlieferun-
gen der Beduinenstämme, die mit der Zucht des Wüstenpferdes
in Verbindung standen. Das sich dominant vererbende arabische
Blut wurde vor allem durch die Kriegszüge der Moslems,
ausgehend von dem Propheten Mohammed im 7. Jahrhundert,
über die ganze Welt gestreut. Das ist der Grund, warum der
Araber einen so entscheidenden Einfluß in der Entwicklungsgeschichte der Pferderassen genommen hat.

• **MERKMALE** Von der Erscheinung her wird der Araber als
schönstes Pferd der Welt bezeichnet. Verantwortlich für sein
einzigartiges Gesamtbild sind die Körperproportionen und die
Formung des Skeletts. Im Gegensatz zu anderen Rassen, die
18 Brustwirbel, 6 Lendenwirbel und 18 Schwanzwirbel besitzen,
hat der Araber 17 Brustwirbel, 5 Lendenwirbel und
16 Schwanzwirbel. Daraus leitet sich auch die typische hohe
Schweifhaltung ab. Hinsichtlich Leistungsbereitschaft ist
diese Rasse unschlagbar, bestechend sind seine flüssigen
Bewegungen. Trotz seines Temperamentes und Mutes ist
seine angeborene Gutmütigkeit beachtlich. Sein hohes
Stehvermögen und seine auffallende Gesundheit
machen den Araber zu einem begehrten Partner für
Distanzreiter. Er ist zwar nicht so schnell wie der
Vollblüter, kommt aber bei Flachrennen, speziell
für Vollblut-Araber und Anglo-Araber, in vielen
Ländern der Welt zum Einsatz. Heute wird der
Araber weltweit gezüchtet, wobei die Zucht in
Amerika den größten Stellenwert hat. In
allen Ländern, die Araber züchten, wird
ein eigenes Stutbuch geführt, das jeweils
im Hinblick auf gegenseitige
Anerkennung von der World Arab
Horse Organisation (WAHO)
genehmigt werden muß.

MITTLERER OSTEN:
ARABISCHE HALBINSEL

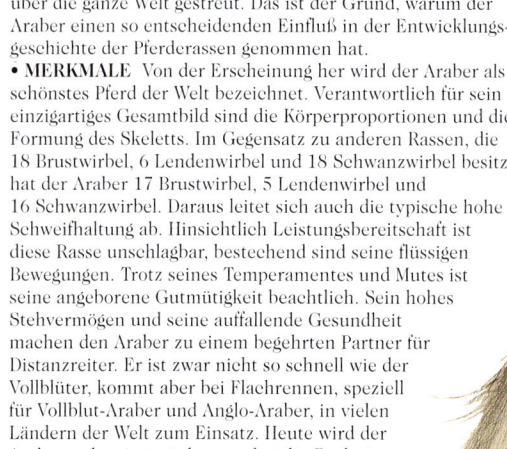

feiner, seidiger •
Schweif, der
niemals
verzogen wird

harte, gesunde
und gut
geformte Hufe •

Farbe alle klaren Farben	Verwendung Reitpferd

lange, seidige Mähne •

GRÖSSE
145 bis 153 cm Stockmaß

wenig markanter •
Widerrist

• keine besonders
schräge Schulter

große, dunkle
• Augen

kurzer, kräftiger •
Rücken (leicht
konkav), Gurttiefe

flache Karpal-
gelenke •

kurze Röhr- •
beine

• edler Kopf mit
Hechtprofil, kleines
festes Maul

Lebensraum Wüste	Ursprung 3000 bis 2000 v. Chr.	Blut Vollblut

ACHAL-TEKKINER

Der Achal-Tekkiner, das geheimnisvollste Pferd der Welt, ist das moderne Gegenstück des Pferdetyps 3 (siehe S. 11). Diese Rasse repräsentiert das dünnhäutige, hitzeverträgliche und mit einem feinen Fell ausgestattete Wüstenpferd; eine Verwandtschaft zwischen Achal-Tekkiner und Munaghi-Araber (Rennaraber) ist nicht auszuschließen. Es ist erwiesen, daß er schon vor über 3000 Jahren in der Gegend des heutigen Turkmenistan existierte.
• **ZUCHT** Die Achal-Tekkiner-Zucht befindet sich vorwiegend in den Oasen der Karakum-Wüste, das Zentrum ist Ashkhabad. Züchterisch gesehen hat er viele Rassen beeinflußt, er selbst wurde von keiner befruchtet. Lediglich ein erfolgloser Outcross-versuch mit dem Vollblüter ist zu erwähnen. Der Achal-Tekkiner wurde von den Turkmenen als Rennpferd sehr geschätzt und sehr sorgfältig dafür vorbereitet. Im Training fütterte man alfalfa-Heu, Kraftfutter mit Beimischung von Hammelfett, Eiern, Gerste und Brotteig, der in Butter gebacken wurde. Zum Schutz gegen Hitze und Kälte wurden die Pferde das ganze Jahr über eingedeckt.
• **MERKMALE** Der Achal-Tekkiner hat ein ganz besonderes Erscheinungsbild, wenngleich er im Exterieur unseren Vorstellungen nicht im geringsten entspricht. Ganz typisch ist sein goldbraunes Fell mit Metall-schimmer. Die Ausdauerleistungen dieser Rasse sind unbegrenzt und legendär, das haben Achal-Tekkiner über außergewöhnliche Distanzen und unter Wüstenbedingungen häufig bewiesen. Während des berühmten Rittes von Ashkhabad nach Moskau über 4152 km in nur 84 Tagen kamen sie mit minimalen Futter- und Wasserrationen aus. Heute startet der Achal-Tekkiner im Rennsport, bei Distanzritten, aber auch in Dressur- und Springprüfungen.

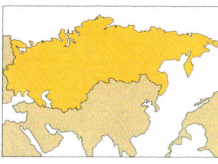

NÖRDLICHES EURASIEN: TURKMENISTAN

• *lange, sehnige Beine, hoch-stehende Sprunggelenke*

GRÖSSE
um 158 cm Stockmaß

Einfluß

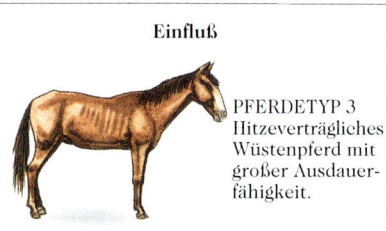

PFERDETYP 3
Hitzeverträgliches Wüstenpferd mit großer Ausdauer-fähigkeit.

Farbe Goldfuchs	Verwendung Reitpferd

edler Kopf mit
geradem Profil •

langer, röhrenförmiger
und schmaler Körperbau,
der Gesamteindruck ist
der eines hageren,
• sehnigen Pferdes

• langer, dünner,
hoch angesetzter Hals

• weite Stirn

ein harmoni- •
sches Verhältnis
zwischen Brusttiefe
und Beinlänge

kleine,
korrekte
Hufe •

• große Augen, weite
Nüstern, mutiger
Gesichtsausdruck

Lebensraum gemäßigtes Klima	Ursprung 20. Jahrhundert	Blut Warmblut

BUDJONNY

In den zwanziger Jahren dieses Jahrhunderts startete die Sowjetunion ein anspruchsvolles Zuchtprogramm im Hinblick auf neue, bessere Reitpferderassen. Das Zuchtverfahren beinhaltete Experimente mit verschiedenen Kreuzungsversuchen einheimischer Rassen. Der Budjonny, heute ein vielseitig verwendbares Reitpferd, ist das Ergebnis eines solchen Zuchtversuchs durch staatliche Gestüte.

• ZUCHT Der Budjonny war ursprünglich als Kavalleriepferd geplant und ist nach Marschall Budjonny benannt. Diese Rasse, in der Gegend von Rostow gezüchtet, basierte auf Schwarzmeer- und Don-Stuten, die mit Vollbluthengsten gekreuzt wurden. Man machte auch Versuche, allerdings mit geringem Erfolg, mit Kreuzungen von Kasachen- und Kirgisenpferden. Die Fohlenaufzucht wurde mit großer Sorgfalt durchgeführt und alle Pferde wurden leistungsgeprüft. Drei Zuchtrichtungen haben sich dabei herauskristallisiert: Anglo-Don, Anglo-Don-Chernomor und Anglo-Chernomor, die nicht so zahlreich waren. Die Stuten kreuzte man mit ausgewählten Anglo-Don-Hengsten und führte immer wieder dosiert Vollblut dazu.

• MERKMALE Der Budjonny hält einen einsamen Rekord als Distanzpferd, hat viel Vermögen als Springpferd und ist auch erfolgreich auf der Galopprennbahn, wo er, ähnlich wie bei anderen russischen Rassen, auf Herz und Nieren geprüft wird. Er ist ein elegant gebautes Pferd mit gutem Exterieur, hat aber auch einige Mängel der Stammpferde, besonders im Fundament, mitbekommen. Nichtsdestotrotz, seine Härte ist sprichwörtlich.

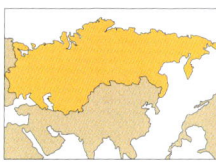

NÖRDLICHES EURASIEN: RUSSLAND

häufig Mängel an
• den Hinterbeinen

• edler Kopf mit leichtem
orientalischen Einschlag

Farbe alle klaren Farben	Verwendung Reitpferd

leichter, gerader
Hals, passend
zum Körperbau •

kurze, manchmal
etwas steile
• Schultern

GRÖSSE
um 162 cm Stockmaß

...cht gerade •
...lenden Beine
... Rückschlüsse
...e Qualität der
...npferde zu

gut geformte,
mittelgroße
Hufe •

Einflüsse

DON-PFERD
Stammpferd,
übertrug Härte
und Leistungs-
bereitschaft.

VOLLBLUT
brachte Größe,
Gangvermögen
und verbesserte
die Qualität des
Gebäudes.

Lebensraum Gebirge	Ursprung 16. Jahrhundert	Blut Warmblut

KABARDINER

Der Kabardiner ist ein Gebirgspferd und im Nord-
kaukasus heimisch. Er ist sehr trittsicher und
wendig und besitzt die Eigenschaft, sich auch bei
Nebel und Dunkelheit zurechtzufinden.
• **ZUCHT** Die Rasse entstand im 16. Jahrhundert
aus der Kreuzung von Steppenpferden mit Pferden
aus Persien, Turkmenistan und dem Karabakh-
Gebirge, die seither durch Zuchtselektion in den
staatlichen Gestüten ständig verbessert wurden.
Alle Kabardiner, die auch zur Verbesserung von
Nachbarrassen eingesetzt werden, werden auf der
Rennbahn leistungsgeprüft. Die Anglo-Kabardiner,
eine Kreuzung mit Vollblut, sind größer und
schneller, haben aber trotzdem viel von ihrer
ursprünglichen Härte bewahrt.
• **MERKMALE** Die Rasse, bei der auch immer
wieder Paßgänger vorkommen, ist für ihre große
Ausdauerfähigkeit über große
Distanzen berühmt. Der
Kabardiner ist in erster
Linie ein Reitpferd,
wird aber auch
angespannt.

Einflüsse

ARABER verbesserte körperliche Gesundheit und Charakter.

TURKMENE gab die Ausdauerfähigkeit und Hitzeverträglichkeit des Wüstenpferdes mit.

KARABAKH verbesserte Schnelligkeit und Wendigkeit sowie Gutmütigkeit.

• *steile Schulter, Ursache für etwas Knieaktion*

• *sichelförmige Hinterbeine*

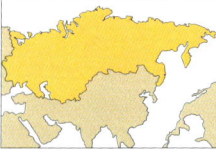

GRÖSSE
152 bis 157 cm Stockmaß

NÖRDLICHES EURASIEN: NORDKAUKASUS

Farbe Dunkelbraune, Rappen	Verwendung Reiten und Fahren

Lebensraum Gebirge, Steppe	Ursprung 17. Jahrhundert	Blut Warmblut

KARABAKH

Der goldschimmernde Karabakh ist ein Steppen- und Gebirgspferd. Besonders bekannt ist seine Schnelligkeit und Wendigkeit bei Spielen zu Pferd wie *chavgan* (eine Art Polo) und *surpamakh* (Basketball), die in der Gegend des Nordkaukasus sehr beliebt sind.

• **ZUCHT** Der Karabakh stammt ursprünglich aus dem Karabakh-Gebirge, wurde dann mit Perserpferden, Achal-Tekkinern und Kabardinern gekreuzt, später zunehmend mit Renn-Arabern. Er hatte großen Einfluß auf die Entwicklung des Don-Pferdes im 18. Jahrhundert. Der Karabakh wird auf der Rennbahn im Baku in Aserbeidschan leistungsgeprüft.

• **MERKMALE** Er ist nicht nur schnell und wendig, sondern auch sehr gutmütig, mutig und wirtschaftlich in der Haltung.

Einflüsse

ACHAL-TEKKINER lieferte Leistungsbereitschaft, Schnelligkeit und große Hitzeverträglichkeit.

ARABER gab Härte und Ausdauer und veredelte die Rasse.

die Oberlinie entspricht der eines leichten, eleganten Reitpferdes •

gute Hinterhand für ein Steppenpferd •

GRÖSSE
um 145 cm Stockmaß

• wenig Gurttiefe (wie beim Achal-Tekkiner)

lange, sehnige • Gliedmaßen

gute, harte • Hufe

NÖRDLICHES EURASIEN:
ASERBEIDSCHAN

Farbe Fuchs mit Goldschimmer	Verwendung Reitpferd

Lebensraum Taiga	Ursprung 18. Jahrhundert	Blut Warmblut

ORLOW TRABER

Die Pferdezucht in Rußland lag vor der Revolution in den Händen der aristokratischen Großgrundbesitzer. Graf Alexei Orlow war ein berühmter Züchter und begründete den Orlow Traber in seinem Gestüt Khrenov. Der Orlow Traber ist für Trabrennen gezüchtet worden, aber auch als Fahrpferd und zur Verbesserung der Bauernpferde.
• **ZUCHT** Graf Orlow startete sein Zuchtprogramm im Jahre 1778. Er paarte seinen arabischen Schimmelhengst Smeranka mit verschiedenen Stuten, u.a. mit einer dänischen Stute; aus dieser Kreuzung entstand der Hengst Polkan I, der Vater des Stammbegründers Bars I (1784). Bars I, gezogen aus einer falbenfarbigen holländischen Stute, wurde arabischen, holländischen, dänischen und englischen Halbblut-Stuten zugeführt. Der erwünschte Typ wurde durch Inzucht erreicht. Durch systematische Leistungsprüfungen und Rennen konnte die Rasse durchschlagend verbessert werden. Manchmal kreuzte man die Orlows auch mit russischen Warmblütern, die als sogenannte Russische Traber zwar schneller, aber weniger nützlich waren.
• **MERKMALE** Der Orlow Traber ist ein ziemlich großes, aber leicht gebautes Pferd, er ist gut bemuskelt und hat einen harmonischen Körperbau.

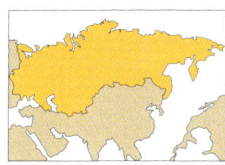

NÖRDLICHES EURASIEN: RUSSLAND

Einflüsse

NORFOLK TROTTER übertrug seine kräftige Konstitution und Trabaktion.

ARABER wurde zur Veredelung benutzt.

HOLLÄNDER verbesserte Größe, Substanz und Temperament.

VOLLBLUT übertrug seine körperlichen Vorzüge, verbesserte Gangvermögen und Schnelligkeit.

• *kraftvolle breite Kruppe und Lendenpartie*

Farbe Schimmel, Braune	Verwendung Trabrennen und Fahrsport

GRÖSSE
um 162 cm Stockmaß

wenig markanter •
Widerrist

• hoch angesetzter,
langer »Schwanen-
hals«

• langer, gerader
Rücken

manchmal Tendenz •
zu überlangen Beinen,
ein Vererbungsfehler
von den holländi-
schen Stuten

• Kopf ist teilweise
etwas groß, aber
überwiegend
arabisch geprägt

Lebensraum Steppe	Ursprung 18. bis 19. Jahrhundert	Blut Warmblut

DON-PFERD

Das Don-Pferd war das traditionelle Kavalleriepferd der Kosaken. Heute ist es ein bevorzugtes Distanzpferd. Bei der Entwicklung des Budjonny wurde es intensiv eingesetzt (siehe S. 178/179).

• **ZUCHT** Das Don-Pferd gründete sich auf einer Mischung zäher, mongolischer Steppenpferde und schnellen, hitzeverträglichen Achal-Tekkinern sowie persischen Arabern. Orlow, Vollblüter und hochkarätige Part-bred-Araber wurden im frühen 19. Jahrhundert zur Verbesserung der Zucht benutzt. Seit dem Beginn des 20. Jahrhunderts gibt es nur wenig Fremdbluteinfluß.

• **MERKMALE** Das Don-Pferd ist ein zähes Pferd, unkompliziert in der Haltung und auch in der frostigen Don-Steppe überlebensfähig. Es ist von Natur aus sehr anpassungsfähig und körperlich robust. Trotz seiner Exterieurmängel mit wenig raumgreifenden, uneleganten und harten Bewegungen gibt es nur wenige Rassen mit einer derart großen konditionellen Stärke und extremer Ausdauerfähigkeit.

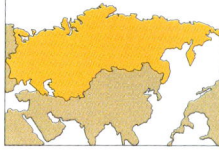

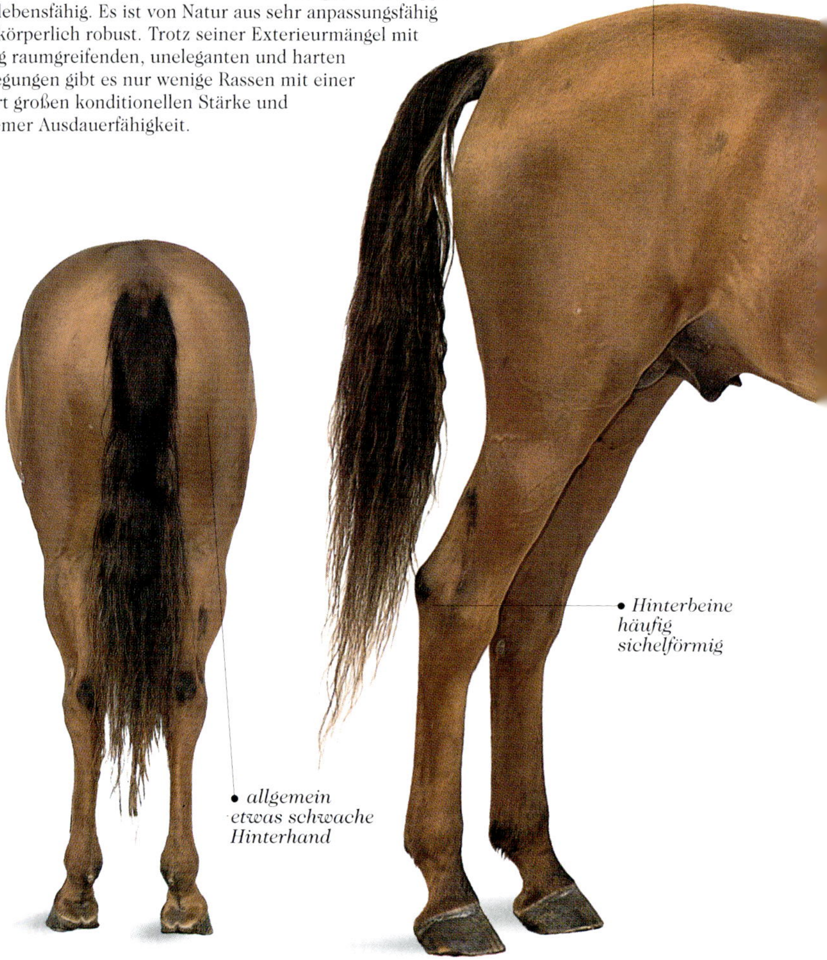

NÖRDLICHES EURASIEN: RUSSLAND

runde, leicht geneigte Kruppe

• *Hinterbeine häufig sichelförmig*

• *allgemein etwas schwache Hinterhand*

Farbe Füchse, Braune	Verwendung Reiten und Fahren

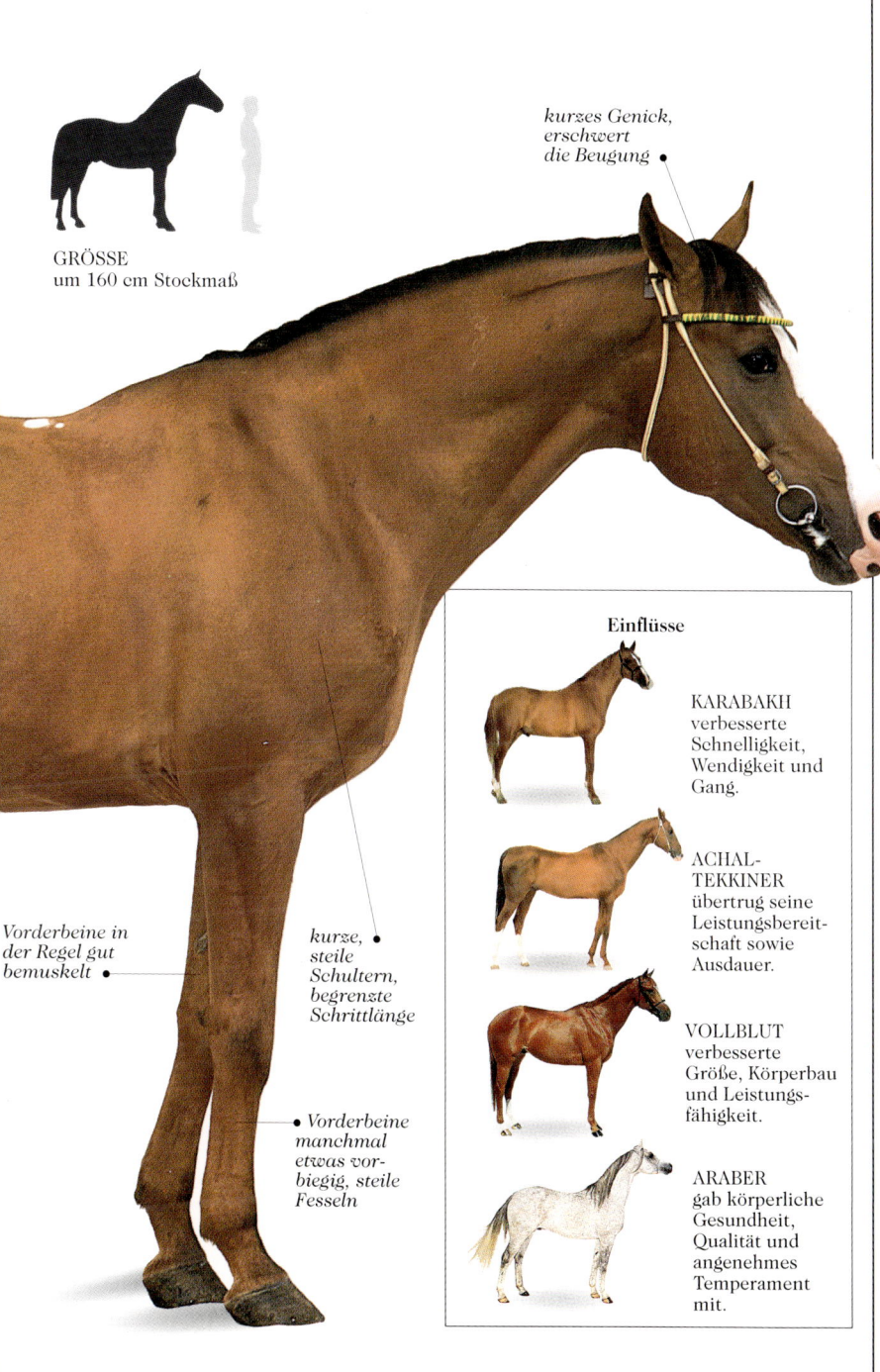

GRÖSSE
um 160 cm Stockmaß

kurzes Genick, erschwert die Beugung

Vorderbeine in der Regel gut bemuskelt

kurze, steile Schultern, begrenzte Schrittlänge

Vorderbeine manchmal etwas vorbiegig, steile Fesseln

Einflüsse

KARABAKH
verbesserte
Schnelligkeit,
Wendigkeit und
Gang.

ACHAL-
TEKKINER
übertrug seine
Leistungsbereit-
schaft sowie
Ausdauer.

VOLLBLUT
verbesserte
Größe, Körperbau
und Leistungs-
fähigkeit.

ARABER
gab körperliche
Gesundheit,
Qualität und
angenehmes
Temperament
mit.

Lebensraum Steppe, Taiga	Ursprung Vorgeschichte	Blut Warmblut

PRZEWALSKI-PFERD

Es ist allgemein bekannt, daß die heutigen Pferderassen von vier primitiven Rassen abstammen, die die Eiszeit überlebten – dem Tarpan, dem Tundren-Pferd, dem Waldpferd und dem Przewalski-Pferd. Von diesen haben wiederum nur der Tarpan, das Wald- und Steppenpferd von Osteuropa, genannt *Equus przewalski gmelini antonius*, als Nachkommen des Tarpans in einer kleinen Herde in Popielno/Polen überlebt. Das Tundren-Pferd von Nordostsibirien, das ziemlich sicher nicht zur Entwicklung unserer Hauspferderassen beigetragen hat, ist ausgestorben; das gleiche gilt für das schwere, kaltblütige Pferd von Nordeuropa, *Equus przewalski silvaticus* genannt, das Waldpferd. Das *Equus przewalski poliakov*, heute bekannt als Przewalski-Pferd oder Asiatisches Wildpferd, ist der einzige Nachfahre der wilden Ahnen. Da es als Wildpferd nicht mehr existiert, lebt es heute in Tierparks und einigen wenigen privaten Gestüten weiter.

MONGOLEI:
TACHIN SCHAH-GEBIRGE

• **ZUCHT** Diese primitive Rasse hat seinen Namen von dem polnischen General N. M. Przewalski (1839–1888). Er entdeckte im Jahre 1881 in der Mongolei eine wilde Herde dieser Pferde, in der Gegend der Tachin Schah-Berge (was soviel heißt wie »Berge des gelben Pferdes«), am Rande der Wüste Gobi.
• **MERKMALE** Das Przewalski-Pferd hat einen wilden, unzähmbaren Charakter und besitzt eine einzigartige primitive Kraft. Es zeigt Merkmale, die beim domestizierten Pferd nicht gefunden werden, z. B. 66 Chromosomen anstelle von 64 beim domestizierten Pferd. Es besitzt eine Stehmähne, das Deckhaar ist falbfarben mit schwarzen Beinen, manchmal mit Zebrastreifen sowie Aalstrich.

abfallende Kruppe •

untere Hälfte des Schweifes aus schwarzem Haar •

GRÖSSE
122 bis 140 cm
Stockmaß

sehr große, harte, flache Hufe mit engen Trachten •

Farbe Falbe	Verwendung Wildpferd

kurze, primitive
Stehmähne •

• gerades oder
konvexes Kopfprofil

wenig
• Stirnhaare

kurze •
Röhrbeine

• langer, schwerer
Kopf mit hoch-
liegenden, kleinen
Augen

Lebensraum tropisches Klima	Ursprung 13. bis 14. Jahrhundert	Blut Warmblut

KATHIAWARI

Der Kathiawari kann als heimisches Pferd des Indischen
Subkontinents betrachtet werden. Es stammt von der Halbinsel
Kathiawari an der indischen Westküste. Man findet diese Rasse
auch in Gujerat, im südlichen Rajasthan und im Maharashta.

• **ZUCHT** Die Kathiawari stammen von einheimischen indischen
Ponys ab, die mit Arabern gekreuzt wurden, welche von den
Golfstaaten importiert wurden, und zwar in der Zeit der
Mongolen-Herrschaft. Die einheimischen Land-Rassen führten
teilweise östliches Blut, wie z. B. die Kabuli- und Baluchirassen.
Die Zuchtselektion wurde unter diesem Aspekt von den
Königshäusern betrieben, und so entstanden 28 verschiedene
Linien.

• **MERKMALE** Der harte und zähe Kathiawari ist ein
schmales Pferd mit leichtem Rahmen und hat Ähnlichkeit
mit dem Araber. Die besten Exemplare zeichnen sich
durch eine typische hohe Schweifhaltung aus. Viele
besitzen eine natürliche Veranlagung für Paßgang,
ein Merkmal einiger zentralasiatischer Rassen.
Bekannt und geschätzt ist ihr intelligentes,
gutmütiges und liebevolles Wesen.

INDIEN: KATHIAWARI-PROVINZ

• *schwach aussehende
Hinterhand*

• *im Vergleich zu
europäischen Rassen
ziemlich schwache
Hinterbeine*

• *sehr typischer Kopf,
lyraförmige Ohren, die
oben fast zusammen-
stoßen*

Farbe alle Farben, außer Rappen	Verwendung Reiten und Fahren

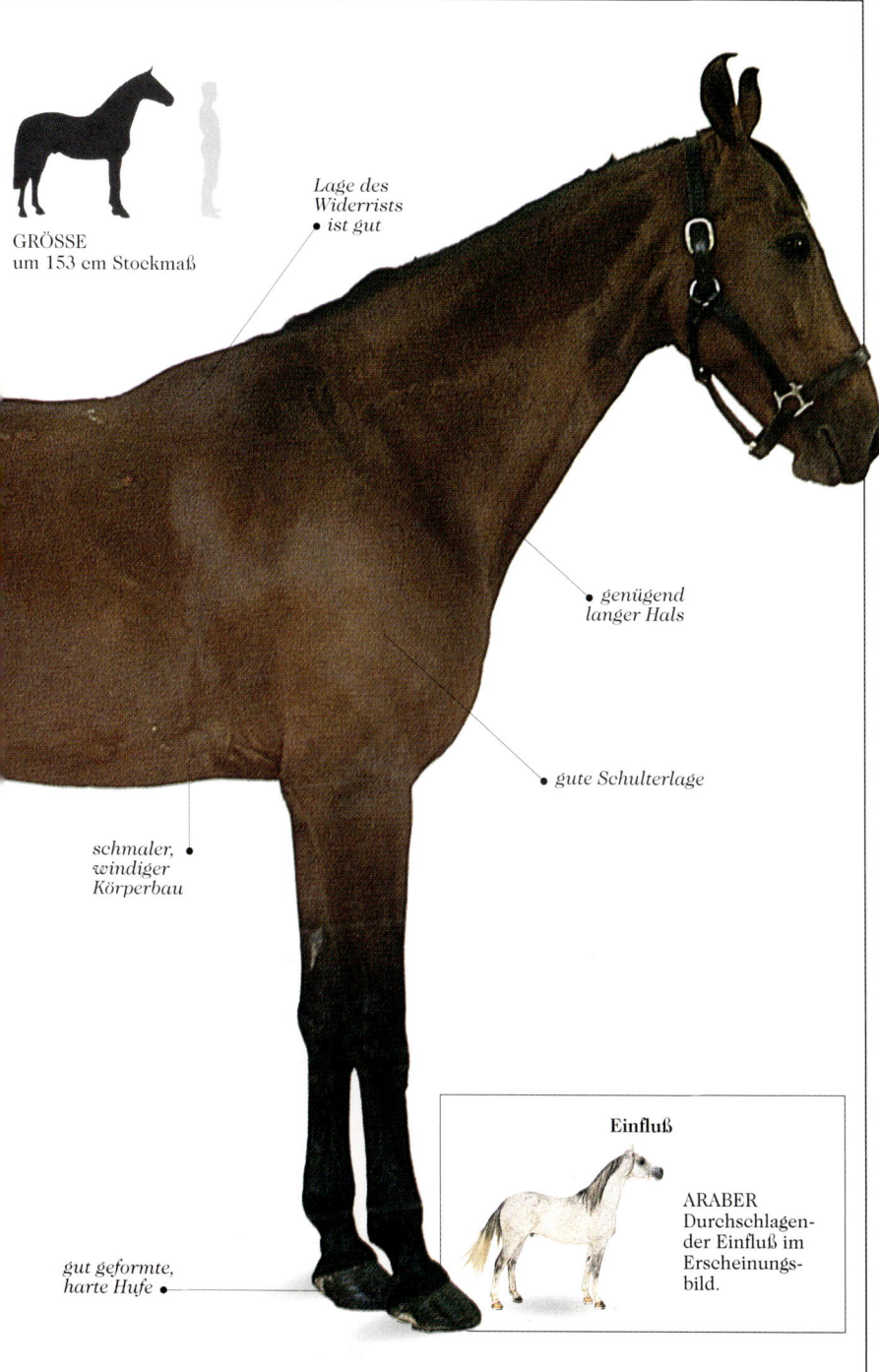

GRÖSSE
um 153 cm Stockmaß

Lage des Widerrists ist gut

genügend langer Hals

gute Schulterlage

schmaler, windiger Körperbau

gut geformte, harte Hufe

Einfluß

ARABER
Durchschlagen-
der Einfluß im
Erscheinungs-
bild.

Lebensraum tropisches Klima	Ursprung 19. Jahrhundert	Blut Warmblut

INDIANBRED

In Indien gibt es für militärische Bedürfnisse nach wie vor eine
große Nachfrage nach Kavalleriepferden, Tragtieren und Maultieren.
Das sogenannte Indianbred-Pferd wurde entwickelt, um den
heutigen Ansprüchen an ein Allroundpferd gerecht zu werden; die
Zucht erfolgt weiterhin in Armeegestüten und Remontedepots.
• **ZUCHT** In den frühen Tagen der Britischen Herrschaft wurde die
indische Kavallerie weitestgehend mit Pferden arabischen
Ursprungs beritten gemacht, wobei die Kavalleristen ihre eigenen
Pferde züchteten bzw. für die Rekrutierung ihrer Pferde selbst
sorgten. Um 1800 waren dies vor allem Kathiawari-, aber auch
Kabuli- und Baluchi-Pferde. Um die Jahrhundertwende wurde
jedoch eine große Anzahl von Pferden der Rasse Waler aus
Australien importiert, die bis zur Mechanisierung der
Regimenter als Remonten bei der indischen Kavallerie
sehr gefragt waren. Noch heute wird das Indianbred-
Pferd, teilweise deutlich veredelt mit Vollblut, für
die berittenen Einheiten gezüchtet.
• **MERKMALE** Das Indianbred-Pferd entspricht
vom Typ her einem qualitätvollen Mittelgewichts-
Hunter. Es ist harmonisch proportioniert und gut
gebaut und besitzt ein korrektes Fundament.
Außerhalb seiner militärischen Verwendung hat
es sich als vielseitig einsetzbares Sportpferd sehr
bewährt. Wegen ihres ausgeglichenen Temperaments und ihrer gesunden Konstitution sind die
Pferde sehr geschätzt.

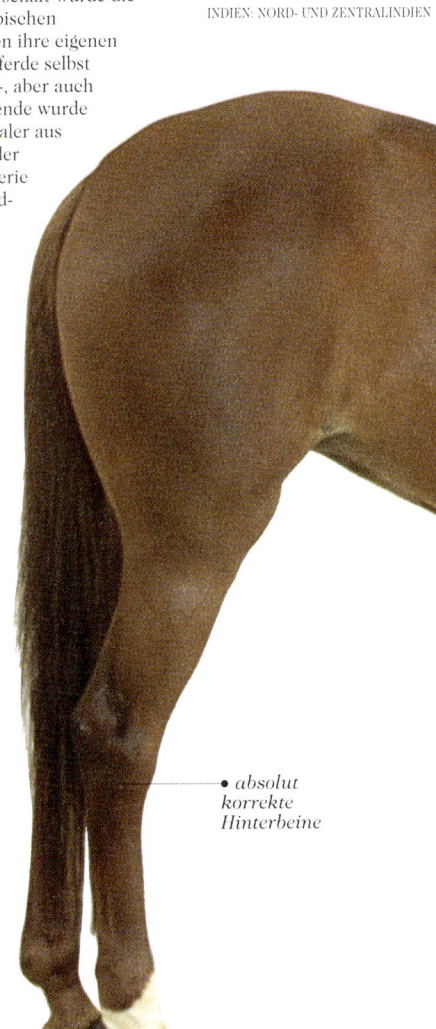

INDIEN: NORD- UND ZENTRALINDIEN

• *absolut
korrekte
Hinterbeine*

Einflüsse

VOLLBLUT
veredelte den Kör-
perbau und ver-
besserte Rahmen,
Gangvermögen
und Interieur.

WALER
übertrug Wendig-
keit und Substanz;
ergänzte Aus-
dauer.

ARABER
Von größter Bedeu-
tung waren Aus-
dauer, Gesundheit
und Temperament.

Farbe alle klaren Farben	Verwendung Reitpferd

GRÖSSE
152 bis 162 cm Stockmaß

• einheitlich gute
Vorhand, gute
Reitschulter

• sehr beweg-
liche Ohren,
intelligenter
Ausdruck

guter Körper- •
bau, ziemlich
viel Brusttiefe

• ein feiner Kopf
mit freundli-
chem Gesicht ist
charakteristisch
und spiegelt das
gutmütige Tem-
perament wider

Lebensraum gemäßigtes Klima	Ursprung 19. Jahrhundert	Blut Warmblut

AUSTRALIAN STOCK HORSE

Die ersten Pferde kamen vor ungefähr 200 Jahren nach Australien, zuerst von Südafrika und dann vermehrt aus Europa; es waren hauptsächlich Araber und Vollblüter. Die heimischen Landrassen, als Arbeitspferde für die Schaf- und Rinderhaltung gezüchtet, wurden Waler genannt. Der Name stammt von dem Gebiet Neusüdwales, wo diese Pferde damals hauptsächlich gezüchtet wurden.

AUSTRALIEN: NEUSÜDWALES

• **ZUCHT** Während des Ersten Weltkrieges und auch noch einige Jahre später war der Waler als das weltbeste Kavalleriepferd bekannt. Tausende dieser Pferde waren in den Jahren 1917–1918 im Kriegseinsatz bei Allenbys Feldzug gegen die Türken, und als Remonte bei der indischen Kavallerie war der Waler vor der Mechanisierung ebenso gefragt. Aus dieser Stammrasse wurde das Australian Stock Horse entwickelt, das mit dem Typ des Anglo-Arabers sehr vieles gemeinsam hatte. Weitere Einkreuzungen erfolgten mit Percherons und Ponys sowie Quarter Horses. Eine Rasse, die sich in Australien wachsender Beliebtheit erfreut.

• **MERKMALE** Das moderne Stock Horse ähnelt im Typ mehr dem Vollblüter als dem alten Waler. Ein ausgezeichneter und praktischer Allrounder mit großer Ausdauer und Leistungsbereitschaft, hart und sehr wendig, außerdem leichtfuttrig und rittig. Es gibt heute noch keinen klar definierten Typ und keine speziellen Normen hinsichtlich der Exterieurbeschreibung.

• *kraftvolle Hinterhand, Voraussetzung für die große Wendigkeit dieser Rasse*

GRÖSSE
152 bis 162 cm Stockmaß

*kräftige, tief •
liegende
Sprunggelenke*

Farbe alle klaren Farben	Verwendung Reitpferd

kräftiger, gut
gebauter Rücken mit
• idealer Sattellage

der Kopf ähnelt dem •
Vollblüter, aber häufig
etwas klobig wie beim
Quarter Horse

• große Brusttiefe,
gut gelagerte
Schultern

Knochenstärke,
ze Röhrbeine
harte Hufe •

Einflüsse

WALER
übertrug Lei-
stungsbereitschaft,
Wendigkeit und
ausgeglichenes
Temperament.

VOLLBLUT
ergänzte Schnel-
ligkeit und
verbesserte Gang-
vermögen und
Rahmen.

Lebensraum gemäßigtes Klima	Ursprung 19. Jahrhundert	Blut Warmblut

AMERICAN SADDLEBRED

Das berühmteste und am weitesten verbreitetste Showpferd
Amerikas ist die Rasse Saddlebred, früher als Kentucky Saddler
bezeichnet. Es wurde ursprünglich in den Südstaaten als
praktischer Allrounder gezüchtet; das heutige Zuchtziel ist die
Brillanz der Darstellung im Showring, unter dem Sattel wie im
Schaugeschirr vor dem Wagen.

• **ZUCHT** Das American Saddlebred wurde aus zwei Rassen
entwickelt: dem alten Narragansett Pacer, ein Arbeitspferd der
Rhode Islands-Plantagen, und dem Canadian Pacer – beide Rassen
hatten eine natürliche Veranlagung für verschiedene Gangarten.
Durch Veredelung mit Vollblut und Morgan-Blut entstand ein Pferd
mit beeindruckendem Erscheinungsbild, mit Schnelligkeit und
brillanten Bewegungen.

• **MERKMALE** Ein auffallendes Pferd, das sich hervorragend
präsentiert. Das Saddlebred demonstriert Schritt, Trab und Galopp
mit einer hohen Knieaktion (Dreigänger). Weitere Gänge, von
dem sogenannten Fünfgänger beherrscht, sind der 4-Takt-Tölt, der
erhabene »Slow gait« und der atemberaubende, schnelle »Rack«.
Sind die Hufe normal beschlagen, kann das Saddlebred beim
Freizeitreiten und beim Wanderreiten eingesetzt werden.

USA: KENTUCKY

*hohe Kruppe
mit hoch ange-
setztem Schweif* •

Einflüsse

VOLLBLUT
übertrug Qualität,
Temperament
und brillante
Bewegungen.

NORFOLK
ROADSTER
Quelle für
Rahmen und
Trabveranlagung.

NARRAGANSETT
gab die Veranla-
gung für Spezial-
gänge mit.

SPANISCHES
PFERD
vererbte Härte,
Leistungsbereit-
schaft und auf-
fallende Gänge.

• *elegante, leichte
Gliedmaßen*

Farbe alle klaren Farben	Verwendung Reit- und Fahrpferd

GRÖSSE
152 bis 162 cm Stockmaß

hoch aufgesetzter
Hals, hohe
• Aufrichtung

feiner, qualitätvoller
Kopf mit hübschen
Ohren, breiter Stirn,
großen Augen,
kleinem Maul und
weit geöffneten
• Nüstern

eleganter Aufriß •
mit typischem
Rumpf

weiche Fesselung,
bequeme und federnde
Bewegungen •

in der Regel Hufe mit
langen Zehen, besonders
vorne, und mit schweren
Eisen beschlagen •

Lebensraum gemäßigtes Klima	Ursprung 18. Jahrhundert	Blut Warmblut

APPALOOSA

Die Farbflecken-Gene bei Pferden sind so alt wie die Pferderassen selbst. Die Entwicklung der Appaloosa mit ihrer besonderen Fellzeichnung ist den Nez-Percé-Indianern in Nordamerika zu verdanken, die im Nordosten von Oregon in dem vom Palouse River bewässerten Tal lebten und dieser Rasse ihren Namen gaben.

• **ZUCHT** Die Rasse entwickelte sich im 18. Jahrhundert und gründete auf dem Spanischen Pferd, welches nach Amerika importiert wurde, und auch schon gefleckte Pferde mitbrachte. Die Nez-Percé-Indianer waren geschickte Pferdezüchter und praktizierten eine strenge Zuchtselektion. Das Ergebnis ihrer Zuchtpraxis war ein fehlerfreies, praktisches Arbeitspferd mit einer attraktiven Fellfarbe. Im Jahre 1877 wurde der Stamm mit all seinen Pferden beinahe ausgerottet, da amerikanische Truppen das Land besetzten. Im Jahre 1938 lebte die Zucht wieder auf, als der Appaloosa Horse Club in Moscow/Idaho gegründet wurde. Mit über 150000 registrierten Pferden ist es jetzt die drittgrößte Rasse der Welt.

• **MERKMALE** Der heutige Appaloosa ist sowohl Arbeits- wie Freizeitpferd, das zunehmend auch im Spring- und Rennsport eingesetzt wird. Es ist für seine Ausdauer, Leistungsbereitschaft und sein gutes Temperament bekannt. Es gibt fünf anerkannte Grundmuster: 1. Tigerschecke; 2. Weiße Decke über Rücken und Hüfte; 3. Marmoriert – der gesamte Körper ist gesprenkelt; 4. Schneeflocke – weiße Pünktchen über dem ganzen Körper; 5. Frost – weiße Tupfen auf dunklem Fell (siehe Seite 22/33).

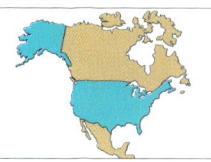

USA: OREGON

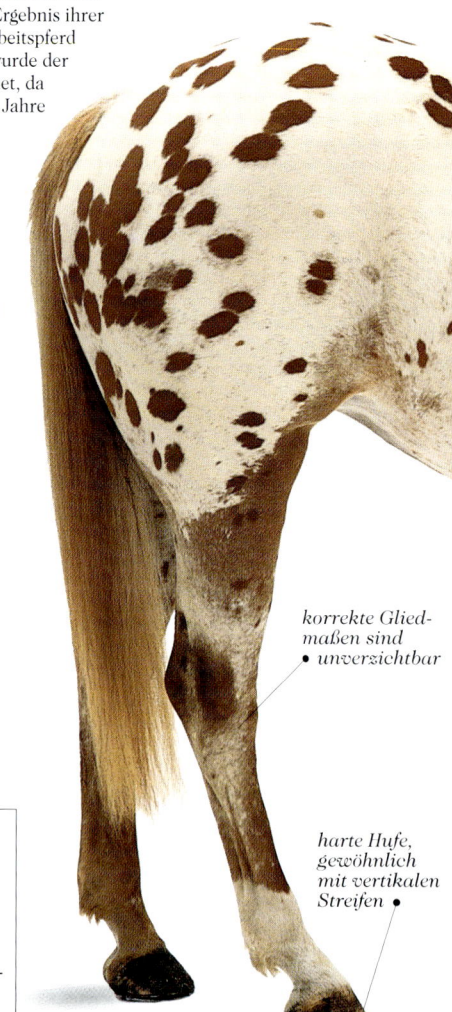

korrekte Glied-
maßen sind
• unverzichtbar

harte Hufe,
gewöhnlich
mit vertikalen
Streifen •

GRÖSSE
145 bis 155 cm Stockmaß

Einfluß

SPANISCHES
PFERD
vererbte Stärke,
Anpassungsfähig-
keit, Härte und
gefleckte Farbe.

Farbe gesprenkelt	Verwendung Reitpferd

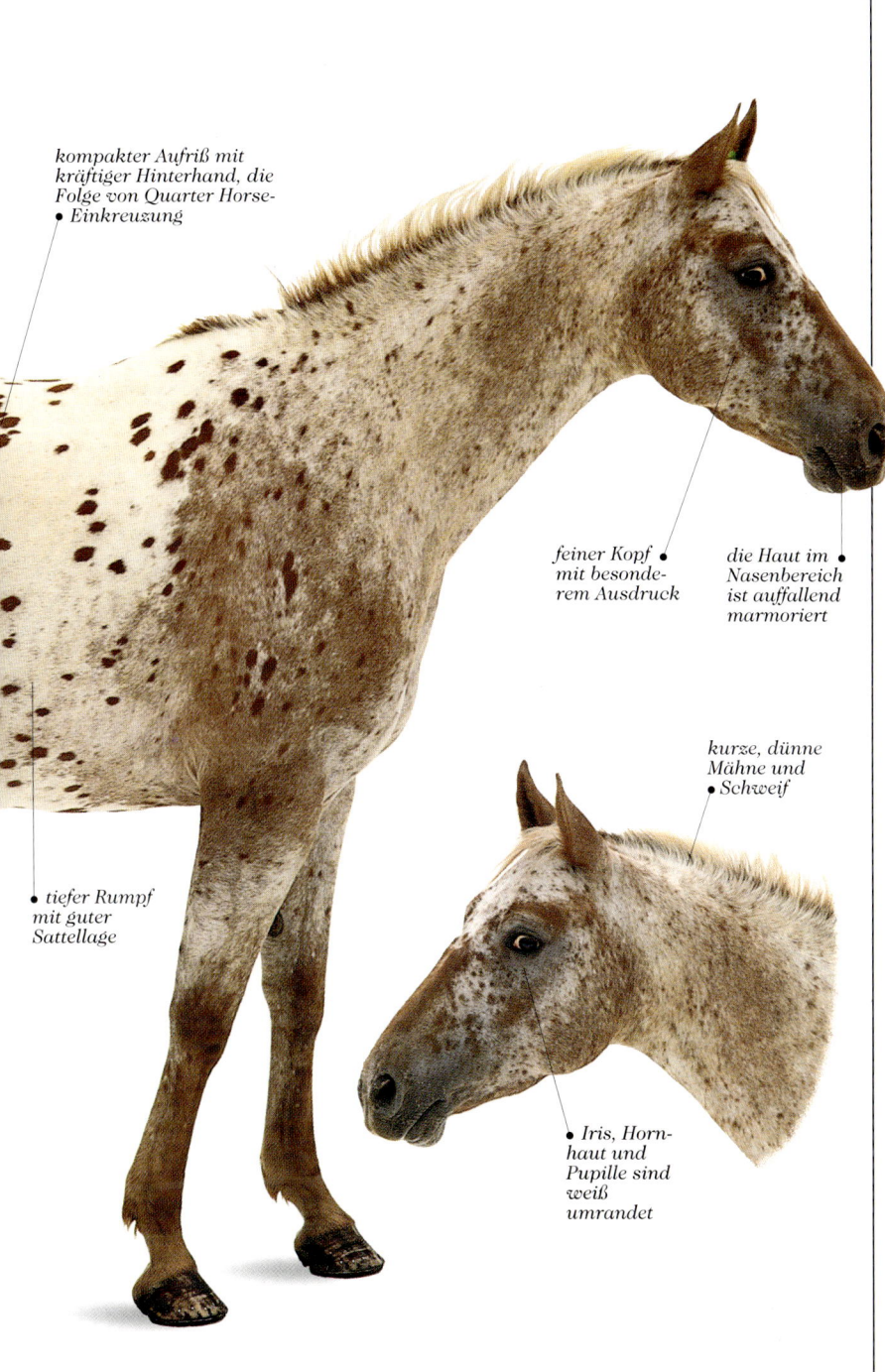

kompakter Aufriß mit
kräftiger Hinterhand, die
Folge von Quarter Horse-
• Einkreuzung

feiner Kopf •
mit besonde-
rem Ausdruck

die Haut im •
Nasenbereich
ist auffallend
marmoriert

kurze, dünne
Mähne und
• Schweif

• tiefer Rumpf
mit guter
Sattellage

• Iris, Horn-
haut und
Pupille sind
weiß
umrandet

Lebensraum gemäßigtes Klima	Ursprung 19. Jahrhundert	Blut Warmblut

MISSOURI FOX TROTTER

Der Missouri Fox Trotter ist eine amerikanische Gangpferderasse
wie der Tennessee Walker und das Saddlebred. Er stammt vom
Ozark-Plateau zwischen Missouri und Arkansas (um 1820), wo er
als nützliches Gebrauchspferd von den Siedlern auf dem Land
gezüchtet wurde. Im Jahre 1948 wurde für diese Rasse ein Stutbuch
eröffnet. Der moderne Fox Trotter ist ein vielseitiges Freizeit- und
Showpferd, das in der Regel in Westernausrüstung geritten wird.
Die verschiedenen Gangarten haben sich ganz natürlich entwickelt
und künstliche Hilfen werden vom Zuchtverband abgelehnt.

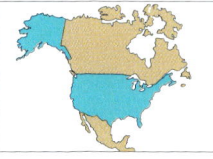

USA: ARKANSAS UND MISSOURI

• **ZUCHT** Die frühen amerikanischen Siedler kreuzten Morgans,
Vollblüter und Pferde spanischer Vorfahren auf Inzuchtbasis. Dann
führten sie Blut zu, vom Saddlebred und Tennessee Walking Horse,
um ein einfach zu handhabendes, kompaktes Pferd mit
unkompliziertem Charakter zu entwickeln mit der Eigenschaft, sich über lange Strecken über unebenes
Gelände in einer weichen, gebrochenen Gangart
(zwischen Trab und Schritt) in einer Durch-
schnittsgeschwindigkeit von 8 km/h fortzu-
bewegen.

• **MERKMALE** Besonders charakteristisch
ist der bequeme, trittsichere, gleitende
Gang, der nur wenig Rückenbewegung
verursacht. Das Pferd bewegt sich
dabei mit den Vorderbeinen in einer
Art Schritt, während die Hinterbeine traben. Die Hinterbeine
schwingen weit nach vorne und
gleiten dann zum Boden. Über
kurze Strecken kann in dieser
Gangart eine Geschwindigkeit
von 16 km/h erreicht werden.

*hübscher, trockener,
intelligenter Kopf mit
auffallend beweg-
lichen Ohren* •

• *kräftige Hinter-
beine, gut bemuskelt,
mit viel Untertritt*

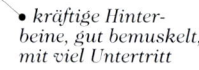

Farbe vorwiegend Füchse	Verwendung Reitpferd

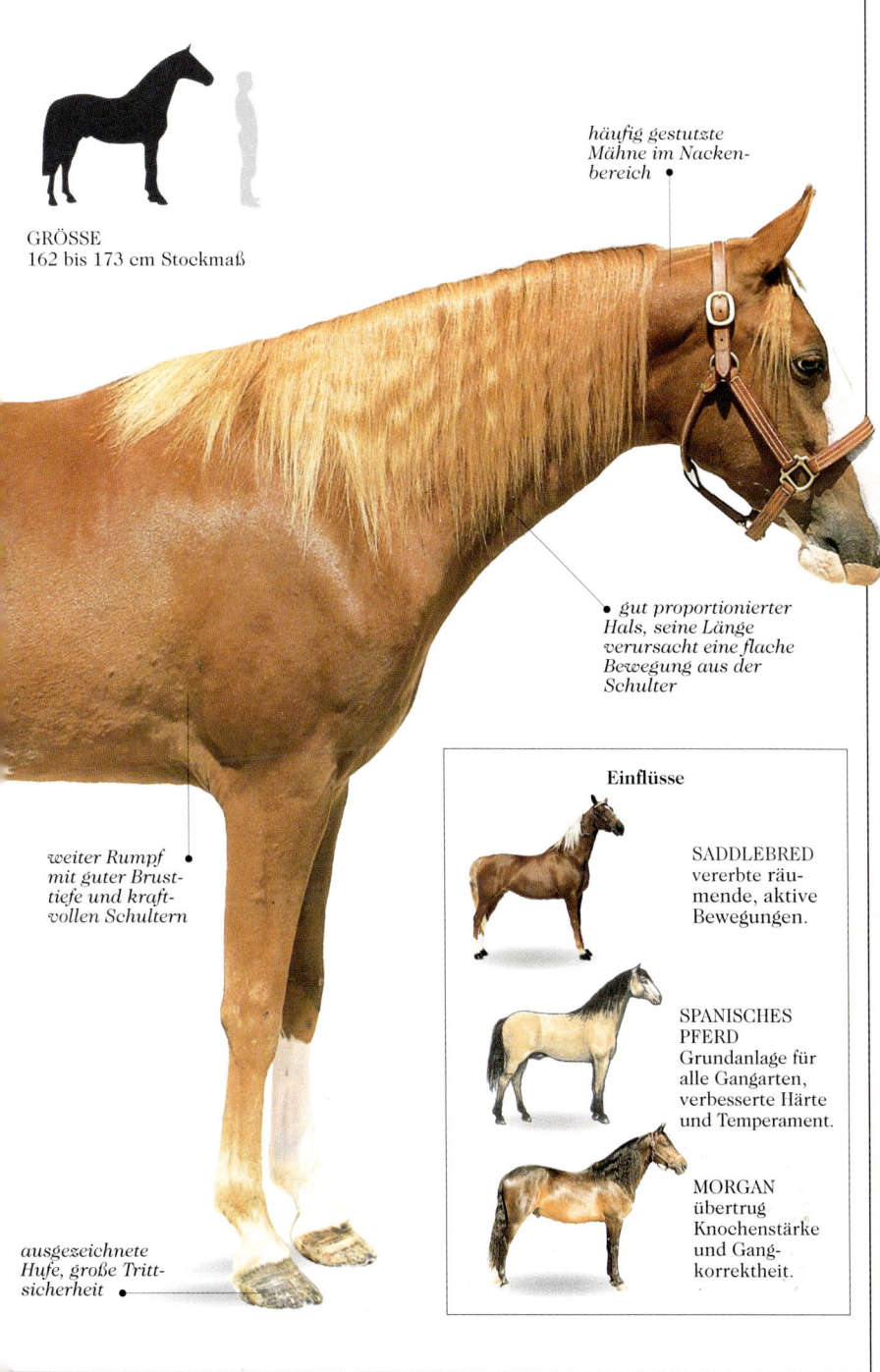

GRÖSSE
162 bis 173 cm Stockmaß

häufig gestutzte
Mähne im Nacken-
bereich •

• gut proportionierter
Hals, seine Länge
verursacht eine flache
Bewegung aus der
Schulter

weiter Rumpf •
mit guter Brust-
tiefe und kraft-
vollen Schultern

ausgezeichnete
Hufe, große Tritt-
sicherheit •

Einflüsse

SADDLEBRED
vererbte räu-
mende, aktive
Bewegungen.

SPANISCHES
PFERD
Grundanlage für
alle Gangarten,
verbesserte Härte
und Temperament.

MORGAN
übertrug
Knochenstärke
und Gang-
korrektheit.

Lebensraum gemäßigtes Klima	Ursprung 18. Jahrhundert	Blut Warmblut

MORGAN

Der Morgan ist etwas Besonderes, da er von einem einzigen Stammvater namens Justin Morgan abstammt. Er ist ein vielseitiges Freizeitpferd, wird western oder englisch geritten, und wird zunehmend,
unter dem Sattel wie im Geschirr, als Showpferd wettkampfmäßig
eingesetzt. Bis zur Motorisierung war der Morgan das auserwählte
Remontepferd der US-Armee. Ein Standbild von Justin Morgan bei der
Morgan Horse Farm in der Nähe der Vermont-Universität soll immer
und ständig an eines der außergewöhnlichsten Pferde der Welt
erinnern.

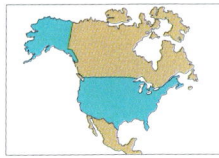

USA: MASSACHUSETTS
UND VERMONT

• **ZUCHT** Der Stammvater der Rasse wurde entweder 1789 oder 1793
in West Springfield, Massachusetts geboren. Im Jahre 1795 wurde er
von einem Lehrer aus Vermont namens Justin Morgan erworben und
danach benannt. Er mußte als Farmpferd hart arbeiten, vor
dem Pflug und bei der Holzarbeit im Wald. Bei schweren
Zugwettbewerben und bei Trab- und Galopprennen blieb
er ungeschlagen. Er war als Hengst ein durchschlagender Vererber, denn alle Morgans gehen auf ihn zurück.
Man vermutet, daß sein eigener Vater ein Vollblüter
war mit dem Namen True Briton. Eine andere Theorie
behauptet, daß er von einem importierten niederländischen Hengst abstammt, und die Waliser sagen,
er war ein reinrassiger Welsh Cob, was auch möglich
sein kann.

• **MERKMALE** Für Show-Wettbewerbe wird der
Morgan speziell beschlagen, um eine unnatürliche
Knieaktion zu erzielen. Bei normalem Hufbeschlag
ist die Bewegung in den Grundgangarten natürlich
und frei. Die Rasse hat den Ruf, hart zu sein und
zeichnet sich durch große Leistungsbereitschaft
und außergewöhnliche Körperkraft aus. Der
moderne Morgan ist edler in der Erscheinung als
der frühere, stämmigere Typ, aber auch sehr
intelligent und ist unkompliziert zu halten.

• sehr gute
Hinterhand

• korrekte Stellung
der Hinterbeine

mittelgroße, runde
Hufe aus weichem,
• dichtem Horn

Einflüsse

ARABER
Einfluß nicht
sicher, aber
möglich.

VOLLBLUT
Einfluß ziemlich
wahrscheinlich.

Farbe alle klaren Farben	Verwendung Reit- und Fahrpferd

GRÖSSE
143 bis 158 cm Stockmaß

gut markierter
Widerrist, kräftige
• Schultern

korrekte, klare
Gelenke, keine
schweren Beine •

kurze, kräf- •
tige Röhrbeine

Fesseln nicht
übermäßig
gewinkelt •

gleichmäßig •
abgerundete
Hinterhand

sehr gute •
Bemuskelung der
Oberschenkel

tiefliegende •
Sprung-
gelenke

Lebensraum Wüste, Savanne	Ursprung 16. bis 17. Jahrhundert	Blut Warmblut

MUSTANG

Der Name »Mustang« ist eine sprachliche Verfälschung des spanischen Wortes *mesteña*, was so viel heißt wie eine Gruppe oder Herde von Pferden. Am Anfang des 20. Jahrhunderts gab es in den westlichen Teilen der USA ungefähr eine Million Wildpferde. Um 1970 wurden die Herden drastisch reduziert, man tötete die Pferde, um Tiernahrung und Fleisch für den menschlichen Verzehr zu gewinnen. Heute sind sie per Gesetz geschützt.

• **ZUCHT** Der Mustang stammt von spanischen Pferden ab, die von den Konquistadoren im 16. Jahrhundert nach Amerika gebracht wurden. Die Spanier richteten in Mexiko Rinderfarmen ein und alle Pferde, die dabei freikamen oder selbst auf den Prärien umherstreiften und sich dabei frei vermehren konnten, bildeten den Grundstock der Herden, welche sich dann weiter nach Nordamerika ausbreiteten.

• **MERKMALE** Die Mustangs sind wendig, hart und sehr schnell. Obwohl sie manchmal hinsichtlich der Qualität minderwertig sind, haben sie sehr häufig die Eigenschaften der spanischen Vorfahren, wie z.B. große Stärke und Aussehen, bewahrt. Aus den Mustangs gingen auch andere Rassen, wie z.B. das legendäre Chickasaw Indian Pony, hervor, das wiederum das Quarter Horse züchterisch beeinflußte.

Einfluß

SPANISCHES PFERD ist verantwortlich für Körperkraft, Schnelligkeit und widerstandsfähige Konstitution.

der Kopf hat deutlich spanischen Ausdruck •

üppige Mähne und Schweif sowie Fellfarbe sind typisch für das Spanische Pferd •

• starker, breiter Körperbau ohne deutlich erkennbaren Widerrist

• harte, ausdauernde Gliedmaßen

gute Hufe, die keinen • Beschlag brauchen

GRÖSSE
143 bis 153 cm Stockmaß

USA: WESTSTAATEN

Farbe alle Farben	Verwendung Wildpferd

Lebensraum heißes Klima	Ursprung 15. bis 16. Jahrhundert	Blut Warmblut

PALOMINO

Die alte goldfarbene Palomino-Färbung kommt bei verschiedenen Pferden und Ponys, aber auch bei eingeführten Rassen vor. Deshalb ist der Palomino ein spezieller Farbtyp und keine Rasse im echten Sinne. Die Spanier brachten diese Farbe nach Amerika, wo sie heute beim Quarter Horse und beim Saddlebred zu finden ist. Vermutlich läßt sich der Name entweder von einem spanischen Don, Juan de Palomino, oder einer goldfarbenen spanischen Weintraube ableiten.

Einfluß

SPANISCHES PFERD vererbte viele körperliche Eigenschaften sowie die typische Farbe.

• **ZUCHT** Obwohl sie keine echte Rasse sind, werden Palominos in den USA vermehrt gezüchtet. Zur Eintragung in die American Palomino Horse Association müssen genaue Anforderungen erfüllt werden, z.B. ein Stockmaß von 142 bis 162 cm; außerdem muß ein Elternteil registriert sein, der andere ein Quarter Horse, ein Araber oder ein Vollblüter sein.

Mähne und Schweif sind silberweiß mit höchstens 15% an dunklen Haaren •

• **MERKMALE** Diese hängen jeweils von dem dominanten genetischen Einfluß ab. Am beliebtesten ist die Kreuzung von Füchsen mit Palomino oder von Füchsen mit Hellfuchsschimmel oder Albinos.

USA

• die Fellfarbe ist wie eine frisch geprägte Goldmünze

weiße Abzeichen an den Beinen sollten nicht über Karpal- und Sprunggelenke • hinausreichen

GRÖSSE
alle Größen

Farbe Palomino	Verwendung Reitpferd

Lebensraum Savanne	Ursprung 16. Jahrhundert	Blut Warmblut

PINTO ODER PAINT HORSE

In Amerika gibt es zwei Zuchtverbände für diese Pferde, die Pinto
Horse Association und die American Paint Horse Association,
beide haben ihren Sitz in Fort Worth in Texas. Die Pinto Horse
Association registriert jedes Pferd oder jede Rasse, die ihre Farb-
anforderungen erfüllen und unterscheiden dabei Stock-, Hunter-,
Pleasure- und Saddle-Typ. Eine ähnliche Klassifikation besteht für
Ponys. Die American Paint Horse Association registriert Stock-
Typ-Pferde mit Blutlinien von Paints, Quarter Horses und
Vollbütern.

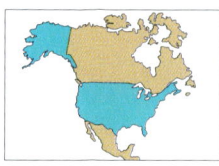

USA

• **ZUCHT** Der Pinto stammt von den spanischen Pferden ab, die
im 16. Jahrhundert nach Amerika kamen. Bis ins 18. und
19. Jahrhundert hinein kam auch in Europa eine Art
Scheckung vor, vor allem von Pferden mit spanischem
Blut. Der Name »Pinto« leitet sich von dem spanischen Wort *pintado* ab, was gescheckt bedeutet,
und in der Mundart der Cowboys wurde daraus
»paint«. Teilweise gescheckte Pferde oder
sogar gefleckte Pferde nannte man Calicos.

• **MERKMALE** Es existieren zwei Grund-
muster, Overo und Tobiano. Overo – die
Grundfarbe des Fells ist dunkel mit weißen
Flecken. Tobiano – die Grundfarbe des Fells ist
weiß, die Flecken sind farbig. Es ist sehr
schwierig, die züchterischen Vorgaben für
Pintos zu erfüllen, da hinsichtlich Typ und
Größe keine Einheitlichkeit besteht.

• kräftige Hinterhand

*gute Gliedmaßen
und Hufe sind
• erwünscht*

GRÖSSE
152 bis 162 cm Stockmaß

Einfluß

SPANISCHES
PFERD
vererbte körper-
liche Eigen-
schaften und die
Scheckfärbung.

Farbe Schecke	Verwendung Reitpferd

kraftvoller Körperbau
(Stock-Typ)

Vorhand dieses Pferdes
ist beispielhaft für den
Reittyp

Overo-
Farbmuster

feiner, edler
Kopf mit
Vollblut-Einfluß

Lebensraum gemäßigtes Klima	Ursprung 18. bis 19. Jahrhundert	Blut Warmblut

QUARTER HORSE

Das Quarter Horse ist die älteste gesamtamerikanische Pferderasse und gilt als meistverbreitetste Rasse der ganzen Welt. In
der American Quarter Horse Association sind über 3 Millionen
Pferde registriert.

USA

• **ZUCHT** Sie wurde aus englischen Pferden, die um 1611 nach
Virginia kamen und Pferden, die die Spanier im vorhergehenden
Jahrhundert importiert haben, entwickelt. Die Pferde wurden für
jede Art von Arbeit eingesetzt: Farmarbeit, Transport, Rinderarbeit,
im Geschirr und unter dem Sattel. Die englischen Siedler veranstal-
teten mit ihnen volkstümliche Wettrennen über kurze Strecken
(Quarter of a mile = Viertelmeile), daher kommt auch der
Name. Im Westen begleitete das Quarter Horse die Siedler
bei der Rinderarbeit, wo es mit seinem natürlichen
»Cow Sense« (Kuhinstinkt) wertvolle Dienste leistete.
• **MERKMALE** Das frühere Quarter Horse war berühmt für seine muskulöse Hinterhand, die einen
starken Antritt im Sprint aus dem Stand ermöglichte. Heute wird mehr Vollblut eingekreuzt,
mit dem Ziel, die Rennleistung zu verbessern.

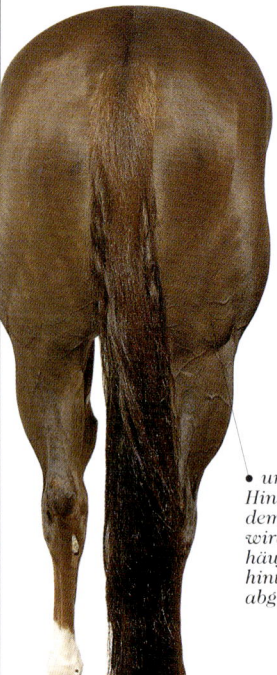

• *breite Hüften
und stark
bemuskelte
Hinterhand*

• *um die
Hinterhand zu
demonstrieren,
wird das Pferd
häufig von
hinten
abgebildet*

Farbe alle klaren Farben	Verwendung Reitpferd

schräg gelagerte, kräftige
Schulter mit weit in den
Rücken hineinreichendem
Widerrist, optimale
• Sattellage

kurzer, breiter Kopf •
mit kleinem Maul

GRÖSSE
152 bis 162 cm Stockmaß

kurze Röhr- •
beine

Einflüsse

VOLLBLUT
verbesserte
Schnelligkeit,
Gangvermögen
und Exterieur.

SPANISCHES
PFERD
Stammrasse, gab
Wendigkeit und
gesunde Konsti-
tution mit.

Lebensraum gemäßigtes Klima	Ursprung 18. bis 19. Jahrhundert	Blut Warmblut

TENNESSEE WALKING HORSE

»Wenn Du heute einen reitest, willst Du morgen einen besitzen«, behauptet die Tennessee Walking Horse Breeders' and Exhibitors' Association. Der Tennessee Walker ist eine der einmaligen amerikanischen Gangpferderassen, die im 19. Jahrhundert entwickelt wurden. Ursprünglich als Reitpferd der Plantagenbesitzer gezüchtet, ist der Walker heute ein Reitpferd für die ganze Familie.

• **ZUCHT** Der Walker stammt von dem alten Narragansett Pacer ab, ferner waren die Rassen American Standardbred, Morgan, Vollblut und American Saddlebred beteiligt. Der Stammvater war der Standardbred namens Black Allen, dem von seinen Vorfahren ein besonders eigentümlicher Gang, der Walk (ein langer, schneller Schritt im Viertakt) vererbt wurde.

• **MERKMALE** Der Walker besitzt drei »stoßfreie« Gangarten: den flat (flachen) Walk, den running (laufenden) Walk, ein Viertakt mit deutlichem Kopfnicken und Zähneklicken sowie einen weichen, schaukelstuhlartigen Galopp mit hoher Knieaktion.

Einflüsse

NARRAGANSETT PACER vererbte den natürlichen Paßgang.

VOLLBLUT veredelte und verbesserte das Exterieur.

STANDARDBRED gab den typischen Walk des Stammvaters Black Allan mit.

kurzer Körperbau –
• *Quadratpferd*

GRÖSSE
152 bis 162 cm
Stockmaß

USA: TENNESSEE

Farbe alle klaren Farben	Verwendung Reitpferd als Gangpferd

Lebensraum gemäßigtes Klima	Ursprung 19. Jahrhundert	Blut Warmblut

STANDARDBRED

In vielen Ländern sind Trabrennen um einiges beliebter als Galopprennen, und in Amerika gibt es über 30 Millionen Anhänger davon. Der Standardbred (Amerikanischer Traber) ist der perfekte Traber schlechthin, er kann eine Meile (1609 m) in 1 Min. 55 Sek. laufen. Die Rasse erhielt im Jahre 1879 ihren Namen, als zur Registrierung der Pferde, die an Rennen teilnehmen dürfen, die Anforderungen an das erwünschte Tempo festgesetzt wurden.

• **ZUCHT** Der Standardbred geht auf den Englischen Vollblüter Messenger zurück, ein Pferd mit Blutanschluß zum Norfolk Trotter, der im Jahre 1788 importiert wurde. Stammvater der Zucht ist ein Nachkomme von Messenger, mit Namen »Hambletonian 10«, der 1849 geboren wurde. Zwischen 1851 und 1875 brachte dieser Hengst 1355 Nachkommen, und seine besonderen körperlichen Voraussetzungen (hohe Kruppe) sind wohl verantwortlich für seine Qualität als Vererber von Trabrennpferden.

• **MERKMALE** Standardbreds traben entweder normal oder auch im Paßgang. Paßgänger sind schneller und neigen weniger dazu, die Gangart zu wechseln. In Amerika sind sie beliebter, in Europa sind die Traber zahlreicher. Beide haben eisenharte Beine und gute Hufe.

Einflüsse

VOLLBLUT verbesserte Schnelligkeit, Gangvermögen und Exterieur.

NARRAGANSETT PACER vererbte die Veranlagung für den natürlichen Paßgang.

MORGAN übertrug robuste Konstitution, Ausdauer und Leistungsbereitschaft.

überbaute Kruppe, starke Schubentwicklung aus der Hinterhand

GRÖSSE
um 155 cm Stockmaß

USA: OSTKÜSTE

Farbe Braune, Füchse	Verwendung Trabrennen

Lebensraum gemäßigtes Klima	Ursprung 19. Jahrhundert	Blut Warmblut

COLORADO RANGER

Neben dem Appaloosa gibt es eine weitere interessante amerikanische Rasse mit Scheckfärbung, den Colorado Ranger, oder
auch Rangerbred genannt. Seine Zuchtgeschichte beginnt im
Jahre 1878 und beinhaltet einige berühmte Blutlinien. Er ist
weit weniger bekannt als der Appaloosa, da bis zum Jahre 1968
die Mitgliedschaft der Colorado Ranger Horse Association auf
50 Personen begrenzt war.

• **ZUCHT** Der Colorado Ranger geht auf zwei Pferde zurück,
die damals im Jahre 1878 von dem türkischen Sultan Abdul
Hamid II einem gewissen General Ulysses Grant geschenkt
wurden. Beide waren reingezogene Schimmel, der Araber
Leopard und der Berberhengst Linden Tree. Seit damals
wurden Kreuzungen mit Vollblütern und Quarter Horses
gemacht.

• **MERKMALE** Aus den von den Züchtern in Colorado
bevorzugten Linien gingen ausgezeichnete, besonders
edle Arbeitspferde hervor. Die meisten Rangers
besitzen ein geflecktes Fell, doch für ihre Eintragung
ist die Abstammung entscheidend.

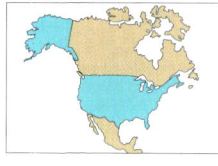

USA: COLORADO

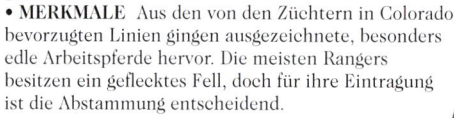

*kräftige •
Hinterhand,
Voraussetzung
für ein
Arbeitspferd*

*• korrekte,
gesunde
Gliedmaßen*

*gute, harte
• Hufe*

Farbe Schecken	Verwendung Reitpferd

GRÖSSE
um 157 cm
Stockmaß

Kopf mit gefälligen Proportionen, intelligenter Ausdruck

kompakter Körperbau, aber nicht zu schwer, Araber- und Berber-Einfluß erkennbar

Einflüsse

ARABER
übertrug Exterieur und Vererbungskraft.

BERBER
ergänzte die Araberqualitäten und verbesserte die Wendigkeit.

SPANISCHES PFERD
Stammrasse – lieferte Gesundheit und Härte.

Lebensraum Savanne	Ursprung 16. Jahrhundert	Blut Warmblut

CRIOLLO

Obwohl der Criollo in Argentinien beheimatet ist, findet man ihn in leichten Abwandlungen unter verschiedenen Bezeichnungen auf dem ganzen südamerikanischen Kontinent. In Brasilien heißt er z.B. *Crioulo Brazileiro.* In Argentinien ist er das Reitpferd der *Gauchos,* den Cowboys der Pampas, und hat bei der Züchtung der berühmten Argentinischen Polo-Ponys eine wichtige Rolle gespielt.

• **ZUCHT** Der Criollo geht auf spanische Pferde zurück, die vom 16. Jahrhundert an nach Südamerika gebracht wurden. Alle diese Pferde führten lange Zeit Berberblut. Die ersten bedeutenden Importe wurden 1535 von Don Pedro Mendoza, dem Gründer von Buenos Aires, vorgenommen. Später, als die Stadt von den Indianern geplündert wurde, liefen die Pferde überall frei herum und pflanzten sich wild fort.

• **MERKMALE** Der Criollo ist wahrscheinlich das widerstandsfähigste und zäheste Pferd der Welt; es ist in der Lage, mit ganz wenig Futter in extremen klimatischen Bedingungen zu überleben, ist unglaublich ausdauerfähig und bekanntermaßen langlebig.

Einfluß

SPANISCHES PFERD gab seine phänomenale Zähigkeit und Ausdauer mit.

mittelgroßer Kopf mit konvexem Profil, weist auf spanischen Ursprung hin •

kurzer, tiefer • Körperbau, gute Rippenwölbung

GRÖSSE
142 bis 152 cm Stockmaß

ARGENTINIEN

Farbe vor allem Falben	Verwendung Reitpferd

Lebensraum Savanne	Ursprung 16. Jahrhundert	Blut Warmblut

PASO

Der Peruanische Paso hat die gleichen Vorfahren wie der Criollo. Er besitzt spezielle angeborene, laterale Gangarten (im Paßgang) und ein ganz typisches Exterieur, das durch über 300 Jahre Zuchtarbeit selektiert wurde.

• **ZUCHT** Das Zuchtziel ist die Verbesserung der natürlichen Gangveranlagung – des Paso. Diese Gangart wird durch eine ausgeprägte, töltähnliche Bewegung der Vorderbeine charakterisiert, unterstützt durch einen kräftigen Einsatz der Hinterbeine, wobei die Hinterhand tief bleibt. Der gebrochene Paß im Viertakt kann über lange Strecken, auch in unebenem Gelände, beibehalten werden.

• **MERKMALE** Diese Rasse ist sehr ausdauernd und trittsicher. Die Hinterbeine und Hinterfesseln sind lang und meistens weich gefesselt. Aus dieser Tatsache ergibt sich die weiche Gangart.

Einfluß

SPANISCHES PFERD
Die Paso-Aktion geht auf frühere Blutlinien zurück.

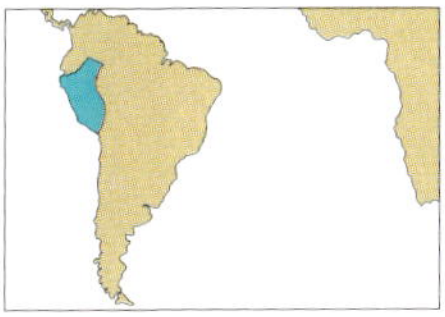

PERU

GRÖSSE
142 bis 152 cm
Stockmaß

• breite, tiefe Brust, gut entwickelte Muskulatur

große Gurttiefe, viel Platz für die großen Lungen

Farbe alle klaren Farben	Verwendung Reitpferd

KALTBLUTPFERDE

Lebensraum Taiga	Ursprung 19. Jahrhundert	Blut Kaltblut

NORDSCHWEDISCHES PFERD

Das anziehende Nordschwedische Pferd ist sehr eng verwandt mit dem Døle-Pferd (Gudbrandsdaler) und wurde auch früher durch diese Rasse stark beeinflußt. Es ist nicht allzu groß, kraftvoll und kompakt, und wird als Arbeitspferd in der Forstwirtschaft sowie auch in der Landwirtschaft genutzt. Die leichteren Kreuzungsprodukte mit Døle-Pferden werden in speziellen Kaltblut-Trabrennen eingesetzt.

• **ZUCHT** Das Hauptgestüt befindet sich in Wangen. Schon am Anfang dieses Jahrhunderts wurde mit Leistungsprüfungen begonnen. Die Pferde müssen sich dabei einem Zugtest mit Baumstämmen unterziehen und die Zugfähigkeit wird mit einem Ergometer gemessen. Die ausgereiften Pferde müssen dann weitere Zugtests absolvieren; alle Pferde werden röntgenologisch untersucht.

• **MERKMALE** Die Rasse ist bekannt wegen ihres willigen Temperaments, ihrer freien energischen Bewegungen sowie ihres großen Zugvermögens. Alle Pferde sind sehr krankheitsresistent und außergewöhnlich langlebig.

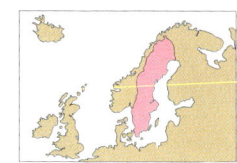

SCHWEDEN: NORDSCHWEDEN

auffallend abfallende Kruppe •

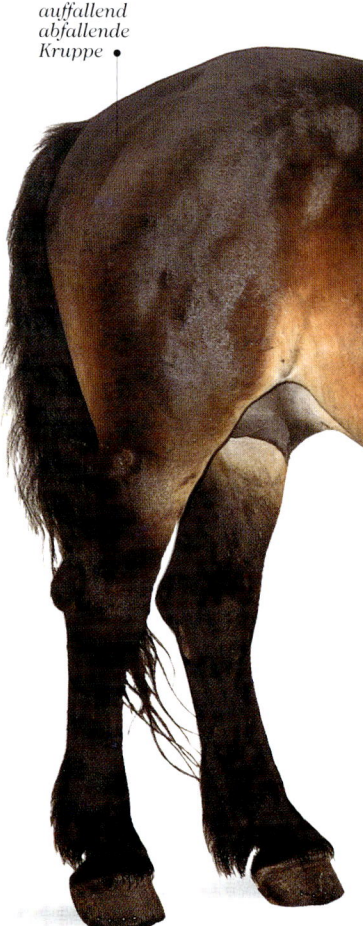

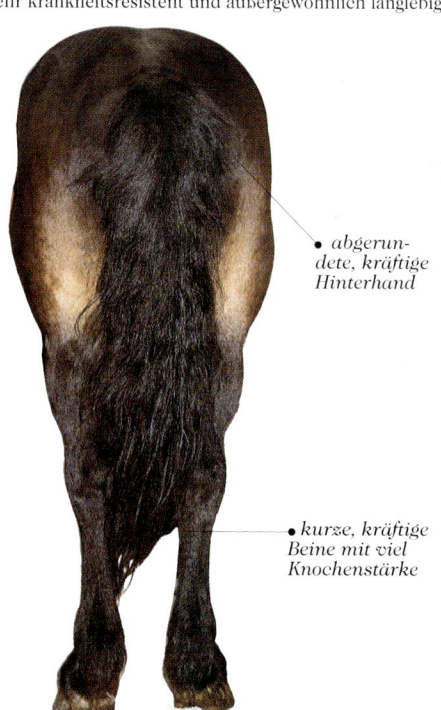

• *abgerun-
dete, kräftige
Hinterhand*

• *kurze, kräftige
Beine mit viel
Knochenstärke*

Farbe alle klaren Farben	Verwendung Arbeitspferd

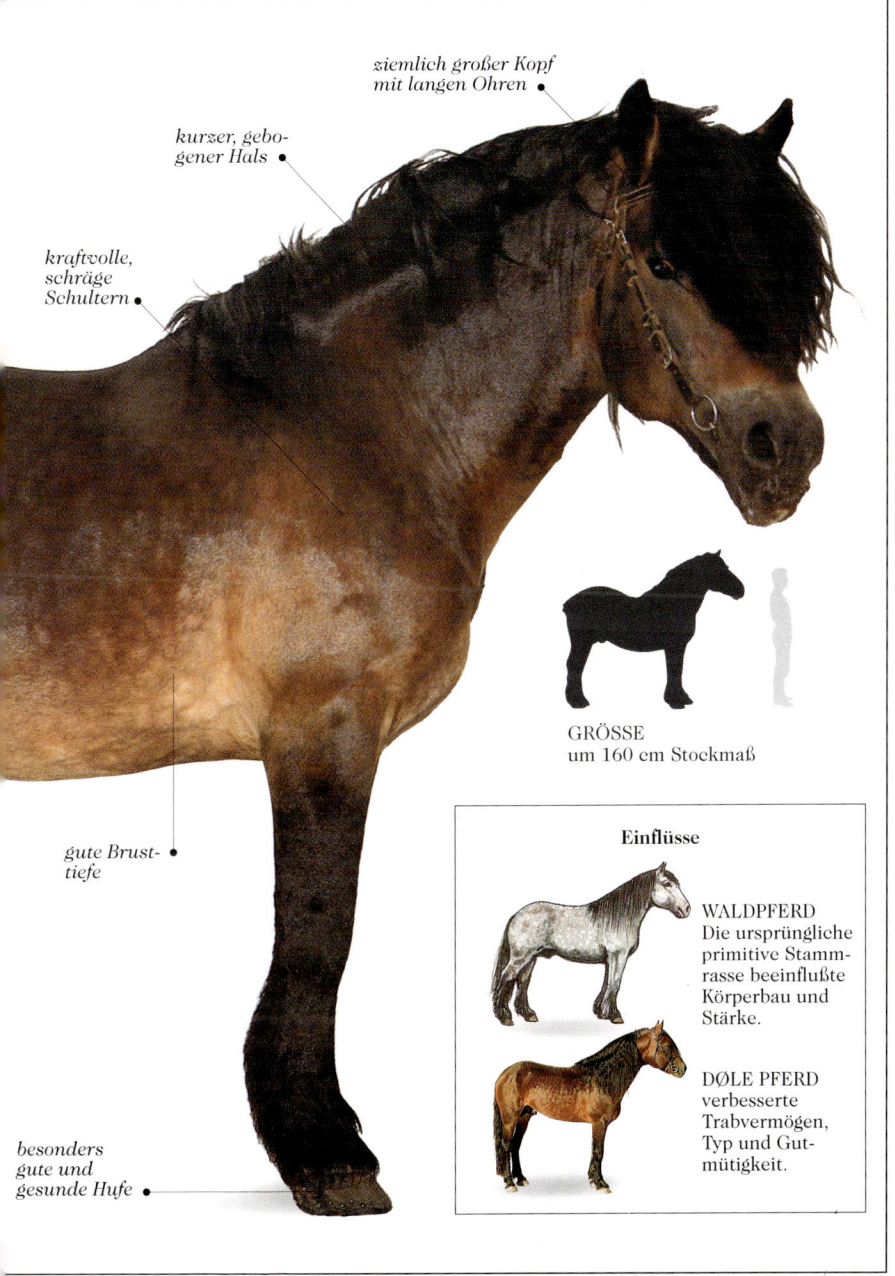

ziemlich großer Kopf
mit langen Ohren

kurzer, gebo-
gener Hals

kraftvolle,
schräge
Schultern

GRÖSSE
um 160 cm Stockmaß

gute Brust-
tiefe

besonders
gute und
gesunde Hufe

Einflüsse

WALDPFERD
Die ursprüngliche
primitive Stamm-
rasse beeinflußte
Körperbau und
Stärke.

DØLE PFERD
verbesserte
Trabvermögen,
Typ und Gut-
mütigkeit.

Lebensraum gemäßigtes Klima	Ursprung 12. Jahrhundert	Blut Kaltblut

JÜTLÄNDER

Der Jütländer, Dänemarks heimische Kaltblutrasse, wird auf der Halbinsel Jütland schon seit dem Mittelalter gezüchtet. Früher wurde er in der Landwirtschaft und für jede Art von Zugarbeit eingesetzt, heute jedoch, nachdem es nur noch wenige Pferde dieser Rasse gibt, kann man diese Pferde noch als Brauereigespanne in den Städten bewundern.

• **ZUCHT** Wie viele andere Kaltblutrassen stammt der Jütländer von dem kaltblütigen Waldpferd der Vorgeschichte ab. Um das 12. Jahrhundert wurde er als standhaftes Kriegspferd, das schwer, ausdauernd und sehr leichtfuttrig war, verwendet. Erst im 19. Jahrhundert nahm der Jütländer sein heutiges Erscheinungsbild an, wobei Cleveland Bays und Yorkshire Coach Horses von Einfluß waren. Der weitaus bedeutendste Einfluß ist jedoch durch die englische Kaltblutrasse Suffolk Punch gekommen, Stammvater ist der 1860 importierte Hengst Oppenheim LXII. Die einflußreichste Blutlinie ist die seines Nachkommens Oldrup Munkedal. Der benachbarte Schleswiger ist auch ein Jütländer, wobei man noch bis Mitte des 20. Jahrhunderts Kreuzungen vornahm.

• **MERKMALE** Der Jütländer ist ein mittelgroßes schweres Arbeitspferd mit schnellen, räumenden Bewegungen. Seine Fellfarbe ist in der Regel fuchsfarben mit hellem Langhaar, ähnlich dem Suffolk Punch, dessen züchterische Verwandtschaft in dem massiven, kalibrigen Körper, der Gurttiefe und der kraftvollen Hinterhand deutlich wird. In einer Beziehung jedoch gibt es keine Gemeinsamkeiten: Der Jütländer hat einen ausgeprägten Kötenbehang, der beim Suffolk nicht vorkommt. Die Rasse besitzt ein freundliches, gutartiges und williges Wesen.

DÄNEMARK: HALBINSEL JÜTLAND

massive Beine
mit fleischigen
• Gelenken

GRÖSSE
152 bis 162 cm Stockmaß

Einfluß

SUFFOLK
PUNCH
vererbte seinen
Körperbau und
seine Fellfarbe.

Farbe vor allem Füchse	Verwendung Zugpferd

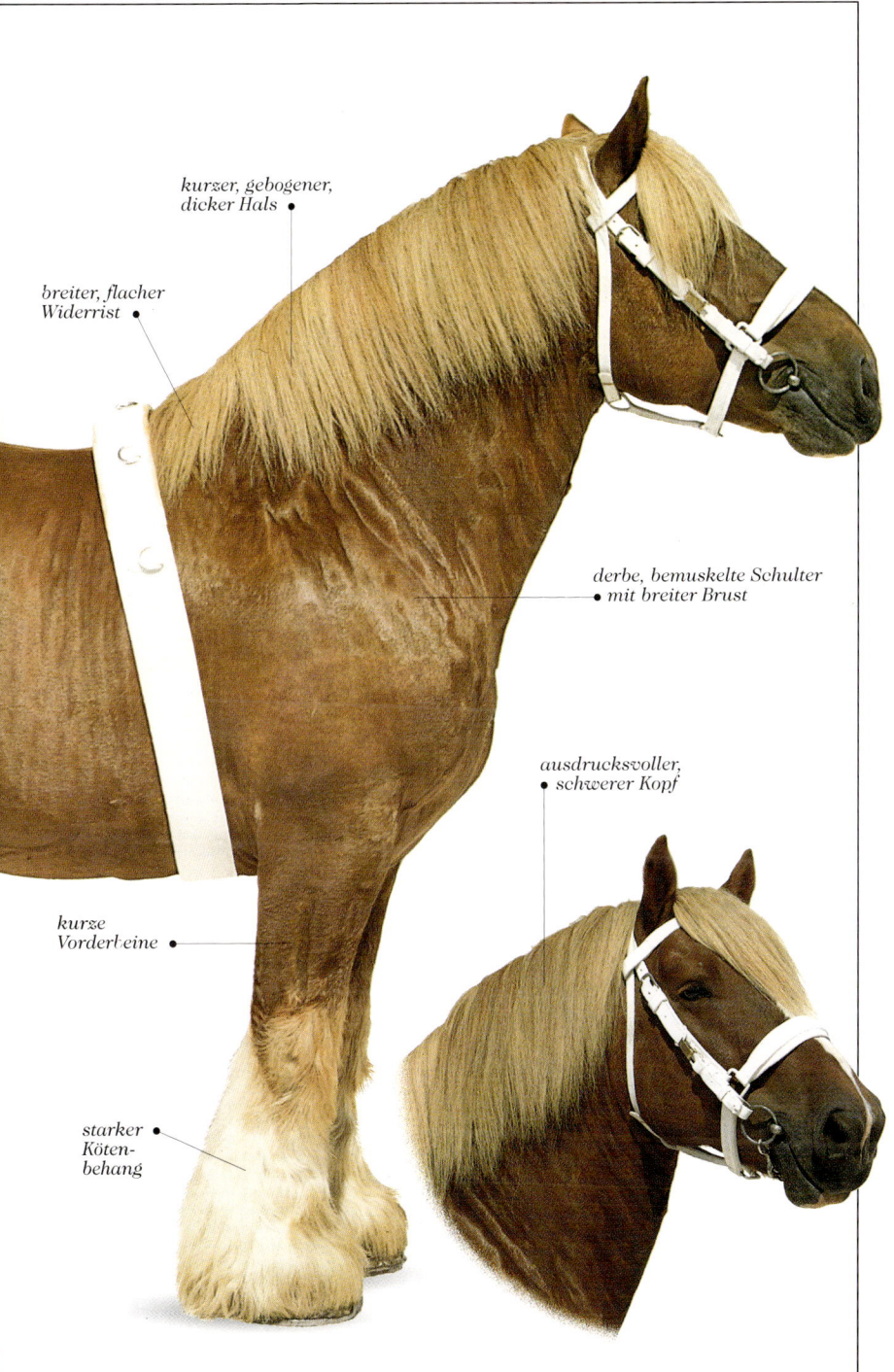

kurzer, gebogener, dicker Hals •

breiter, flacher Widerrist •

derbe, bemuskelte Schulter • mit breiter Brust

ausdrucksvoller, • schwerer Kopf

kurze Vorderbeine •

starker • Köten-behang

Lebensraum kühles Klima	Ursprung 1. bis 2. Jahrhundert AD	Blut Kaltblut

BRABANTER

Der Brabanter, auch als Belgisches Kaltblut oder *Race de Trait Belge* bekannt, leitet seinen Namen von einer der Hauptzucht-Regionen ab. Obwohl es heute außerhalb Belgiens kaum mehr bekannt ist, stellt es international eine der bedeutendsten Kaltblutrassen dar und besitzt in den USA viele Anhänger.

• **ZUCHT** Diese Rasse ist sehr alt und man vermutet, daß sie direkt von dem Waldpferd *(Equus przewalski silvaticus)* abstammt. Schon die Römer kannten diese Rasse und bereits vom 11. bis zum 16. Jahrhundert wurden schwere Kriegspferde in Brabant und Flandern gezüchtet. Das Flandrische Pferd hatte in Europa einen gewichtigen Einfluß. So ist z. B. der Einfluß auf die Entwicklung des Shire und des Clydesdales und auch des Suffolk Punch erwähnenswert. Die belgischen Züchter benützten nur bewährte Blutlinien, um ein Pferd zu züchten, das ihrem Klima, ihrem Boden und ihren wirtschaftlichen Voraussetzungen entsprach. Sie lehnten Fremdblut-Einfluß ab, praktizierten eine harte Selektion und konsolidierten die Zucht auf der Basis einer gezielten Reinzucht.

• **MERKMALE** Die drei bedeutendsten Linien, die sich im 19. Jahrhundert herausbildeten, waren: die *Gros de la Dendre-Linie,* gegründet durch Orange 1 und bekannt wegen seiner schweren dunkelbraunen Typen; die *Gris du Hainaut,* gegründet durch den Hengst Bayard, der Schimmel, Falben und die typischen Rotschimmel lieferte; der dritte Gründerhengst ist Jean 1, Gründer der *Colosses de la Mehaique-Linie,* die sich durch außergewöhnlich gute Gliedmaßen und einen kräftigen Rücken mit sehr guter Lendenpartie auszeichnet.

BELGIEN: BRABANT UND
FLANDERN

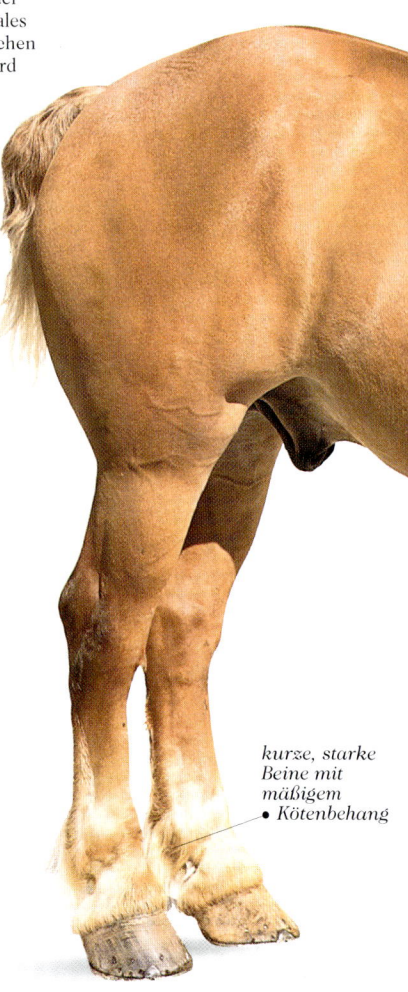

kurze, starke
Beine mit
mäßigem
• Kötenbehang

GRÖSSE
166 bis 172 cm Stockmaß

Einfluß

FLANDRISCHES
PFERD
vererbte Größe,
Masse, Stärke
und Fellfärbung.

Farbe Rotschimmel, Füchse	Verwendung Schweres Zugpferd

relativ kleiner,
quadrati-
scher Kopf •

der Rücken geht
in die charakteri-
stische Doppel-
kruppe über mit
massiger
• Hinterhand

kurzer, dicker, kräftiger
Hals, gut proportioniert zu
den massigen Schultern
• und dem tiefen Rumpf

kompakter, •
kräftiger
Körperbau

freundlicher, •
aufmerksamer
Ausdruck

| Lebensraum kühles Klima | Ursprung 16. Jahrhundert | Blut Kaltblut |

NORIKER

Der Noriker ist eine der ältesten Kaltblutrassen Europas. Sein Name geht auf die Provinz Noricum, eine Provinz des Römischen Reiches, zurück, die etwa dem heutigen Österreich entsprach. Noricum grenzte an das Zuchtgebiet Venetien an, der Urheimat des Haflingers, und deshalb gibt es zwischen den beiden Rassen auch eine züchterische Verbindung. Der heutige Noriker ist in Österreich immer noch sehr beliebt und als vielseitig verwendbares, bodenständiges Arbeitspferd der Alpenregion bestens eingeführt. Die Rasse ist züchterisch eindeutig gekennzeichnet, und muß sich strikter Zuchtauslese und systematischen Leistungsprüfungen unterwerfen.

• **ZUCHT** Die frühen Vorfahren dieser von den Römern entwickelten Rasse waren schwere Kriegspferde, die auch als Zugpferde und Tragtiere zum Einsatz kamen. Als eigene Rasse wurde der Noriker bereits um 1565 erwähnt, als er unter die Fittiche der Salzburger Bischöfe genommen wurde mit einer vom Erzbischof von Salzburg gegründeten Stutbuchführung. Schwere Burgunder-Pferde wurden damals eingekreuzt, um die Größe zu verbessern, viel wichtiger aber war das durchschlagende spanische Blut. Auch gefleckte Pferde, die sogenannten Pinzgauer-Noriker, entstanden und sind auch heute noch als Tigerschecken vorhanden. Das spanische Erbe ist in einer Anzahl anderer charakteristischer Fellfarben immer noch erkennbar.

• **MERKMALE** Ein mittelgroßes, kraftvolles und hartes Arbeitspferd. Zu den Zuchtziel-Anforderungen zählen ein Röhrbeinumfang von 22 bis 24 cm, kurze, kräftige Beine, ein Brustumfang von nicht weniger als 60% des Stockmaßes. Die Rasse ist hart und gesund, leichtfuttrig und sehr wirtschaftlich zu halten.

ÖSTERREICH UND ZENTRALALPEN

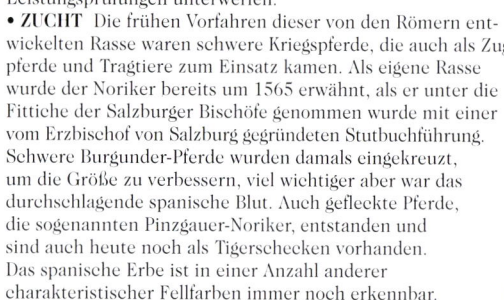
Einflüsse

SPANISCHES PFERD trug zur Veredelung bei und zur Verbesserung des Gangvermögens.

WALDPFERD Primitive Ursprungsrasse vererbte mehr Größe.

| Farbe Braune, Rappen, Füchse | Verwendung Arbeitspferd |

hoch angesetzte,
wachsame Ohren

GRÖSSE
162 bis 172 cm Stockmaß

klar konturierter Kopf
mit großen Nüstern

außergewöhnliche
Gurttiefe mit großem
Brustumfang, kompakter
Körperbau

kräftige, korrekte
Beine mit viel
Knochenstärke
und energischer
Aktion

Lebensraum kühles Klima	Ursprung Vorgeschichte	Blut Kaltblut

ARDENNER

Das massige, stupsnasige und schwere Pferd der französischen und belgischen Ardennen zählt zu den ältesten kaltblütigen Pferderassen der Welt. Die Entwicklung der Population erfolgte während des 19. Jahrhunderts, um ganz verschiedenen Anforderungen gerecht zu werden, wobei zwei Typen entstanden: der etwas leichtere, beweglichere Arbeitstyp und der langsame, kraftstrotzende und schwere Zugpferdetyp, das Arbeitspferd von Nordfrankreich.

• **ZUCHT** Durch verschiedene Kreuzungen hat sich der Ardenner in ganz charakteristischen Typen entwickelt. Mit Hilfe von Arabern, Vollblütern, Percheron und Boulonnais entwickelte man den heute seltenen, etwas leichteren Postier-Typ; der größere Ardennes du Nord-Typ wurde durch Outcross mit dem Brabanter entwickelt; die Kreuzung mit dem mächtigen Burgunder ergab die Rasse Auxois.

• **MERKMALE** Diese gutmütige und arbeitswillige Rasse aus dem rauhen Klima der Ardennen ist ein zähes Arbeitspferd, wird aber auch als Fleischlieferant gezüchtet.

Einfluß

WALDPFERD Ausgangsrasse für Größe, Gewicht und gutmütigen Charakter.

GRÖSSE
um 160 cm Stockmaß

kompakter Körperbau, sehr kurzer Rücken, mächtige Kruppe •

Kopf mit geradem •
Profil und breiter
Stirn

stämmige Beine
mit dichtem
Kötenbehang •

FRANKREICH UND BELGIEN:
ARDENNEN

Farbe Rotschimmel	Verwendung Schweres Zugpferd

Lebensraum kühles Klima	Ursprung 1. bis 2. Jahrhundert AD	Blut Kaltblut

BOULONNAIS

Der deutlich ausgeprägte orientalische Einfluß beim Boulonnais hat eine Kaltblutpferderasse von einzigartigem Adel und Schönheit entstehen lassen.
• ZUCHT Der Boulonnais ist in Nordwestfrankreich zu Hause, wo es schon in vorchristlicher Zeit eine besondere Kaltblutrasse gab. Im 1. Jahrhundert n. Chr. wurden durch die Römer orientalische Pferde eingekreuzt. Im 14. Jahrhundert, als der Boulonnais auch als Kriegspferd zum Einsatz kam, führte man schwerere Hengste, um die Größe zu verbessern, ein. Von da an wurden auch Spanische Pferde in der Zucht benutzt.
• MERKMALE Im 17. Jahrhundert entwickelten sich zwei verschiedene Typen: der etwas kleinere Typ, der die Fischmärkte in Boulogne belieferte und der schwere Arbeitstyp für die Landwirtschaft.

Einflüsse

SPANISCHES PFERD vererbte Gesundheit, Körperbau und Einsatzfreude.

ARABER übertrug seinen Adel und seine Intelligenz, verbesserte das Gangvermögen.

WALDPFERD lieferte die Basis für Größe und Substanz.

edler Kopf mit orientalischer Prägung

GRÖSSE
160 bis 170 cm Stockmaß

FRANKREICH: BOULOGNE

• *seidiges Fell mit erkennbarer Äderung*

• *muskulöse Beine mit kurzen, dicken Röhrbeinen*

Farbe Schimmel	Verwendung Schweres Zugpferd

Lebensraum kühles Klima	Ursprung Mittelalter	Blut Kaltblut

BRETONE

Der Bretone ist in Nordwestfrankreich heimisch. Früher existierten einmal vier bestimmte Typen, von denen einer als Reitpferd diente. Heute sind zwei Typen anerkannt: der schwere Zugpferdetyp und der leichtere Bretonische Postier.

• **ZUCHT** Der schwere Bretone wurde durch Outcross-Zucht mit dem Ardenner, Boulonnais und Percheron entwickelt. Der kleinere Postier führt Boulonnais- und Percheron-Blut und auch etwas Blut vom Norfolk Roadster. Beide Typen werden in einem Stutbuch eingetragen. Zur Zuchtselektion dient die Zug-Leistungsprüfung.

• **MERKMALE** Der schwere Bretone ist ein frühreifes Pferd und wird vornehmlich als Schlachtpferd gezüchtet. Der Postier, ein Pferd ohne Kötenbehang wie der Suffolk Punch, zeigt energische, räumende Bewegungen, vor allem im Trab. Früher einmal als Artilleriepferd gezüchtet, ist er das ideale Pferd für leichte Arbeit in der Landwirtschaft und dient auch zur Zuchtverbesserung.

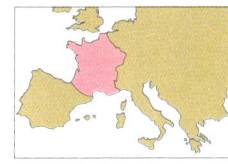

FRANKREICH: BRETAGNE

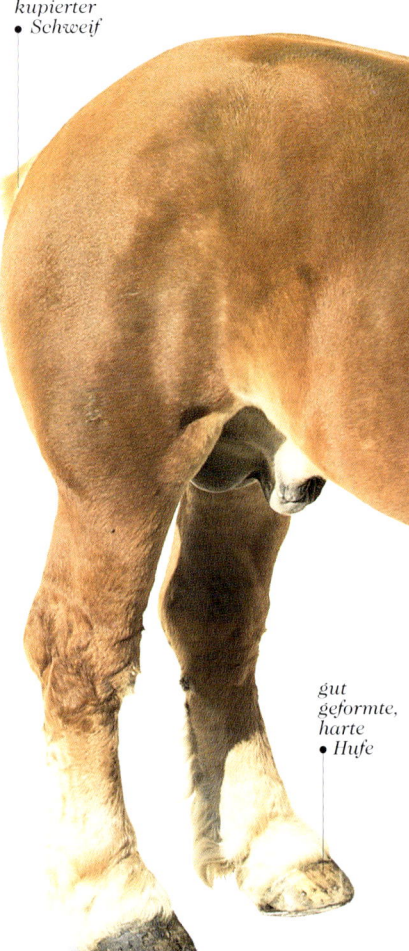

üblicherweise
kupierter
• Schweif

gut
geformte,
harte
• Hufe

Einflüsse

BOULONNAIS vererbte Adel und energischere Bewegungen.

ARDENNER wurde benutzt, um Größe, Substanz und Gewicht zu verstärken.

PERCHERON ergänzte die Eigenschaften und lieferte Stärke.

NORFOLK ROADSTER übertrug robuste Konstitution und Trabveranlagung.

Farbe Schimmel und Füchse	Verwendung Schwere Zugarbeit, leichte Arbeit in der Landwirtschaft

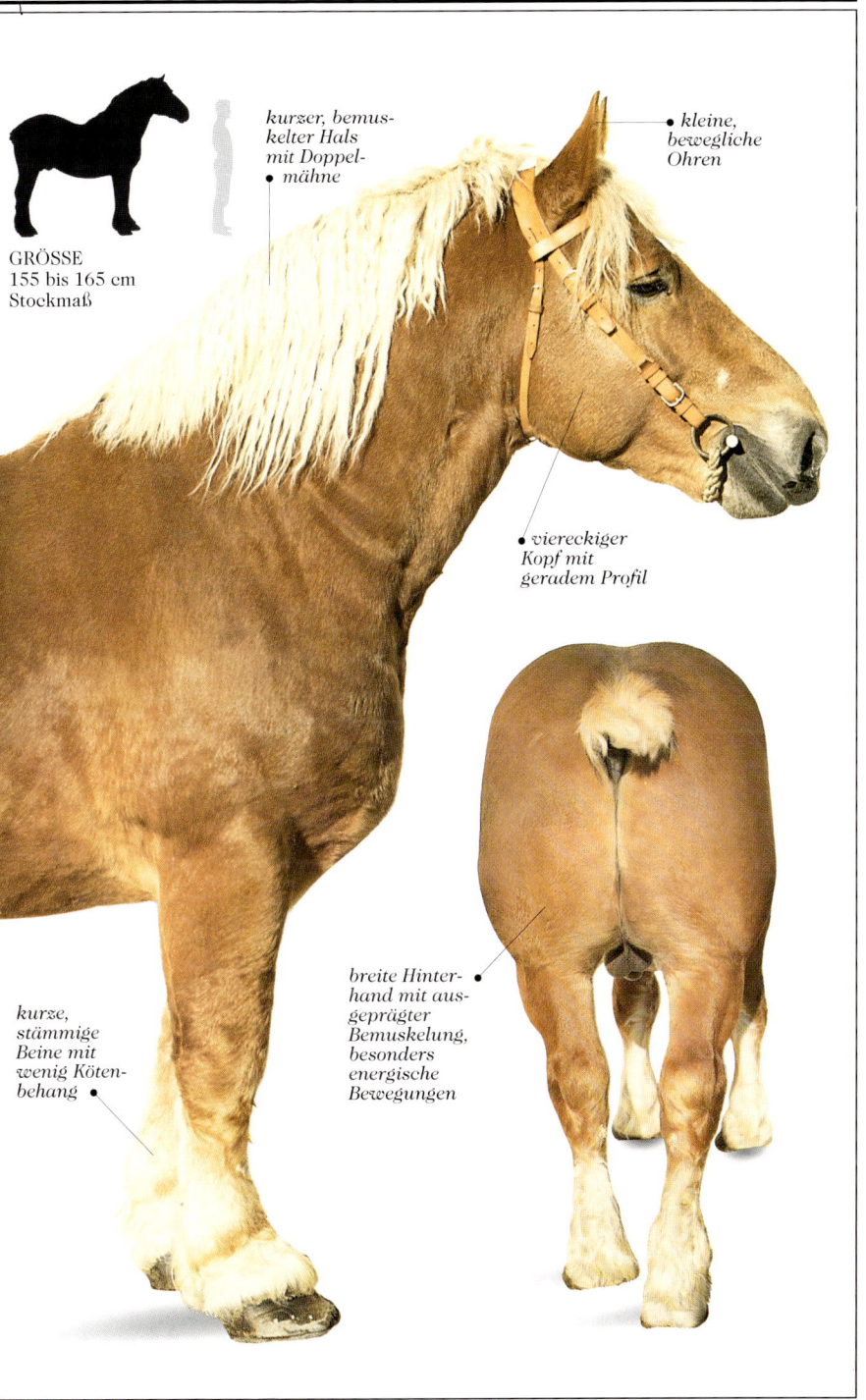

GRÖSSE
155 bis 165 cm
Stockmaß

kurzer, bemus-
kelter Hals
mit Doppel-
• mähne

• kleine,
bewegliche
Ohren

• viereckiger
Kopf mit
geradem Profil

kurze,
stämmige
Beine mit
wenig Köten-
behang •

breite Hinter-
hand mit aus-
geprägter
Bemuskelung,
besonders
energische
Bewegungen •

Lebensraum kühles Klima	Ursprung 18. Jahrhundert	Blut Kaltblut

PERCHERON

Der besonders anziehende, elegante Percheron, von arabischem Blut
etwas geprägt, zählt zu den beliebtesten Kaltblutrassen. Er wurde
einmal als »Araber in Groß« bezeichnet, der jahrhundertelang durch
das Klima und die Landarbeit beeinflußt wurde. Der Percheron, sehr
geschätzt wegen seines schwachen Kötenbehangs – übrigens häufige
Ursache für Hauterkrankungen – wurde in großer Anzahl nach
Kanada und die USA ausgeführt.

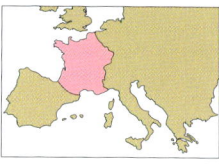

FRANKREICH: NORMANDIE

• ZUCHT Das Ursprungsgebiet des Percheron ist die südwestlich von
Paris gelegene Region Perche in der Normandie, die mineralstoffreiche
Böden besitzt. Vielleicht haben Percheron-Vorfahren die Ritter von Karl
Martell getragen, die die Invasion der Mohammedaner in Europa im
Jahre 732 n. Chr. bei Poitiers gestoppt haben. Es wird behauptet, daß
von dieser Zeit an für französische Züchter orientalisches Blut
zur Verfügung stand. Nach dem 11. Jahrhundert wurde
erneut orientalisches Blut eingeführt. Arabisches Blut
dominiert auch die einflußreichsten Percheron-Blut-
linien, vor allem die des Hengstes namens Jean le
Blanc, der im Jahre 1830 geboren wurde. Trotz
dieses Einflusses hat die Rasse nichts an Größe
und Stärke verloren. Der stärkste Hengst der Welt
war der Percheron Dr Le Gear. Er hatte ein
Stockmaß von 213 cm und wog 1372 kg.
• MERKMALE Der Percheron hat eine vielfältige
Zuchtgeschichte: Er war Kriegspferd, Kutschen-
pferd, Bauernpferd und er wurde auch als Reitpferd
eingesetzt. Die Rasse ist zäh und vielseitig, fromm
und umgänglich. Ähnlich wie der Boulonnais besitzt er
gute, flache und aktive Bewegungen, was ihn von
anderen Kaltblutrassen herausragen läßt.

*kurze, kräftige
Gliedmaßen
mit wenig Köten-
• behang*

*feiner Kopf mit •
langen Ohren
und großen Augen,
breite Stirn*

Farbe Schimmel, Rappen	Verwendung Schweres Zugpferd

markanter Widerrist, schräge, stark bemuskelte Schulter

breiter, gedrungener Rumpf mit tiefer Brust und großer Gurttiefe

gut geformte, mittelgroße Hufe

GRÖSSE
160 bis 175 cm Stockmaß

Einflüsse

NORMANNISCHES PFERD lieferte Größe, Substanz, Gewicht und Knochenstärke.

ARABER ergänzte Qualität, verbesserte Gangvermögen und vererbte Gesundheit.

Lebensraum kühles Klima	Ursprung 19. bis 20. Jahrhundert	Blut Kaltblut

NORMANNISCHER COB

Der ehrwürdige, immer schon beliebte Normannische Cob wird
in den jahrhundertealten Gestüten von Le Pin und Sainte Lô in
der Normandie immer noch gezüchtet. Er ist bei weitem nicht so
bekannt wie die renommierten Rassen Französischer Traber,
Percheron, Vollblut, Boulonnais und Anglo-Normänner, die dort
auch gezüchtet werden.

• ZUCHT Am Ende des 19. Jahrhunderts wurde schon zwischen
Kavallerie-Remonten und mittelschweren Arbeitspferden unter-
schieden. Nach alter Gewohnheit wurden die Schweife der
Arbeitspferde kupiert und man nannte sie Cobs, in Anlehnung
an ihre britischen Gegenstücke. Diese Pferde wurden zwar
erfaßt und leistungsgeprüft, aber nie in ein Stutbuch
eingetragen, obwohl in beiden Gestüten viele
Hengste gehalten wurden.

• MERKMALE Normannische Cobs werden
heute noch in der Landwirtschaft eingesetzt, insbesondere in der La Manche-
Region. Sie sind jetzt im Typ etwas
schwerer als früher, haben aber ihre
energische Trabbewegung beibehalten.

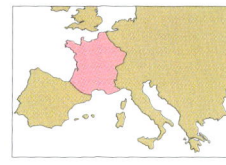

FRANKREICH: LA MANCHE-REGION,
NORMANDIE

• *muskulöse
und kraftvolle
Hinterhand,
jedoch nicht so
ausgeprägt
wie bei
anderen
Kaltblut-
rassen*

*wenig oder kein
• Kötenbehang*

Farbe Füchse, Dunkelbraune	Verwendung mittelschweres Arbeitspferd

kräftiger, abgerundeter
Hals und guter Kopf sind
charakteristisch •

kurzer
• Rücken

gute, schräge
Schultern ermöglichen
freie, energische
• Trabbewegungen

• kompakter,
gedrungener
Körperbau, wie
beim englischen
Cob

kurze Glied-
maßen mit
gutem Röhr-
beinumfang •

GRÖSSE
160 bis 170 cm Stockmaß

Einfluß

NORMANNI-
SCHES KALT-
BLUTPFERD
lieferte die
Basis für Größe,
Gewicht und
Stärke.

Lebensraum kühles Klima	Ursprung 18. Jahrhundert	Blut Kaltblut

CLYDESDALE

Die Clydesdale Horse Society wurde 1877 in Großbritannien gegründet und ein Jahr später die American Clydesdale Society. Innerhalb kurzer Zeit hat sich die Rasse in den USA und in Kanada eingeführt und die Verkaufs-Auktionen in Übersee wurden für die Zucht ein wichtiges Ereignis. Eine beträchtliche Anzahl von Clydesdales wurde auch nach Deutschland, Rußland, Japan, Südafrika, Australien und Neuseeland exportiert.

• **ZUCHT** Das ursprüngliche Zuchtgebiet befindet sich im Clyde Valley bei Lanarkshire, Schottland. Im 18. Jahrhundert importierten der Duke of Hamilton und John Paterson von Lochlyoch Hengste aus Flandern. Die Vorstellung war dabei, die Größe des kleinen, heimischen Landpferdes zu verbessern. Auch Shire-Blut wurde vermehrt eingekreuzt, so daß man durchaus die Meinung vertreten konnte, daß Shire und Clydesdale zwei Zweige einer einzigen Rasse darstellten. Nichtsdestotrotz entwickelten die Züchter im 19. Jahrhundert eine völlig neue Kaltblutrasse.

• **MERKMALE** Gleichwohl leichter gebaut als der Shire, ist der Clydesdale für seine raumgreifenden Bewegungen bekannt. Obwohl er für die Farmarbeit gezüchtet wurde, eignet sich diese vielseitige Rasse besonders für schwere Zugdienste in der Stadt.

GROSSBRITANNIEN:
LANARKSHIRE, SCHOTTLAND

• *säbelbeinige Gliedmaßenstellung ist charakteristisch und kein Mangel*

• *der Kopf ist etwas feiner als bei den meisten Kaltblütern, mit geradem, manchmal leicht konvexem Profil*

starker, aber seidiger Kötenbehang •

Farbe Braune, Rotschimmel	Verwendung schweres Zugpferd

langer,
schön
gebogener
Hals

gut markierter
Widerrist, höher
als Kruppe

lange, schräge
Schultern, verant-
wortlich für die
charakteristische
schnelle
Knieaktion

GRÖSSE
um 168 cm Stockmaß

Einflüsse

SHIRE-PFERD
vererbte seine
größere Beweg-
lichkeit, zusam-
men mit mehr
Größe und
Stärke.

FLANDRISCHES
PFERD
übertrug seine
Größe, sein
Gewicht und
seine Stärke.

die Züchter
legen großen
Wert auf
gute Hufe

Lebensraum kühles Klima	Ursprung 18. Jahrhundert	Blut Kaltblut

SUFFOLK PUNCH

Der Suffolk Punch wird durch seine typische Fuchsfarbe und sein allgemeines Erscheinungsbild charakterisiert (was auch von der Suffolk Horse Society immer wieder betont wird). »Punch« wird häufig definiert als ein kurzbeiniges, tonnenförmiges, englisches Pferd – »ein kurzer, fetter Typ« ist die geeignete Beschreibung dafür. Der Suffolk Punch ist die älteste und reinste britische Kaltblutrasse. Alle Suffolk-Pferde stammen von einem Hengst ab, dem 1768 geborenen Ufford (Orford), nach seinem Besitzer »Crisp's Horse« genannt.

GROSSBRITANNIEN:
SUFFOLK, ENGLAND

• **ZUCHT** Es ist ziemlich sicher, daß die frühen Suffolks von der Rasse Norfolk Roadster beeinflußt wurden. Es gilt ebenso als wahrscheinlich, daß die Flandern-Stuten, die hauptsächlich Füchse waren und eine gute Trabaktion besaßen, eine große Bedeutung in der Zuchtgeschichte besitzen.

• **MERKMALE** Der Suffolk Punch ist ein vielseitiges Arbeitspferd für die Landwirtschaft. Da es keinen Kötenbehang hat, ist es für die Arbeit auf tonigen, schweren Böden sehr geeignet. Außerdem ist es ein äußerst kraftvolles Zugpferd, das auch früher einmal in den größeren Städten sehr gefragt war. Die Rasse ist frühreif, langlebig und wirtschaftlich in der Haltung – sie benötigt weniger Futter als andere vergleichbare Kaltblüter. Die Trabaktion ist besonders energisch.

• *runde, gut bemuskelte Hinterhand*

• *für einen Kaltblüter etwas kleine Hufe, aber hart und gesund*

• *ziemlich großer Kopf mit breiter Stirn und geradem oder leicht konvexem Profil*

Farbe ausschließlich Füchse	Verwendung schwere Zugarbeit

kleine, wach-
same Ohren

kurzer, tief ange-
setzter Hals auf meist
steiler Schulter

tonniger
Rumpf mit viel
Gurttiefe

kurze, kräftige
Beine mit
geringem
Köten-
behang

GRÖSSE
163 bis 170 cm Stockmaß

Einflüsse

FLANDRISCHES
PFERD
gab Stärke,
Größe, Gewicht
und Fuchsfarbe
mit.

NORFOLK
ROADSTER
vererbte aktive
Bewegungen,
Trabveranlagung
und Härte.

Lebensraum kühles Klima	Ursprung 19. Jahrhundert	Blut Kaltblut

SHIRE

Der Shire wird als die alle überragende Kaltblutrasse angesehen.
Sie ist gerade in Großbritannien auffallend populär und ihre
Anzahl wird ständig größer. Der Name Shire wird aus der Gebiets-
bezeichnung der Midlands, den Grafschaften Lincolnshire,
Leicestershire, Staffordshire und Derbyshire abgeleitet.
• **ZUCHT** Die Rasse stammt von dem berühmten Alten Englischen Rappen ab, der seinerseits auf das sogenannte »Große
Pferd« im Mittelalter zurückgeht. Während des 16. und 17. Jahrhunderts wurden die einheimischen Landpferde sehr stark durch
die schwarzen Friesischen Pferde beeinflußt. Diese wurden durch
niederländische Bauunternehmer, die zur Drainage der Fenlands
nach England kamen, importiert. Der Gründerhengst war
Packington Blind Horse, der zwischen 1755 und 1770 in Ashby-
de-la-Zouche stand und als solcher im ersten Stutbuch, das 1878
herausgegeben wurde, erscheint. 1884 entstand die Shire
Horse Society, die die English Cart Horse Society ablöste.
• **MERKMALE** Der Shire ist für seine große Kraft und
Stärke berühmt und ist wahrscheinlich das schwerste
Kaltblutpferd der Welt. Ausgewachsene Pferde haben
ein Gewicht von 1016 bis 1219 kg. Trotz seiner Größe
und Masse ist der Shire ein äußerst gutmütiges und
williges Pferd.

GROSSBRITANNIEN:
MIDLANDS, ENGLAND

*der Röhrbein-
umfang beträgt
• 28–30 cm*

GRÖSSE
168 bis 185 cm Stockmaß

Einflüsse

FRIESISCHES
PFERD
verbesserte das
Exterieur der
Rasse und das
Gangvermögen.

FLANDRISCHES
PFERD
übertrug seine
Größe, sein
Gewicht und
seine Stärke.

Farbe Rappen, Dunkelbraune	Verwendung schweres Zugpferd

relativ
langer
Hals •

kräftiger Körperbau
mit gut ausgebildeter
• Muskulatur

kraftvolle schräge
Schulter und
• breite Brust

der Brustumfang •
eines ausgewachsenen
Shire beträgt
1,80 bis 2,40 m

starker seidiger
Kötenbehang ab
Karpal- bzw.
Sprunggelenken •

• großer, breiter Kopf
mit freundlichen Augen,
Ramsnase

Lebensraum	Ursprung	Blut
gemäßigtes Klima	18. bis 19. Jahrhundert	Kaltblut

ITALIENISCHES KALTBLUT

Das Italienische Kaltblut, häufig als Italienisches Wirtschaftspferd bezeichnet, war das bedeutendste Kaltblutpferd Italiens. Sein Hauptzuchtgebiet war Nord- und
Mittelitalien, besonders in der Gegend um Venedig. Heute
wird das Pferd hauptsächlich als Schlachtpferd gezüchtet
und seine Anzahl nimmt langsam ab.
• ZUCHT Bevor man in Italien eine eigenständige Kaltblutrasse zu züchten begann, wurden vor allem aus Belgien
Brabanter Kaltblüter importiert. Die Brabanter wurden mit
einheimischen Stuten gekreuzt, doch die Zuchtergebnisse
waren unbefriedigend, und so machte man mit Pferden der
Rassen Boulonnais und Percheron weitere Outcross-
Versuche. Schließlich kreuzte man das auf diese Weise
verbesserte Zuchtmaterial mit dem Bretonischen
Postier, der ja seinerseits stark vom Norfolk Trotter
beeinflußt ist. Das Ergebnis war ein leichteres
Kaltblutpferd mit guten Bewegungen, das sich für
leichte Zugarbeit und für die Arbeit in der Landwirtschaft sehr gut eignete. Die relativ schnelle
Trabaktion dieser Rasse führte zur italienischen
Rassenbezeichnung »Tiro Pesante Rapido«.
• MERKMALE Vom Exterieur her zeigt dieses
Kaltblutpferd den starken Einfluß des Bretonen.
Eine leichte Ähnlichkeit mit der Rasse Avelignese,
die bei der Stammrasse mit im Spiel war, ist
nicht zu übersehen. Das Italienische Kaltblut ist
ein kompaktes, kräftiges Pferd mit einem auffallend feinen Kopf. Das Fundament wirkt etwas
derb mit den runden Gelenken und klobigen
Hufen. Es ist ein freundliches und williges Pferd
und besitzt energische Bewegungen.

ITALIEN: NORD- UND MITTELITALIEN

häufig etwas kleine,
• klobige Hufe

GRÖSSE
153 bis 163 cm Stockmaß

Einfluß

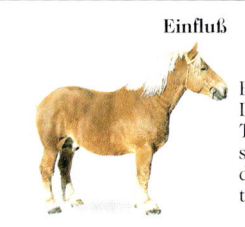

BRETONE
Die energische
Trabbewegung
stammt von
dieser »schnell-
trabenden« Rasse.

Farbe	Verwendung
Füchse, Rotschimmel	Arbeitspferd

gut entwickelte
Schulter mit wenig
• Widerrist

• tiefe, breite Brust

• kompakter
Körperbau mit
ausgeprägter
Gurttiefe

• feiner Kopf mit
kleinem Maul und
aufmerksamem
Ausdruck

PFERDETYPEN

Lebensraum gemäßigtes Klima	Ursprung 18. bis 19. Jahrhundert	Blut Warmblut

HUNTER

Der Hunter ist ein Pferdetyp, der eigentlich nur in England und Irland gezüchtet wird. Der Hunter stellt keine eigene Rasse dar, da allgemeinverbindliche Merkmale hinsichtlich Exterieur und Interieur nicht bestehen bzw. je nach den reiterlichen Anforderungen der jeweiligen Region variieren können. Da der Hunter vornehmlich beim Jagdreiten verwendet wird, ist zum Beispiel in einer Gegend mit fest eingezäuntem Weideland eher ein Pferd im Vollbluttyp gewünscht. In Regionen, wo Schnelligkeit nicht die große Rolle spielt, sondern mehr die Springqualität und das Stehvermögen gefragt sind, wird der kluge Halbblüter bevorzugt.

GROSSBRITANNIEN UND IRLAND

• **ZUCHT** Die besten Hunter werden in England und Irland gezüchtet, wo das Jagdreiten seit Jahrhunderten im ländlichen Leben eine große Rolle spielt. Häufig basieren die Irischen und Englischen Hunter auf der Kreuzung von Irish Draught und Vollblüter. Es gibt viele gute Pferde, die Pony-Blut führen, andere sind Kreuzungsprodukte mit der Rasse Cleveland Bay, und wieder andere haben Kaltblüter in ihrem Pedigree. Egal, welche Blutmischung auch besteht, die besten Hunter besitzen stets einen hohen Vollblutanteil, um ausreichend Schnelligkeit, Mut und athletisches Vermögen zu haben.

• **MERKMALE** Ein guter Hunter soll gesund und harmonisch proportioniert sein, wobei alle guten Exterieur-Eigenschaften eines Reitpferdes erwünscht sind. Er sollte gut im Gleichgewicht stehen, auch schnell genug sein, um jede Art von Hindernissen im Jagdgelände problemlos bewältigen zu können.

gut ausgebi
Gliedmaßen
Schnelligkei
• und Kondi

perfekte
Hufe sind e
wünscht •

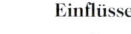

Einflüsse

VOLLBLUT
vererbte die
unverzichtbare
Leistungsbereitschaft.

IRISH
DRAUGHT
ergänzte Knochenstärke,
Substanz und
Rahmen.

CLEVELAND
BAY
vererbte Größe,
Knochenstärke
und Springvermögen.

Farbe alle Farben	Verwendung Reitpferd

GRÖSSE
163 bis 168 cm
Stockmaß

• der Hunter sollte eine
gute Schulterlage und
eine ausreichende
Halsung besitzen

• kompakter
Körperbau mit
ausreichender
Brusttiefe

• die besten
Hunter haben
einen markanten
Kopf mit
ehrlichem
Ausdruck

Lebensraum gemäßigtes Klima	Ursprung 18. bis 19. Jahrhundert	Blut Warmblut, Vollblut

HACK

Der moderne Hack, auch ein speziell englischer Pferdetyp, ist vor allem ein Schaupferd, das auf Schönheit und Eleganz, beeindruckende, ausbalancierte und korrekte Bewegungen sowie tadellose Manieren gezüchtet wird.
• **ZUCHT** Die Mehrzahl der auf Pferdeschauen vorgestellten Hacks sind Vollblüter oder Blutpferde sowie Anglo-Araber. Früher gab es einen Unterschied zwischen dem Reitpferd, das mit seinem vornehmen Herrn zum jagdlichen Stelldichein ritt, und dem etwas edleren Ausreitpferd, mit dem die besseren Herrschaften in den Parks spazierenritten, wie z. B. in London's Rotten Row im Hyde Park. Die heutigen Schau-Hacks entsprechen im Typ mehr den letzteren, da Reitpferde in eigenen Reitpferdeprüfungen vorgestellt werden.
• **MERKMALE** Ein Hack sollte eine auffallende, rassige Erscheinung sein. Obwohl er vom Körperbau her aber leicht und edel sein sollte, darf er nicht ponyartig oder gar kümmerlich aussehen, und muß einen Röhrbeinumfang von mindestens 20 cm aufweisen.

Einflüsse

VOLLBLUT vererbte Eleganz, Rahmen und Gangvermögen.

ANGLO-ARABER übertrug ebenfalls Eleganz sowie Gutmütigkeit.

klassische, gute Schulter- • lage des Reitpferdes

auffallend geradegestellte Hinterbeine mit langer, guter Bemuskelung •

GRÖSSE
145 bis 160 cm Stockmaß

GROSSBRITANNIEN: ENGLAND

leichte, korrekte Vorderbeine mit ausreichendem • Röhrbeinumfang

Farbe alle klaren Farben	Verwendung Reitpferd

| Lebensraum gemäßigtes Klima | Ursprung 20. Jahrhundert | Blut Warmblut |

SCHAU-PONY

Das Schau-Pony ist das jugendliche Gegenstück des Schau-Hacks, das zwar die Proportionen eines Vollblüters besitzen sollte, aber hinsichtlich Charakter und Aussehen eindeutig im Ponytyp stehen sollte. In England werden die Schau-Ponys in drei Größen vorgestellt: bis 124 cm, bis 135 cm und bis 143 cm Stockmaß.

• **ZUCHT** Die Zucht des Schau-Ponys in England in den letzten 50 Jahren ist das Ergebnis einer geschickten und gezielten Blutmischung. Es stellt eine bemerkenswerte züchterische Vollkommenheit in der Zuchtgeschichte dar. Die Stammrasse waren größtenteils Welsh-Ponys (Sektion 1 und B) oder Ponys mit Welsh- und manchmal etwas Araberblut. Diese wurden mit kleinen Vollbluthengsten im Polo-Ponytyp gekreuzt. Eine erwähnenswerte Linie begründete der Araberhengst Naseel.

• **MERKMALE** Erwünscht sind raumgreifende, flache Bewegungen wie beim Vollblüter. Im Idealfall besitzt es noch etwas Substanz und Charakter seiner einheimischen Vorahnen.

Einflüsse

VOLLBLUT vererbte raumgreifende, flache Bewegungen, Rasse und Qualität.

WELSH A übertrug den unverzichtbaren Pony-Charakter.

ARABER vererbte gesunde Gliedmaßen und ausgeglichenes Temperament.

GRÖSSE
120 bis 143 cm Stockmaß

GROSSBRITANNIEN: ENGLAND

vom gesamten • Exterieur her eine kleine Ausgabe des Hack

| Farbe alle klaren Farben | Verwendung Reitpferd |

Lebensraum gemäßigtes Klima	Ursprung 18. bis 19. Jahrhundert	Blut Warmblut

COB

Der Cob zählt zu den ansprechendsten Pferdetypen. Obwohl er von seiner Erscheinung her sofort erkannt wird, stellt er keine eigene Rasse dar, denn es gibt keine fixierten Zucht-ziele. In England ist der Cob immer noch ein Allround-Pferd und geht unter dem Sattel wie im Geschirr.

• **ZUCHT** In Irland gibt es einige gute Kreuzungsprodukte aus Irish Draught und rein gezogenen Irish Draught. Andere wiederum stammen von Welsh Cobs ab oder wurden aus Kreuzungen von Kaltblutpferden mit kleinen Vollblütern oder von Cleveland Bays gezüchtet. Alles in allem basiert die Zucht von Cobs eher auf Zufall als auf Zuchtplanung.

• **MERKMALE** Die Cobs (Stockmaß um 155 cm) werden in England auf Pferdeschauen in verschiedenen Klassen vorgestellt, und zwar in den Grundgangarten Schritt, Trab, Kanter und Galopp. Traditionell ist die Pferdemähne gestutzt und der kräftige, kurze Hals gibt dem Pferd ein elegantes, sportliches Aussehen. Andererseits macht der Cob einen stämmigen Eindruck, besitzt eine kraftvolle Hinterhand und kurze, kräftige Beine. Vom Exterieur her ist er eher für das Tragen von Gewicht als für schnelle Vorwärtsbewegung geeignet, obgleich Cobs auch galoppieren und springen können müssen. Vor allem aber sollte ein Cob einen umgänglichen und ruhigen Charakter haben mit tadellosen Manieren. Er wird als »gentleman's gentleman« bezeichnet, und sollte sich auch entsprechend benehmen.

IRLAND UND GROSSBRITANNIEN: ENGLAND

Einflüsse

IRISH DRAUGHT Stammrasse, vererbte Stärke, Substanz und guten Charakter.

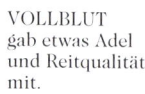

VOLLBLUT gab etwas Adel und Reitqualität mit.

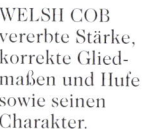

WELSH COB vererbte Stärke, korrekte Glied-maßen und Hufe sowie seinen Charakter.

• *Gliedmaßen besitzen gute Knochenstärke*

Farbe alle Farben	Verwendung Reiten und Fahren

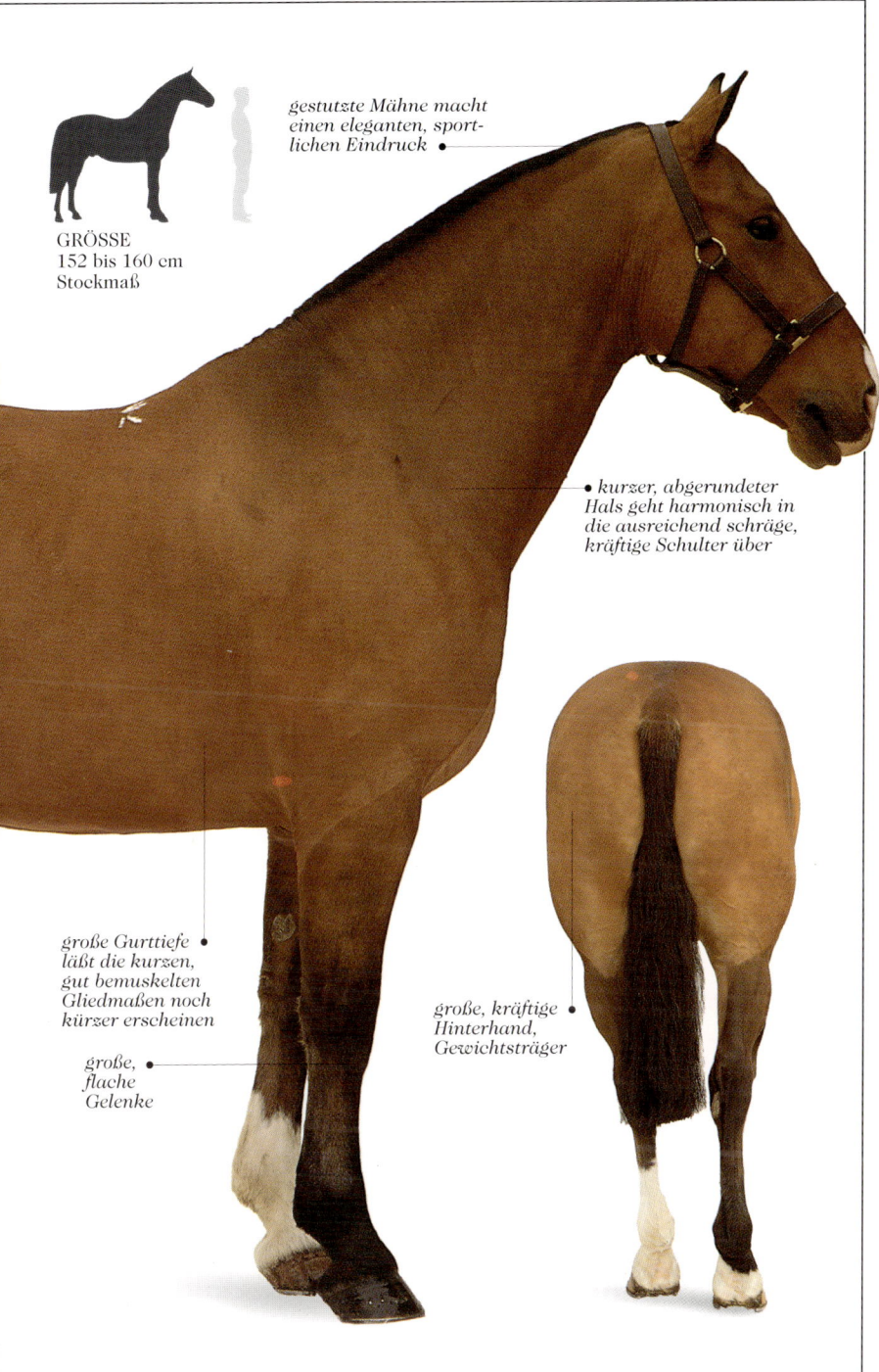

GRÖSSE
152 bis 160 cm
Stockmaß

gestutzte Mähne macht
einen eleganten, sport-
lichen Eindruck •

• kurzer, abgerundeter
Hals geht harmonisch in
die ausreichend schräge,
kräftige Schulter über

große Gurttiefe •
läßt die kurzen,
gut bemuskelten
Gliedmaßen noch
kürzer erscheinen

große, •
flache
Gelenke

große, kräftige •
Hinterhand,
Gewichtsträger

Lebensraum gemäßigtes Klima	Ursprung 19. bis 20. Jahrhundert	Blut Warmblut, Vollblut

POLO-PONY

Obwohl das Polo-Pony keine Rasse darstellt (auch kein Pony ist), ist dieses Pferd ein eigener Pferdetyp, das vom Exterieur und seiner Gesamterscheinung her besonders auffällt. Gemäß den Regeln des Polospiels wurde früher eine bestimmte Größe vorgeschrieben, nach dem 1. Weltkrieg aber wieder abgeschafft; heute ist das durchschnittliche Stockmaß um 154 cm.

• **ZUCHT** Das Polospiel hat seinen Ursprung in Persien, wo es schon im Jahre 525 vor Christus entstanden ist. Die Engländer, die das Spiel in Indien kennenlernten, haben das Spiel nach Europa und Amerika gebracht. In England gezogene, heimische Ponys wurden mit kleinen Vollblütern gekreuzt; heute gibt es die größte Zahl von Polo-Ponys in Argentinien. Die Argentinier haben die Führungsrolle in diesem Spiel übernommen und besitzen die besten Möglichkeiten, ausreichend qualitätsvolle Polo-Ponys zu züchten. Dazu importierten sie Vollblüter und kreuzten sie mit dem zähen Criollo, deren Kreuzungsprodukte wurden wieder mit Vollblütern gekreuzt, um die Schnelligkeit zu verbessern. Seit einigen Jahren spielt auch das Quarter Horse eine gewisse Rolle in der Polo-Ponyzucht.

• **MERKMALE** Vom Gesamtbild her sieht das Polo-Pony wie ein Vollblüter aus. Es muß schnell, mutig, gut im Gleichgewicht und sehr wendig sein. Lange, raumgreifende Bewegungen sind nicht so wichtig, da der Ball leichter auf einem Pony mit kurzem Galopp getroffen werden kann.

ARGENTINIEN

• *absolut korrekte Gliedmaßen*

die Hufe sollten perfekt geformt sein, um den Anforderungen des Spiels ge-
• *wachsen zu sein*

drahtiger, •
trockener Kopf

Farbe alle Farben	Verwendung Reitpferd

GRÖSSE
um 154 cm Stockmaß

die Mähne wird
gestutzt, um eine
Beeinträchtigung
mit dem Schläger
zu vermeiden •

• markanter Widerrist,
typisch schlanker,
schöner Hals

charakteristisch
sind kurze
Röhrbeine mit
guter Knochen-
stärke •

Einflüsse

VOLLBLUT
vererbte Schnel-
ligkeit, Wendig-
keit und Mut.

QUARTER
HORSE
gab Sprint-
Schnelligkeit,
Aufmerksam-
keit, Wendigkeit
und Reaktions-
vermögen mit.

CRIOLLO
Stammrasse,
vererbte Zähig-
keit, Gesundheit,
Härte und
Klugheit.

PFERDEBESITZER

Großen Dank schulden wir den vielen Pferde-
besitzern und Züchtern, die uns ihre Pferde für
Fotoaufnahmen in diesem Buch zur Verfügung
gestellt haben; ohne ihre Mitarbeit wäre dies
nicht möglich gewesen. Die einzelnen Pferde
werden Seite für Seite aufgeführt und zwar mit
Rassebezeichnung, Pferdename sowie Name und
Kurzanschrift des Besitzers.

PONYS

• 48 *Islandpferde:* Leiknir, Kentucky Horse Park,
USA
• 50 *Fjordpferd:* Ausdan Svejk, John Goddard
Fenwick und Lyn Moran, Ausdan Gestüt, UK
• 52 *Gotland-Pony:* Ripadals Benni 398, Carina
Andersson, Schweden
• 54 *Huzule:* Lubas, Janusz Utrata, Polen
• 56 *Konik:* Hewal, S J Skoki, Polen
• 58 *Haflinger:* Nomad, Miss Helen Blair,
Silvretta Haflinger Gestüt, UK
• 60 *Ariègeois:* Radium, Haras National de
Tarbes, Frankreich
• 62 *Landais-Pony:* Hippolyte, Haras National de
Pau, Frankreich
• 63 *Pottiock-Pony:* Thouaree III, Haras National
de Pau, Frankreich
• 64 *Shetland-Pony:* Chatsworth Belle,
Mrs. Hampton, Briar Gestüt, UK
• 66 *Highland-Pony:* Nashend Sabine, Mr. and
Mrs. Clive Smith, Nashend Gestüt, UK
• 68 *Dales-Pony:* Warrenlane Duke, Mr. Dickinson,
Millbeck Pony-Gestüt, UK
• 69 *Fell-Pony:* Waverhead William, Mr. and
Mrs. Errington, UK
• 70 *Hackney-Pony:* Hurstwood Consort, Mr. and
Mrs. Hayden, Hurstwood Gestüt, UK
• 72 *Exmoor-Pony:* Murrayton Delphinus, June
Freeman, Murrayton Gestüt, UK
• 73 *Dartmoor-Pony:* Allendale Vampire, Miss M.
Houlden, Haven Gestüt, UK
• 74 *New Forest-Pony:* Bowerwood Aquila,
Mrs. Ray Turner, Bowerwood Gestüt, UK
• 76 *Connemara-Pony:* Garryhack Tooreen,
Mrs. Beckett, Shipton Connemara-Pony Gestüt, UK
• 78 *Welsh Mountain Pony:* Bengad Dark Mul-
lein, Mrs. C. Bowyer, Symondsbury Gestüt, UK
• 79 *Welsh Pony:* Twyford Signal, Mr. and
Mrs. L. E. Bigley, Llanarth Gestüt, UK
• 80 *Welsh Pony im Cob-Typ:* Llygedyn Solo,
Kitty Williams, Glebedale Gestüt, UK
• 82 *Bardigiano-Pony:* Pippo, Institut
Incremento Ippico di Crema, Italien
• 84 *Sorraia:* Giro, Portugiesisches National-
Gestüt (EFPAA), Portugal
• 86 *Skyros-Pony:* Mitsibonas, Dinos Maroudis,
Griechenland
• 87 *Pindos-Pony:* Maro, Penny Turner,
Griechenland
• 88 *Caspian-Pony:* Hopstone Shabdiz, Mrs. Scott,
Henden Caspian Gestüt, UK

• 90 *Baschkire:* Mel's Lucky Boy, Dan Stewart
Familie, Kentucky Horse Park, USA
• 92 *Australisches Pony:* Australische Pony
Promotion Group, Pitchwood Gestüt, Australien
• 94 *American Shetland-Pony:* Little Trouble,
Marvin McCabe, Kentucky Horse Park, USA
• 96 *Rocky Mountain-Pony:* Mocha Monday, Rea
Swan, Kentucky Horse Park, USA
• 98 *Chincoteague-/Assateague-Pony:* Clover,
Kenneth Burton, USA
• 99 *Sable Island Pony:* (Im Staate von) Nova
Scotia, Kanada
• 100 *Galiceno-Pony:* Java Gold, Billy Jack Jiles,
Texas, USA
• 102 *Falabella-Pony:* Pegasus of Kilverstone,
Lady Fisher, Kilverstone Wildlife Park, UK

PFERDE

• 104 *Døle-Pferd (Gudbrandsdaler):* Pajagutt,
Gunnar Skjervheim, Norwegen
• 106 *Finnischer Klepper:* Oikka, Hevostalouden
Tutkimusasema, Finnland
• 108 *Schwedisches Warmblut:* Asterix 694,
Schwedisches National-Gestüt, Schweden
• 110 *Frederiksborger:* Zarif Langløkkegard,
Harry Nielsen, Dänemark
• 112 *Knabstrupper:* Føniks, Poul Elmerkjær,
Dänemark
• 114 *Dänisches Warmblutpferd:* Rambo, Jorgen
Olsen, Dänemark
• 116 *Friese:* Sjouke, Sonia Gray Tattondale
Carriages, UK
• 118 *Gelderländer:* Spooks, Peter Munt, Ascot
Driving Stables, UK
• 120 *Groninger:* Elza, Mr. J. Dank, Niederlande
• 122 *Niederländisches Warmblut:* Edison,
Mrs. Dejonge, UK
• 124 *Belgisches Warmblutpferd:* Didi, Mr. A.
Schwartz, Belgien
• 126 *Trakehner:* Nemo, Ileen Poole, Kanada
• 128 *Wielkopolski-Pferd:* Snapjack, Mrs. S.
Bates, UK
• 130 *Bayerisches Warmblutpferd:* Donator,
Mr. John Hindle, UK
• 131 *Hannoveraner:* Défilante, Barry Mawdsley,
European Horse Enterprises, UK
• 132 *Holsteiner:* Lenard, Sue Watson, Trenawin
Gestüt, UK
• 134 *Oldenburger:* Renoir, Louise Tomkins, UK
• 136 *Württemberger:* Tees Hanauer, Mrs. Tees,
UK
• 138 *Rheinländer:* Arabella, Mrs. Lucinda
Marchessini, UK
• 140 *Nonius:* Pampas & 141 *Furiosa:* Furiosa
IV: Besitzer A. G. Kishumseigi, Ungarn
• 142 *Shagya-Araber:* Artaxerxes, Jeanette
Bauch und Jens Bringsten, Dänemark
• 144 *Lipizzaner:* Siglavy Szella, J. G. Fenwick
und L. Moran, Ausdan Gestüt, UK
• 146 *Selle Français:* Prince D'elle, Haras
National de Saint Lô, Frankreich

• **147** *Französischer Traber:* Pur Historien, Haras National de Compiègne, Frankreich
• **148** *Camargue-Pferd:* Redounet, Mr. Contreras, Frankreich
• **150** *Anglo-Araber:* Restif, Haras National de Compiègne, Frankreich
• **152** *Englisches Vollblut:* Amoco Park, Spruce Meadows, Kanada
• **154** *Hackney-Pferd:* Whiteavon Step High, David Vyse, UK
• **156** *Cleveland Bay:* Oaten Mainbrace, Mr. and Mrs. Dimock, UK
• **157** *Irish Draught (Irisches Zugpferd):* Miss Mill, Mr. R. J. Lampard, UK
• **158** *Welsh Cob:* Treflys Jacko, Mr. and Mrs. L. E. Bigley, Llanarth Gestüt, UK
• **160** *Salerner:* Jeraz, Sig. Giorgio Camponitti, Italien
• **162** *Sardisches Pferd:* O'Hara, Sig. P. Adriano, Italien
• **164** *Maremmano:* Barone, Mr. Attilio Tavazzani, Centro Ippico De Castelverde, Italien
• **165** *Murgese:* Obscuro, Institut Incremento Ippico di Crema, Italien
• **166** *Andalusier:* Campanero XXIV, Nigel Oliver, Singleborough Gestüt, UK
• **168** *Lusitano:* Montemere-O-Nova (Romano), Nan Thurman, Turville Valley Gestüt, UK
• **170** *Alter-Real:* Castro, Portugiesisches National-Gestüt (EFPAA), Portugal
• **172** *Berber:* Taw's Little Buck, Kentucky Horse Park, USA
• **174** *Araber:* Altruista, Pat and Joanna Maxwell, Lodge Farm Araber-Gestüt, UK
• **176** *Achal-Tekkiner:* Fafakir-Bola, Moskauer Landwirtschaftsakademie, Rußland
• **178** *Budjonny:* Barin, Moskauer Landwirtschaftsakademie, Rußland
• **180** *Kabardiner:* Daufuz, Korache Gestüt, Rußland
• **181** *Karabakh:* Rennbahn Moskau, Rußland
• **182** *Orlow-Traber:* Moskau Hippodrome, Rußland
• **184** *Don-Pferd:* Bageg, Moskauer Landwirtschaftsakademie, Rußland
• **186** *Przewalski-Pferd:* Marwell Zoological Park, UK
• **188** *Kathiawari:* Im Besitz des Herausgebers
• **190** *Indianbred:* Im Besitz des Herausgebers
• **192** *Australian Stock Horse:* Scrumlo Victory, Mrs. R. Waller, Ophir Gestüt, Australien
• **194** *American Saddlebred:* Kinda Kostly, Kentucky Horse Park, USA
• **196** *Appaloosa:* Golden Nugget, Sally Chaplin, UK
• **198** *Missouri Fox Trotter:* Easy Street, Ruth Massey, Kentucky Horse Park, USA
• **200** *Morgan:* Fox Creek's Dynasty, Darwin Olsen, Kentucky Horse Park, USA
• **202** *Mustang:* Patrick, Kentucky Horse Park, USA
• **203** *Palomino:* Wychwood Dynascha, Mrs. G. Harwood, Wychwood Gestüt, UK
• **204** *Pinto oder Paint Horse:* Hit Man, Boyd Cantrell, Kentucky Horse Park, USA

• **206** *Quarter Horse:* Mr. Starpasser (Dexter), Pat Buckler, Kanada
• **208** *Tennessee Walking Horse:* Midnight Toddy, Grethe Broholm, Kanada
• **209** *Standardbred:* Rambling Willie, Farrington Stables and the Estate of Paul Siebert, Kentucky Horse Park, USA
• **210** *Colorado Ranger:* Skippers Valentine, T. J. Crouch, Texas, USA
• **212** *Criollo:* Chasco, E. González, Mexiko
• **213** *Paso:* Medianoche, D. McIntosh, Kanada

KALTBLUTPFERDE
• **214** *Nordschwedisches Pferd:* Ysterman, Ingvar Andersson, Schweden
• **216** *Jütländer:* Tempo, Jørgen Neilsen, Dänemark
• **218** *Brabanter:* Roy, Kentucky Horse Park, USA
• **220** *Noriker:* Dinolino, Mr. J. Waldhem, Deutschland
• **222** *Ardenner:* Ramses du Vallon, Haras National de Pau, Frankreich
• **223** *Boulonnais:* Urus, Haras National de Compiègne, Frankreich
• **224** *Bretone:* Ulysses, Haras National de Tarbes, Frankreich
• **226** *Percheron:* Tango & **228** *Normannischer Cob:* Haras National de Saint Lô, Frankreich
• **230** *Clydesdale:* Blue Print, Mervyn und Pauline Ramage, Mount Farm Clydesdale Horses, UK
• **232** *Suffolk Punch:* Laurel Keepsake II, P. Adams und Söhne, UK
• **234** *Shire:* Duke, Jim Lockwood, Courage Shire Horse Centre, UK
• **236** *Italienisches Kaltblut:* Nobile, Institut Incremento di Crema, Italien

PFERDETYPEN
• **238** *Hunter:* Hobo
• **240** *Hack:* Rye Tangle
• **241** *Schau-Pony:* Brutt
• **242** *Cob:* Super Ted: alle im Besitz von Robert Oliver, UK
• **243** *Polo-Pony:* alle im Besitz des Herausgebers

**Brandzeichen des
Trakehner Verbandes und
seiner internationalen
Vereinigung**

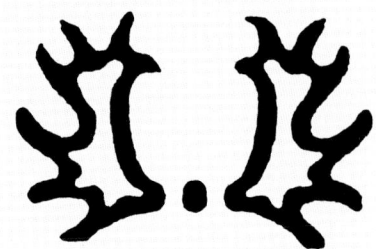

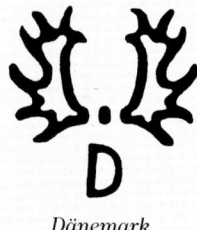

Dänemark

Schweiz

Polen

Kroatien/Slowenien

Frankreich

Großbritannien

Australien/Neuseeland

USA/Kanada

Brennordnung Vollblutaraber

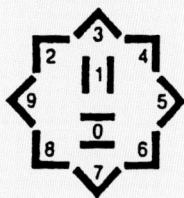

Zeichen für Vollblutaraber
Geburtsjahr (von oben nach unten – 1989)
Brenn-Nummer (-Lebensnummer)

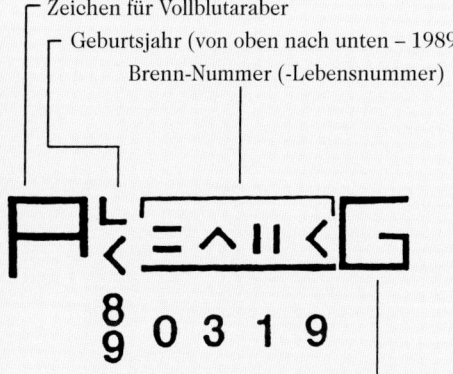

Symbolzeichen für den registrierenden nationalen Araberzuchtverband

Brennordnung Shagya-Araber, Anglo-Araber, Araber

Shagya-Araber

Anglo-Araber

Pferde mit Geburtsbescheinigungen

Araber

Arabisch Halbblut

Die Zuchtgebiete des Deutschen Reitpferdes und ihre Brandzeichen

Baden-Württemberg

Berlin-Brandenburg

Hannover

Bayern

Hessen

Holstein

Mecklenburg-Vorpommern

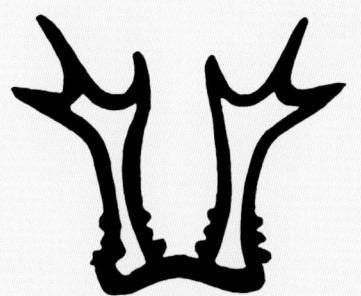

Rheinland

Rheinland-Pfalz-Saar

Oldenburg

Sachsen Anhalt

Sachsen

Thüringen

Westfalen

STICHWORTVERZEICHNIS

A

Aalstrich 25
Absetzen 20
Abzeichen 24
Abzeichen am Huf 25
Achal Tekkiner 176
Ackerpferd 30
Altern 20
Alter-Real 170
American Shetland-Pony
94
Andalusier 166
Anglo-Araber 150
Apfelschimmel 23
Appaloosa 196
Araber 174
Arbeitspferde 30
Ardenner 272
Ariègois 60
Armeepferde 31
Asiatisches Wildpferd 12
Asinus 10
Assateague-Pony 98
Aufziehtrense 35
Australien 47
Australian Stock Horse
192
Australisches Pony 92

B

Backenzähne 20
Bardigiano 82
Barusche 39
Baschkire 90
Bauch 19
Bayerisches Warmblut-
pferd 124
Beinabzeichen 25
Belgien 44
Belgisches Warmblutpferd
136
Belgisches Zugpferd 218
Berber 172
Blauschimmel 22
Blesse 24
Boulonnais 223
Brabanter 218

Brandzeichen 24
Brauner 23
Break 39
Bretone 224
Brust 19
Budjonny 178

C

Camargue-Pferd 148
Caspian-Pony 88
Char-à-banc 39
Cheval de Mérens 60
Cheval de Selle Français
146
Chincoteague-Pony 98
Chromosomen 12
Cleveland Bay 156
Clydesdale 230
Cocking Cart 38
Cob 242
Colorado Ranger 210
Concord-Wagen 38
Criollo 212

D

Dales-Pony 68
Damensattel 33
Dänemark 44
Dänisches Warmblut 114
Dartmoor-Pony 73
Demi-Mail-Phaeton 37
Deutschland 44
Distanzreiten 29
Dog-Cart 38
Døle-Pferd 104
Don-Pferd 184
Dressurreiten 29
Dressursattel 33
Dunkelbrauner 23

E

Edelweißbrand 24
Elchschaufelbrand 24
Ellbogen 19
Englisches Vollblut 152
Eohippus 10

Equus asinus 11
Equus caballus 10
*Equus hemionus
hemionus* 11
*Equus przewalski gmelini
antonius* 12
*Equus przewalski
poliakov* 12
*Equus przewalski
silvaticus* 12
Equus zebra 11
Esel 11
Exmoor-Pony 72

F

Fahrsport 28
Falabella-Pony 102
Fellfarbe 22
Fell-Pony 69
Fesselgelenk 19
Finnischer Klepper 106
Finnland 44
Fjordpferd 50
Flachrennen 28
Fliegenschimmel 22
Frankreich 44
Französischer Traber 147
Französisches Reitpony
62
Frederiksborger 110
Friese 116
Fuchsfarbe 22
Furioso 141

G

Galiceno 100
Galloway 69
Galopp 27
Gardian 148
Gebäude 18
Gebisse 35
gebrochenes Trensengebiß
35
Gelbfalb 23
Gelderländer 118
gestreifter Huf 25
Gig 39

Gotland-Pony 52
Governess Cart 39
Groninger 120
Großbritannien 46
Gurtlage 19

H

Hack 240
Hackney 154
Hackney-Pony 70
Haflinger 58
Hannoveraner 131
Hellbrauner 23
heller Huf 25
Highland-Pony 66
Hinterröhre 19
Hirschhals 19
Holländisches Warmblut-
  pferd 122
Holsteiner 132
Huf 10
Hunter 238
Huzule 54

I

Indianbred 190
Indien 47
Irish Draught 157
Irland 46
Island 44
Islandpferd 48
Italien 46
Italienisches Kaltblut-
  pferd 236

J

Jährling 21
Jütländer 216

K

Kabardiner 180
Kaltblut 6
Kaltblutpferd 43
Kanäle 30
Kandarengebiß 35

Kandarenzaum 34
Karabakh 181
Karpalgelenk 19
Kastanie 19
Kathiawari 188
Kavallerie 29
Kentucky Saddler 194
Kiefer 21
Knabstrupper 112
Knie 19
Körperbau 18
Krone 19
Kruppe 19
Kutschen 36

L

Landais-Pony 62
Landwirtschaft 30
Lane Fox-Sattel 33
Lebensspanne 20
Lebenszyklus 20
Lende 19
Lipizzaner 144
Lusitano 168

M

Mähnenkamm 19
Maremmano 164
Marokko 47
Maul 19
Maulesel 11
Maultier 11
Merychippus 10
Mesochippus 10
Mexiko 46
Missouri Fox
  Trotter 198
Mittelschritt 26
Mittlerer Osten
  47
Mongolei 47
Morgan 200
Mühlenpferd
  30
Murgese 165
Mustang 202

N

New Forest-Pony 74
Niederlande 45
Nonius 140
Nordamerika 46
Nördliches Eurasien 46
Nordschwedisches Pferd
  214
Noriker 220
Normannischer Cob 228
Norwegen 45

O

Oldenburger 134
Omnibus 39
Orlow-Traber 182

P

Paint Horse 204
Palomino 203
Palomino Farbe 22
Paso 213
Passage 26
Paßgang 27
Paukenpferd 31
Pelham-Gebiß 35
Percheron 226
Pferdetypen 14
Phaeton 38
Piaffe 26
Pliohippus 10

Piebald 23
Pindos-Pony 87
Pinto 204
Polen 45
Polizeipferde 31
Polo-Pony 244
Polosattel 33
Portugal 46
Pottiok-Pony 63
Przewalski-Pferd 186

Q

Quarter Horse 216

R

Ralli Car 39
Rangerbred 210
Rappe 22
Rasse 7
Rennsattel 32
Rennsport 28
Rheinländer 138
Rocky Montain-Pony 96
Röhrbein 19
Rotbrauner 23
Rotfuchs 22
Rotschimmel 22
Rottaler 130
Rücken 19

S

Saddlebred 194

Sable Island 99
Salerner 160
Sardisches Pferd 162
Sättel 32
Schädelformen 10
Schecke 23
Schimmel 22
Schneidezähne 20
Schnippe 24
Schritt 26
Schritt am langen Zügel 26
Schwarzbrauner 23
Schweden 45
Schwedisches Warmblutpferd 108
Schweif 19
Selle Français 146
Shagya-Araber 142
Shetland-Pony 64
Shire 234
Skelett des Pferdes 18
Skeleton Break 39
Skogruss-Pony 52
Skyros-Pony 86
Sorraia-Pferd 84
Spanien 17
Spezialgänge 27
Spider Phaeton 38
Springreiten 29
Springsattel 32
Sprunggelenk 19
Standardbred 209
starker Schritt 26
Steeplechase-Rennen 29
Stern 24
Streitwagen 36
Stutbuch 8
Südamerika 47
Suffolk Punch 232

T

Tarpan 13
Tennessee Walking Horse 208
Tölt 27

Trab 26
Trabrennen 28
Trächtigkeit 20
Trakehner 126
Treidelpferde 30
Trensenzügel 34
Tundrenpferd 13
Turkmene 17

U

Ungarn 45
Unterarm 19
Unterlegtrense 34

V

Versammelter Schritt 26
Vielseitigkeitsreiten 29

W

Wagonette 39
Waldpferd 13
Warmblutpferd 42
Wassertrense 35
Welsh Cob 158
Welsh Mountain Pony 78
Welsh Pony 79
Western Coach 37
Westernsattel 33
Westernzäumung 35
Widerrist 19
Wielkopolski 128
Württemberger 136

Y

Yakut-Ponys 13

Z

Zähne 10
Zaumzeug 34
Zebra 11
Zebrastreifen 25
Zigeunerwagen 31

DANKSAGUNG

Dieses Buch wäre ohne die Hilfe und Unterstützung verschiedener Personen, Einrichtungen und Verbände nicht zustandegekommen. Allen nachfolgend aufgeführten Institutionen schulden Autor und Herausgeber großen Dank: Arab Horse Society für die Benutzung ihres Stutbuches (S. 8); Mr. Walton, The Mossiman Collection of Carriages (S. 36–39); Shires Equestrian Products, Worcester, für die zur Verfügungstellung des Westernsattels und der Westernzäumung sowie der Gebisse (S. 32–33); Mr. Compton (Kalkutta) für die Benutzung des Vielseitigkeitssattels und der Trensenzäumung (S. 32–33); Australian Pony Promotion Group; Dee Bennett vom Pitchwood Gestüt; Mrs. Catselis vom Griechischen Tourismusbüro; Mrs. Mandilara von der Gemeinde Skyros für die Fotoorganisatoren für das Skyros-Pony (S. 86); Penny Turner von der Philippia Riding School, Thessaloniki, für die Fotoorganisation für das Pindos-Pony (S. 87); und Mr. Ersoy vom Türkischen Konsulat, London, für die Fotoorganisation im Gemlick Institut, Türkei.

Dorling Kindersley bedankt sich bei:
Judith Payne, Caroline Church, Janos Marffy, Bill Payne, Roy Hutchins, Linden Artists, Eric Rowe, Deborah Myatt, Sharon Lunn, Alastair Wardle, Susan Thompson, Michael Allaby, Alison Edmonds, Jonathan Metcalf, Tony Mudd.

BILDNACHWEIS

Erklärung:
u = unten
o = oben
M = Mitte
l = links
r = rechts

Alle Fotos stammen von Bob Langrish, außer:
Jimmy Barucha und Ronnie Sopher (S. 188–191),
Robyn Bashford (S. 91–92)
Andy Crawford (S. 8 o, r)
Steve Gorton, (alle Fotos S. 20, 21), außer Fohlenbild von Jane Burton (S. 20 M)
Hawkesbury Photographics (S. 192)
Steven Oliver (S. 196–197)
Tim Ridley (S. 35 M; 36 o, l; 37 o, r; 38; 39)

Karl Shone (S. 11 o, l, M, r)
Jerry Young (S. 11 o, r, M, l; 28 M, u; 29 o, r, u, r; 52 o, r; 31 o, r; M, u; 37 M, u)

Die Herausgeber bedanken sich bei folgenden Fotografen und Organisationen für die Reproduktionsgenehmigung:
Bruce Coleman Picture Library (S. 28–29 o, r; 30–31 u, l – Hans Reinhard: 30–31, M, l)
Dekan von Westminster für die Abbildung des Sattels von Henry V. (S. 32)

Bildredaktion: Julia Pashley